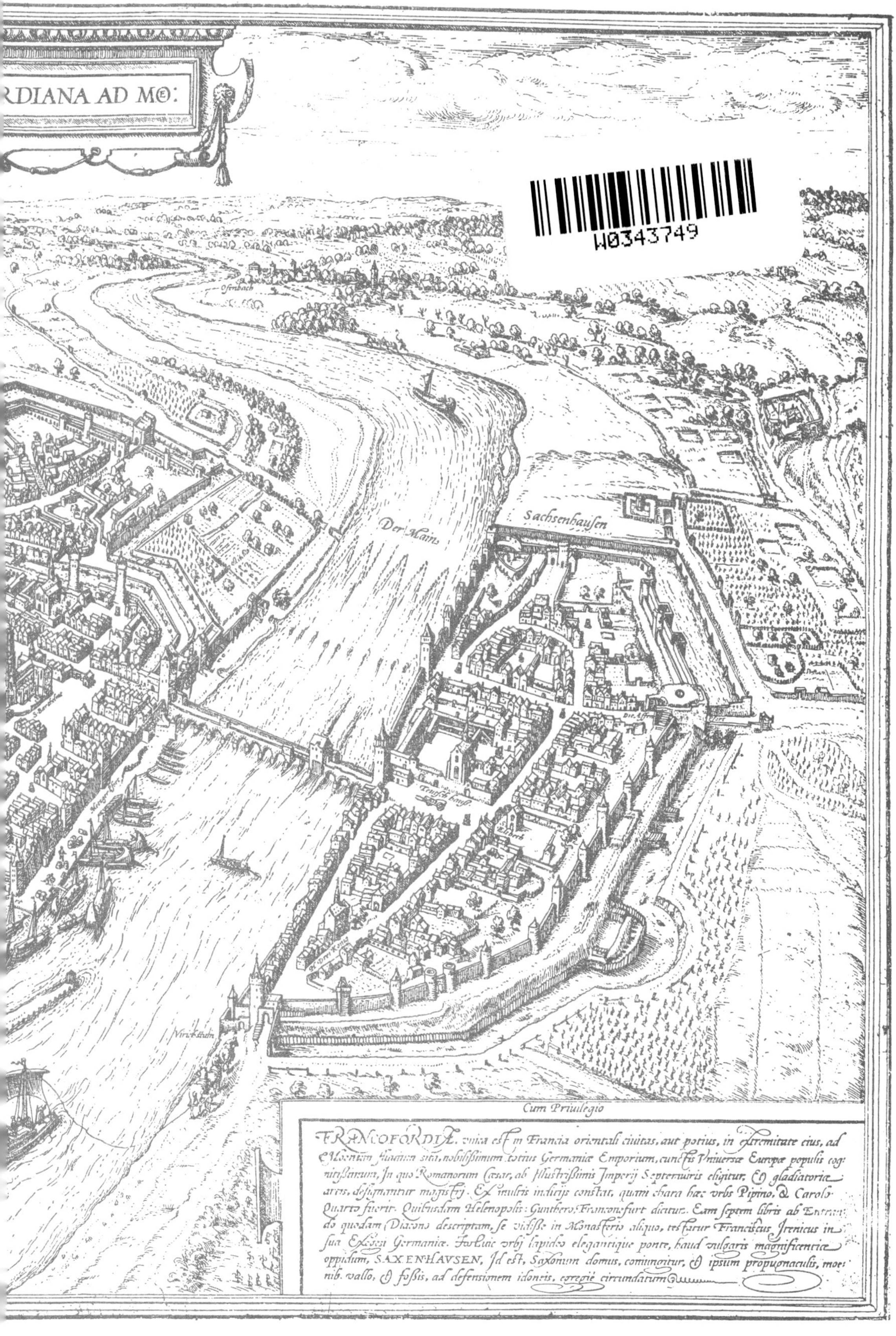
RDIANA AD MOE:
Offenbach
Der Main
Sachsenhausen
Cum Priuilegio
FRANCOFORDIÆ. vnica est in Francia orientali ciuitas, aut potius, in extremitate eius, ad Moenum flumen sita, nobilissimum totius Germaniæ Emporium, cunctis Vniuersæ Europæ populis cognitissimum, In quo Romanorum Cæsar, ab Illustrissimis Imperij Septemuiris eligitur, Et gladiatoriæ artis, designantur magistri. Ex multis indicijs constat, quam chara hæc vrbs Pipino, & Carolo Quarto fuerit. Quibusdam Helenopolis: Gunthero, Franconofurt dicitur. Eam septem libris ab Eutrando quodam Diacono descriptam, se vidisse in Monasterio aliquo, testatur Franciscus Irenicus in sua Exegesi Germaniæ. Huic vrbi lapideo elegantique ponte, haud vulgaris magnificentiæ oppidum, SAXENHAVSEN, Id est, Saxonum domus, coniungitur, et ipsum propugnaculis, moenib. vallo, et fossis, ad defensionem idoneis, egregiè circundatum.

Die Ansicht Frankfurts, von Braun-Hogenberg, mit der wir das Buch beginnen, stammt aus dem Jahre 1572. Man kann auf ihr spazierengehen — vom Dom zum Römerberg mit der Nikolaikirche oder über die Mainbrücke nach Sachsenhausen oder auf der Zeil zum Roßmarkt und hinauf zum Eschenheimer Turm. Sehr deutlich scheidet sich die staufische Altstadt von der Neustadt. Die Staufenmauer von 1150 steht noch, man kann ihren Bogen im Innern der Stadt genau verfolgen. Was sie umschließt, das hieß auch damals schon die Altstadt. Die äußere Stadtmauer stand bis zu Beginn des 19. Jahrhunderts.

GERTEIS · DAS UNBEKANNTE FRANKFURT

WALTER GERTEIS

DAS UNBEKANNTE FRANKFURT

VERLAG FRANKFURTER BÜCHER

Erste Auflage November 1960
Zweite Auflage Februar 1961
Dritte Auflage November 1961
Vierte Auflage Oktober 1962
Fünfte Auflage September 1963
Sechste Auflage November 1965
Siebente Auflage Juli 1971

Gesamtherstellung: Frankfurter Societäts-Druckerei G. m. b. H., Frankfurt am Main
Typographie: Fritz Barkowsky, Frankfurt am Main
Printed in Germany 1971
ISBN 3 920346 05 X

WIE UNSER BUCH ENTSTAND

Es begann mit einer Frage. Da steht ein altes, schmiedeeisernes Tor verlassen am belebten Oederweg. Viele gehen täglich daran vorüber. Aber einer blieb stehen und fragte sich: »Wohin führte es einmal?« Er wußte es nicht, denn er war kein echter Frankfurter. – Aber wissen die es wohl noch? – Der so fragte, war ein Mann, den sein Beruf nach Frankfurt gebracht hatte wie so viele andere. Langsam wurde er heimisch in der Stadt. Zum Heimischwerden gehört das Kennenlernen, und der Mann fragte sich: »Was weiß ich eigentlich von Frankfurt?« Es fiel ihm allerlei ein: Karl der Große, die Freie Reichsstadt, der Dom und die Kaiserwahlen, der Römer und die Messen, Goethe, die Rothschilds, das Parlament in der Paulskirche, die Hauptwache, der Äpfelwein und der Wäldchestag. Schön und gut. Aber das war doch wohl zu wenig. Die Stadt ist alt und war immer bedeutend. Es mußte außer dem, was in Geschichtsbüchern steht, unzählige Geschichten geben. Jeder alte Stein, jedes Fleckchen Erde in Frankfurt könnte sie erzählen – wenn man nur wüßte!

Der also wißbegierige Mann gehörte zu einem Verlag, und er sagte sich: Ein Buch müßte man haben, das von Frankfurt erzählt, nicht gelehrt und trocken, sondern lebendig und unterhaltend, daß jeder es liest und seine Freude daran hat.

Wer sollte das Buch schreiben? Ein Frankfurter natürlich, der Dr. Gerteis. Ja, er war der rechte Mann dafür. Der Plan gefiel ihm. Zwar ist auch er kein Urfrankfurter. Aber er ist seit mehr als dreißig Jahren Bürger der Stadt, er hat eine echte Frankfurterin geheiratet, also sozusagen »eingeheiratet«, und er ist in die Stadt verliebt. Jahrelang hat er sich umgetan in unserer Stadt und ihrer Geschichte, und dabei hat er mancherlei entdeckt, was selbst alteingesessenen Frankfurtern wahrscheinlich unbekannt und neu ist.

Er fing an zu erzählen, und zwar so, als nähme er seine Leser mit auf seine vielen Erkundungszüge durch das neue und alte Frankfurt. Er würzte seinen Bericht durch viele Anekdoten, und er machte es von neuem wahr, das alte Wort »Frankfurt steckt voller Merkwürdigkeiten«.

Ein großer Teil seiner Geschichten vom »unbekannten Frankfurt« erschien zunächst als Fortsetzungsreihe in der »Frankfurter Neuen Presse«. Gar manches Buch entsteht heute so. Auch das ist jetzt bereits ein Stückchen Frankfurter Geschichte, daß einer im Winter 1959 auf 1960 vielen tausend Frankfurter Familien von ihrer Heimatstadt erzählte.

Für Samstag denkt jede Zeitung daran, daß ihre Leser nun einen Sprung aus dem Alltag tun, daß sie Zeit für Ruhe, Erholung und Vergnügen haben. Also machte auch der Verfasser einen Sprung aus seinem historischen Bericht und erzählte etwas besonders Reizvolles, Unterhaltendes, das sonst vielleicht unter den Tisch gefallen wäre. Nun, das fanden viele so hübsch, daß wir diese Atempause, diese Sonntagsexkurse auch im Buch beibehielten. Wer bei einem solchen Seitensprung stutzt, darf sich vorstellen, daß es damals beim ersten Erzählen gerade Samstag und Sonntag war in unserer Stadt.

So entstand unser Buch. Es ist für die vielen neuen Bürger bestimmt, die ihre Stadt besser kennenlernen wollen, und für die alteingesessenen Frankfurter, um die Erinnerung zu bewahren, und nicht zuletzt für die jungen Frankfurter. Es ist ein Buch, das zum Preise ihrer Vaterstadt geschrieben wurde.

Ein zweiter Band soll dem »Unbekannten Frankfurt« folgen.

Im Herbst 1960

Verlag Frankfurter Bücher

INHALTSVERZEICHNIS

BEGINNEN - ABER WO?

Das ist doch ganz einfach, wird der Leser sagen: man soll immer mit dem Anfang anfangen.

Schön und gut! Aber wo ist bei einer solchen Stadt wie Frankfurt der Anfang? Wo soll man da wirklich beginnen?

Lieber Leser, die Frage ist sehr berechtigt. Die Geschichte Frankfurts hat nämlich mehrere Anfänge.

Es gibt eine Urkunde vom Februar 794 n. Chr. Sie ist also fast 1200 Jahre alt. Einer der glänzendsten Namen der ganzen deutschen Geschichte steht darunter: Carolus. Karl der Große.

Was in dieser Urkunde steht, ist nicht weiter wichtig (es handelt sich um eine Schenkung Karls des Großen für ein Kloster in Regensburg). Was uns interessiert, ist vielmehr der Ort, in dem die Urkunde ausgestellt wurde. Er wird genannt – Franconofurd!

Das ist die älteste Urkunde, in der der Name Frankfurt auftaucht. Trotz emsigen Suchens haben die Historiker keine noch ältere Urkunde mit dem Namen unserer Stadt gefunden. In diesem Jahr 794 n. Chr. wird also der Scheinwerfer angeknipst, ein neuer, junger Akteur erscheint auf der Bühne des Weltgeschehens, ein Ort am Main, Frankfurt genannt.

Früher einmal hat man die Geschichte Frankfurts wirklich so beginnen lassen. Mit Karl dem Großen und mit einer Sage, die wohl allen geläufig ist – die Sage von der weißen Hirschkuh, die Karl den Großen vor den nachdrängenden feindlichen Sachsen über eine Furt im Main sicher ans jenseitige Ufer führte.

Aber das ist nicht der Anfang.

Die Nidda, dieses freundliche Flüßchen, gehört in ihrem Unterlauf zweifellos zu Frankfurt. An dieser Nidda, zwischen dem heutigen Heddernheim und Praunheim, entstand schon 700 Jahre vor Karl dem Großen eine Stadt. Sie war so groß wie das mittelalterliche Frankfurt. Aber sie hieß nicht Frankfurt, und sie war nicht germanisch. Sie war römisch.

Dieses römische Nida (mit einem d geschrieben) gehört nun zweifellos auch zur Geschichte Frankfurts, zu seiner Frühgeschichte (und auch die Tatsache ändert nichts daran, daß der Flecken Erde, auf dem dieses römische Nida lag, dann durch fast 1700 Jahre unbesiedelt blieb – bis Stadtrat Ernst May auf ihm seine moderne Gartensiedlung »Römerstadt« baute).

Karl der Große? Rom? Es genügt noch immer nicht!
Wenn man zu den nördlichen Vororten, etwa Praunheim oder Heddernheim, hinausspaziert, dann tauchen ringsum über dem Horizont Schornsteine auf. Es ist der Kranz von Ziegeleien, der um den Norden der Stadt liegt.
Ziegeleien sind die Kalender der Vorgeschichte. Hier wird tief in die Erde gegraben. Man hat in den Frankfurter Ziegeleien viele Beweise dafür gefunden, daß schon lange, lange vor den Römern menschliche Siedlungen auf dem Frankfurter Boden gelegen haben müssen. Berühmt wurden insbesondere die Praunheimer Ziegeleien auf dem sogenannten Ebelfeld; jede Zeit, von der Steinzeit bis zu den Franken, hat dort ihre Visitenkarte hinterlassen.
Oder gehen wir über den Main, in den wunderbaren Stadtwald. An vielen Stellen wandern wir dort ahnungslos an hügeligem Gelände vorüber, meistens mit Bäumen und Gebüsch bewachsen. Diese Hügel sind ausgedehnte Friedhöfe der Vorzeit, der Eisenzeit, der Bronzezeit, der Steinzeit. Jahrtausendealte Gräber! Eines dieser Gräberfelder liegt gleich neben der Pferderennbahn.
In den meisten dieser Gräber ruhen ungestört noch die Toten, wenn wahrscheinlich auch längst zu Staub zerfallen. Und wer sich an einer ganz anderen Stelle der Stadt, nämlich in Preungesheim, auf dem Bachberg niederläßt und von dem stattlichen Erdaufwurf hinüber zur friedlichen Au blickt, der sitzt auf einem einzigartigen Riesengrab unserer Vorfahren.
Nein – mit Karl dem Großen und mit Rom ist es nicht getan!
Wenn man wirklich mit dem Anfang beginnen will, dann muß man mit der merkwürdigen Geschichte beginnen, die sich im Frühjahr 1914 an der Grenze zwischen Frankfurt und dem Vorort Bockenheim zutrug. Mitten im Universitätsviertel. Frankfurts älteste Vergangenheit stieg dort wie ein Märchen aus der Erde...

DER UNIVERSITÄTS-AUEROCHSE

Im Frühjahr 1914 beginnt man an der südlichen Seite der Robert-Mayer-Straße die Schrebergärten zu beseitigen und die Erde auszuheben. Man will das neue große Chemische Institut bauen (es hat den Krieg überstanden und steht heute noch an dieser Stelle).

Aber die Arbeit gerät bald ins Stocken.

Man ist auf eine Eigentümlichkeit des Frankfurter Bodens gestoßen. Sie hat den Architekten zu allen Zeiten Kopfzerbrechen gemacht. Die Erde, die man aushebt, wird weich und schwarz. Es ist Moor.

Das ist nichts Seltenes in Frankfurt. Hier war ja einst eine große Sumpflandschaft. Noch die mittelalterliche Stadt war im Osten und Westen so eng von Sümpfen und Teichen und Bächen umgeben, daß sie fast nur nach Norden wachsen konnte. Auch in der Robert-Mayer-Straße hilft man sich so, wie man sich schon vor Jahrhunderten in der Gegend der Braubach- und Bethmannstraße geholfen hat. Man stellt das Haus, das man bauen will, auf Pfeiler. Sie reichen durch die Moorschicht hindurch in die feste Erde. Man baut einen modernen Pfahlbau am Uferrand eines ehemaligen Sees. Die Häuser auf der anderen Straßenseite stehen schon auf solidem Grunde.

Man hebt 16 Schächte aus. Jeder mißt etwa drei Meter im Quadrat. Man füllt die Schächte mit Zement. Auf diese Pfeiler will man dann das weiträumige Haus stellen. (Ähnlich mußten sich die Baumeister in unserer Zeit an etlichen Stellen der Stadt behelfen, beim Wiederaufbau des Schauspielhauses, beim Bundesrechnungshof, dem Erweiterungsbau des »Frankfurter Hofes«, dem Kaufhaus Köster, am Ostbahnhof und im Westend. Überall brauchte man Betonpfeiler gegen den moorigen Untergrund. Von den Bauten im alten Fischerfeld hinter dem Dom ganz zu schweigen.)

In einem der Schächte finden die Arbeiter plötzlich einige große, weiße Knochen. Sie zeigen sie ihrem Ingenieur. Etwas Besonderes? Wahrscheinlich!

Man verständigt einen Wissenschaftler, einen Paläontologen. Er kommt. Große Aufregung! Bei den Knochen handelt es sich um Wirbel und Rippen eines Ur!

Der Ur oder Auerochse, so erklärt der Mann der Wissenschaft, gehört zu den längst ausgestorbenen Tieren. Er war der Stammvater unserer Rinder und einst König in den Wäldern Europas. Ganz selten habe man bis jetzt vollständig erhaltene Gerippe eines Auerochsen gefunden.

Sollte hier, in der Frankfurter Robert-Mayer-Straße, eines in der Erde ruhen? Das wäre wahrhaftig ein meisterhafter Witz, den sich der Zufall ausgedacht hätte! Und der Mann weist hinüber zu einem stattlichen Gebäude. Auf seinem Giebel steht, grünspanüberzogen, Gott Chronos mit der Hippe...

Und nun beginnt das Märchen. Denn in diesem Gebäude wohnt einer der berühmtesten und ältesten Vereine der deutschen Naturforschung – die Senckenbergische Naturforschende Gesellschaft. Hunderte, ja Tausende von Kilometern wären die Senckenbergianer gereist, wenn sie irgendwo das Gerippe eines Auerochsen für ihr Museum hätten ausgraben können. Und nun liegt es vor ihrer Haustür! In den Sumpf wie eine Konserve versenkt. Man braucht sie nur aufzumachen.

Aber die eigentliche Überraschung sollte noch folgen...

In den nächsten Wochen beginnt eine ruhelose Tätigkeit unter der Erde, in dem unterirdischen Moor. Oberpräparator Strunz vom Senckenberg gräbt mit einigen Stollenbauern kreuz und quer ein Netz von Gängen. »Wie ein Maulwurf, der nach Engerlingen sucht«, so schildert er später seine Arbeit. Die Stollen sind nur einen Meter hoch. Man muß in ihnen, auf dem Bauche liegend, beim Scheine einer Grubenlampe arbeiten.

Es ist ein Wettlauf mit der Baufirma, die weiterbauen muß. Die meisten Zementpfeiler sind bereits ins Moor versenkt. Bis tief in die Nacht hinein buddeln sich die Senckenbergianer vorwärts.

In dichten Scharen umstehen die Frankfurter die Baugrube und warten geduldig auf jeden neuen Knochen, den man aus der Tiefe birgt. Der »Universitäts-Auerochse«, so nennen sie den großen Fund.

185 Knochen müssen es sein. Bis auf das linke Hinterbein findet man sie alle, verstreut über eine Fläche von 18 mal 18 Metern. Schließlich fehlt nur noch der Schädel. In der letzten Nacht, die man noch zur Verfügung hat, findet man auch ihn – und einen zweiten Schädel dazu. Es ist der Schädel eines Hundes!

Das ist schließlich das Ergebnis der vierzehntägigen unterirdischen Wühlarbeit: Aus sechs Meter Tiefe holt man das nahezu komplette Skelett eines männlichen Urs herauf – und das unvollständige Gerippe eines Hundes. Er hat große Ähnlichkeit mit einer noch heute lebenden Hunderasse, dem australischen Dingo. Seine Bißspuren findet man am Hinterlauf des Auerochsen.

Welche Tragödie spielte sich hier einst im Sumpf ab? Man rekonstruiert sie: Der Auerochse mußte mit dem Vorderteil in den Faulschlamm eingebrochen sein. Hatte ihn der Hund gejagt? Der Ur konnte sich nicht mehr retten und verschwand in der saugenden Tiefe. Der Hund versank mit ihm...

Was geschah mit den so raren Knochen? Zwei Jahrzehnte lang lagen sie in einem Schrank des Senckenbergmuseums. 1936 baute man sie im ersten Stock in eine sogenannte Lebensgruppe ein. Das Diorama zeigte ein Bild der Frankfurter Urlandschaft mit Elchen und Bibern, mit künstlichen Bäumen und einem gemalten Taunus. Im Vordergrund lag das Gerippe des Auerochsen. Im Kriege wurden die wertvollen Knochen rechtzeitig verlagert. Das Diorama selbst wurde durch Brandbomben zerstört. Aber der alte Frankfurter Maler Lefèbre hatte es vorher gemalt, so daß man es heute im Senckenberg wenigstens noch im Bilde sehen kann.

Wissenschaftliche Ausgrabungen beschäftigen nur selten den Mann auf der Straße. Bei dem Ur aus dem Senckenbergmoor war das anders. Die Frankfurter waren stolz auf ihren Auerochsen, der so plötzlich unter ihren Füßen ans Tageslicht gekommen war.

Das war 1914.

Zwei Jahrzehnte später erkannte man, daß die wahre Sensation dieses Fundes nicht der Auerochse war, sondern der Hund...

Man hatte inzwischen etwas Neues gelernt, und zwar zuerst in Schweden. Man hatte entdeckt, daß in den verschiedenen Schichten der Erdoberfläche noch der Blütenstaub längst, längst verstorbener Bäume zu finden ist. Mit Hilfe dieser Pollen konnte man wichtige Rückschlüsse auf das Alter der Dinge ziehen, die man in der Erde fand.

1936 unterwarf man auch den Senckenbergfund einer solchen Pollenanalyse. Man hatte einzelne Torfstücke aus der Nachbarschaft des Fundes aufgehoben. Außerdem fanden sich in den Höhlungen der Knochen noch winzige Moorreste. Das genügte.

Der Blütenstaub erwies sich als erstaunlich alt. Er stammte aus einer Zeit, in der unser Gebiet von ausgedehnten Kiefernwaldungen mit Einsprengseln von Weiden und Birken überzogen war. Die ausgehende Kiefernzeit liegt aber mehr als 10000 Jahre zurück.

Die Tragödie im Moor mußte sich, vorsichtig geschätzt, vor 10000 bis 11000 Jahren abgespielt haben. Und nun wird es interessant, doppelt interessant!

Der Senckenberghund war damit um rund 1500 Jahre älter als ähnliche Hundegerippe, die man in dänischen Mooren gefunden hatte und die bis dahin als die ältesten überhaupt galten. Das Moor unter dem Chemischen Institut der Frankfurter Universität hatte eines der seltenen vollständigen Skelette eines Auerochsen geborgen und zugleich, in tödlicher Umklammerung, den ältesten Hund, den wir kennen. Und dies nicht etwa in einer vorderasiatischen Steppe, sondern kaum hundertfünfzig Schritt vom Senckenbergmuseum entfernt...

Und was bedeutet der Fund für Frankfurts Geschichte? Nun – man nimmt aus guten Gründen an, daß der Hund schon vor mehr als 12000 Jahren ein geselliger und zahmer Begleiter des Menschen wurde. Es ist ja die älteste Freundschaft, die der Mensch geschlossen hat. Auch unser Hund dürfte demnach bereits ein gezähmter Hund gewesen sein. Man darf es vermuten. Wo ein zahmer Hund, dort aber auch ein Mensch!

Ging der Hund seinem Herrn auf der Jagd verloren? Wir wissen es natürlich nicht. Aber wir dürfen annehmen, daß der Hund im Senckenbergmoor ein Zeuge dafür ist, daß vor rund 10000 Jahren, in der mittleren Steinzeit, in unserem Gebiet bereits Menschen gelebt haben. Er ist der weitaus älteste Hinweis auf den Ururfrankfurter, den wir besitzen.

Darum haben wir ihn an den Anfang gestellt...

DER MANN, DER FRANKFURT 2000 JAHRE ÄLTER MACHTE

»Bis zu Karl dem Großen! Höchstens bis zur Römerzeit! Viel weiter reicht die Geschichte der menschlichen Siedlungen in unserem Gebiet nicht zurück.«
Es ist noch gar nicht lange her, daß die Historiker diese Ansicht vertraten. Vielleicht einzelne Gräber aus der Bronzezeit – zugegeben. Aber Steinzeit? Nein, da war hier alles wüst und leer und unbewohnt.
Es stimmte nicht! Es war ein einfacher Brunnenbauer aus dem benachbarten Windecken, der den Beweis dafür fand, daß die Siedlungsgeschichte Frankfurts um 2000 Jahre älter ist, als man bis dahin angenommen hatte, daß sie also tief in die ferne Steinzeit zurückreicht.
Seine Funde waren damals eine archäologische Sensation. Es gibt heute Prähistoriker, die meinen: Nein – sondern ein ungewöhnlicher Schwindel! Wenigstens zum Teil.
...aber wir müssen die Geschichte anders erzählen. Sie begann im Bereich einer der ältesten, berühmtesten und einsamsten Straßen weit und breit, der Hohen Straße, die von Bergen, am Enkheimer Ried vorbei, über Kilianstädten nach Marköbel zieht; diese hochgelegene Straße dürfte schon in vorrömischer Zeit dem Warentausch zwischen West- und Osteuropa gedient haben (auch der Frankfurter Marbachweg war einmal ein Teil von ihr).

Herbst 1906. Ein altmodisches, geschlossenes Automobil rattert aus Frankfurt hinaus, an der Friedberger Warte vorbei.
Im Fond sitzt ein schlanker Sechziger, ein gepflegter Spitzbart ziert den Gelehrtenkopf. Es ist Professor Dr. Georg Wolff, Lehrer am Kaiser-Friedrich-Gymnasium (dem heutigen Gagern-Gymnasium). Frankfurt verdankt ihm viel, außerordentlich viel an Kenntnissen über die Geschichte seiner Landschaft. Professor Wolff ist eine Kapazität auf dem Gebiete der Vor- und Frühgeschichte. Für die Römisch-Germanische Kommission des Kaiserlich Archäologischen Institutes hat er in anderthalb Jahrzehnten den Limes, den berühmten römischen Grenzwall, erforscht, auch die alten römischen Straßen und ihre verschütteten Siedlungen

Ist das die älteste Ansicht, die von Frankfurt existiert? Sie stammt aus einer illustrierten Ausgabe der »Goldenen Bulle«, die 1485 in Straßburg gedruckt wurde. Das Bild zeigt die Ankunft der Kurfürsten zu einer Kaiserwahl in Frankfurt. Die drei geistlichen Kurfürsten von Mainz, Köln und Trier kommen zu Schiff. Am Fahrtor steht ein Kran. Die vier weltlichen Kurfürsten erscheinen mit Gefolge zu Pferde. In der Stadt erkennt man Teile der berühmten Römerfassade.

und Kastelle. Durch ihn hat man endlich ein viel klareres Bild über die römische Herrschaft im Maingebiet erhalten.

Jetzt aber ist Professor Wolff in einer ganz anderen Angelegenheit unterwegs. Das Automobil durchschnauft Vilbel und erreicht schließlich Windecken (bis heute »unentdeckt«, wie das meiste in der Wetterau; hier gäbe es noch vieles aufzuspüren, vielleicht sogar eine ganze Landschaft zu erforschen).

Frankfurts berühmte Mainfront um 1840 (Stahlstich von J. F. Dielmann)

Katharinenkirche und Hauptwache um 1840 (Stahlstich von J. F. Dielmann)

Vor dem ehrwürdig alten Rathaus hält der Wagen. Ein Mann von etwa 40 Jahren in derben Arbeitskleidern und hohen Schaftstiefeln erwartet den Professor. Auch er ist hochgewachsen, ja hager. Wie viele seines Typs ist auch dieser Mann ein ausgesprochenes Bewegungsnaturell. Er muß einfach laufen.

Er ist der richtige Mann für die Aufgabe, die ihm gestellt ist. In der einen Hand trägt er einen langen Stecken. Mit ihm marschiert er Tag für Tag über die abgeernteten Felder im weiten Umkreis. Und sucht. Den gestrigen Tag, so sagen sie von ihm. Und treffen damit ungefähr das Richtige.

Von Beruf ist Georg Bausch Brunnenbauer. Er ist in Windecken geboren und kennt die Gegend wie seine Hosentasche. In seinem Beruf hat er gelernt, die feinsten Unterschiede im Erdreich wahrzunehmen. Er hat so etwas wie einen sechsten Sinn. Längst ist er den Archäologen aufgefallen. Bei der Aufspürung und Ausgrabung römischer Straßen, Bauten und Friedhöfe hat er Professor Wolff höchst nützliche Dienste geleistet. Man hat ihn zum Vorarbeiter bei der Limeskommission ernannt.

»Sie sehen, ich bin auf Ihren Anruf hin sofort gekommen«, sagt Professor Wolff händeschüttelnd. »Was haben Sie denn entdeckt?«

»Ich muß Sie hinführen, Herr Professor. Das müssen Sie selbst sehen. Wir können mit dem Automobil bis hin fahren.«

Sie steigen ein. Hinter dem benachbarten Ostheim biegt der Wagen rechts ab, Richtung Butterstadt. Er hält unweit von dem Ort. Die beiden Männer steigen aus, und Bausch führt den Professor über mehrere frisch gepflügte Äcker.

Schließlich bleibt er stehen und zeigt auf eine flache, unregelmäßige Mulde:

»Hier ist es, Herr Professor! Der Acker gehört dem Gutsbesitzer Jung in Butterstadt. Das sieht doch genauso aus wie eine der Wohngruben, die wir schon in Marköbel gefunden haben.«

Professor Wolff nickt. Vor kurzem haben sie, rund 30 Kilometer nordöstlich von Frankfurt, bei Marköbel, undeutliche flache Gruben in der aufgepflügten Erde gefunden. Sie haben etwas ganz Besonderes entdeckt. Denn die uralten Tonscherben und die primitiv bearbeiteten steinernen Werkzeuge, die sie in den Gruben fanden, verraten, daß diese Mulden aus der Steinzeit stammen.

Es sind die letzten Spuren von Menschen, die vor 4000 Jahren gelebt haben. Es stimmt also nicht, daß sich damals in unserer Gegend noch keine Menschen niedergelassen hatten.

»Aber hier, Herr Professor, ist noch etwas anderes!« sagt Bausch, »an dieser Stelle ist die Erde ganz dunkel, fast schwarz.«

Professor Wolff studiert den runden, dunklen Flecken, auf den Bausch weist; er läßt die Erde durch die Finger laufen. Dann sagt er:

»Wissen Sie, was das ist? Aschenerde! Die kennen wir schon von den römischen Gräbern her. Hier sind auch kleine verbrannte Knochenreste... Leichenbrand in Steinzeitgruben! Sollten die Menschen damals in unserer Gegend ihre Toten verbrannt haben? Das wäre einmalig!«

»Vorsichtig, Herr Professor! In der Aschenerde habe ich noch etwas Merkwürdiges gefunden. Da ist es!«

Was der Professor sieht, sind kleine, flache Kieselsteinchen. Sie liegen im Kreis mitten in der Aschenerde. Vorsichtig fischt er eines heraus und dreht es zwischen seinen Fingerspitzen hin und her:

»Scheint ein Flußkiesel zu sein. Er ist durchbohrt. Er hat ein feines, durchgehendes Loch. Sehen Sie, alle Steine haben diese Öffnung. Und alle zeigen mit der Öffnung zur Mitte des Kreises.« Sein Zeigefinger berührt leicht die Steine.

»Stellen Sie sich einmal vor, daß Sie ein starkes Pferdehaar oder eine Art von Faden durch diese Kiesel ziehen. Ja? Was haben wir dann? Eine Kette! Eine Schmuckkette aus Kieselsteinen! Und da unten ist sogar ein größerer Stein als Anhänger. Mein Lieber, es sieht ganz so aus, als hätten die Steinzeitmenschen bei uns nicht nur ihre Toten verbrannt, sondern der Asche auch Schmuck mitgegeben. Das wäre wirklich neu!«

Die beiden Männer entdeckten eine zweite Wohngrube auf dem Acker. An ihrem Rande ist gleichfalls eine runde, dunkle Stelle. Sie legen sie vorsichtig schichtweise offen – erst eine tiefschwarze, speckige Erdscheibe, dann Aschenerde, kleine Scherben, Knochenreste und mitten darin, kreisförmig gelegt, eine Anzahl durchbohrter Kieselsteinchen...

Unermüdlich ging Bausch in den folgenden Wochen und Monaten über Äcker und Weiden.

Er spürte die Brandgräber wie mit einer Wünschelrute auf. Manchmal lagen sie zusammen mit Wohngruben, häufiger lagen sie vereinzelt. Aber immer enthielten sie Schmuck, Ketten oder Amulette aus durchbohrten Kieseln, aus kleinen Stückchen Schiefer, aus Tonperlen, manchmal auch aus Tierzähnen. Häufig zeigten die Steine punktartige Verzierungen.

So etwa sehen die umstrittenen Ketten aus Mainkieselsteinen aus, die man in den Brandgräbern aus der Steinzeit gefunden hat.

Man fand solche Brandgräber in den Gemarkungen Butterstadt, Marköbel, Ostheim, Windecken, auf der Domäne Beiersröder Hof, im Gemeindewald von Kilianstädten...

In den nächsten sechs, sieben Jahren entdeckte man rund 90 dieser Brandgräber aus der Steinzeit. Von weit her kamen die Gelehrten, um den Öffnungen beizuwohnen. Ja, man grub sorgsam ganze Gräber aus und verschickte sie an die Anthropologische Gesellschaft in Göttingen oder an das Hanauer Museum. Erst dort wurden die Gräber dann geöffnet.

Nirgendwo hatte man bisher solche Grabstätten gefunden. Es war eine neue Erkenntnis, daß man bereits in der jüngeren Steinzeit die Toten verbrannte. Und der Schmuck in den Gräbern war einmalig.

Die Wohngruben und Gräber, die man entlang der Hohen Straße entdeckte, bewiesen, daß die Siedlungsgeschichte unserer Gegend viel älter war, als man bisher vermutet hatte. Sie war schon zur Steinzeit von einer Bevölkerung besiedelt, die sogar Ackerbau betrieb. In den Wohngruben fand man häufig Mahlsteine und Getreidequetscher. Und das war auch ganz einleuchtend. Denn seit den Eiszeiten trägt der Boden der Wetterau eine dichte Schicht von fruchtbarem Löß. Er ist ihr Reichtum und machte sie zu einer großen Fruchtkammer...

Auf die Frage, warum man die Spuren der Steinzeitmenschen erst so spät und ausgerechnet jetzt entdeckte, gab es eine einleuchtende Antwort: Der Dampfpflug! Damals hatte man begonnen, mit ihm die Äcker zu bearbeiten, und er pflügte tiefer, doppelt so tief als bisher.

Der Leser wird nun fragen: Was hat das mit der Geschichte der Stadt Frankfurt zu tun? Marköbel liegt weitab, und die Hohe Straße führt fort von Frankfurt. Aber, gemach!

DAS UR-UR-FRANKFURT LIEGT UNTER WASSER

Im Frühjahr 1908 war man soweit, daß Frankfurt endlich einen neuen Hafen bekommen sollte.

Der Westhafen genügte längst nicht mehr. Seit der Kanalisierung des Mains 1886 – damals entstand der Westhafen – hatte sich der Schiffsverkehr auf dem Fluß verzehnfacht. Mit Riesenschritten war Frankfurt an die fünfte Stelle im Rhein-erkehr gerückt. Es war höchste Zeit geworden, einen neuen Hafen zu bauen, den Osthafen.

Man begann zunächst mit dem Unterhafen. Riesige Mengen Erde wurden aus dem Boden gehoben. Tiefe Furchen gruben sich in das Uferland. Die beiden Becken gewannen Gestalt. »Sie sehen aus wie eine Stimmgabel«, sagten die Frankfurter.

Irgend jemand kam auf die Idee, diese aufgerissene Landschaft doch einmal dem »archäologischen Sherlock Holmes«, dem Vorarbeiter Bausch aus Windecken, zu zeigen, bevor sie das Mainwasser bedecken würde.

Bausch kam. Tagelang lief er umher.

Dort, wo der Wendehafen den beiden Becken vorgelagert werden sollte, stand noch das Sägewerk einer großen Frankfurter Baufirma. Man war dabei, es abzureißen. Unweit davon lief ein tiefer Entwässerungsgraben.

In diesem Graben gelang Bausch die Entdeckung, die Frankfurts Geschichte um 2000 Jahre älter machte. In halber Manneshöhe fand er die Spuren eines Steinzeitdorfes...

Die Untersuchungen, die nun folgten, dauerten fast ein halbes Jahr. Man legte etwa 40 große und kleine Wohngruben frei, ferner sieben Brandgräber, alle mit Kieselschmuck ausgestattet, und ein Hockergrab (mit Skelett), das wahrscheinlich einer späteren Zeit angehörte. Der Platz war offenbar zweimal bewohnt gewesen – in der jüngeren Steinzeit und rund 1500 Jahre später, in der jüngeren Eisenzeit.

Es mußte ein großes Dorf gewesen sein! Es bedeckte eine Fläche von 150 Metern Länge und 150 Metern Breite.

Dann wurde der Osthafen fertig. Damit versank das Ur-Ur-Frankfurt in den Fluten des Mains, die »Fußböden«, Abfallgruben und Gräber der »Frankfurter« vor 4000 Jahren. Etwa um die gleiche Zeit hatte man die Spuren eines zweiten Steinzeitdorfes an anderer Stelle entdeckt, in den Praunheimer Ziegeleien auf dem Ebelfeld.

1909 wurde Bausch Angestellter des Historischen Museums. Er blieb in Windecken wohnen und fuhr jeden Tag mit dem »Wetterauer Expreß« zu seiner Arbeitsstätte. Die große Zeit der Entdeckungen schien jedoch vorüber zu sein. Man fand nur noch selten Brandgräber und Kieselschmuck. Bausch starb 1932, vier Jahre nach Professor Wolff. Aber mit seinem Tode scheint das Kapitel Bausch nicht zu Ende zu sein. Der Zweifel hat sich inzwischen zu Wort gemeldet...

Es geht nicht um die Steinzeitdörfer, es geht nicht um die Wohngruben (oder Abfallgruben) aus dieser fernen Zeit. Deren Echtheit wird nicht bezweifelt, damit also auch nicht die Erkenntnis, daß die südliche Wetterau und Frankfurt schon zur jüngeren Steinzeit besiedelt gewesen sind.

Es geht um die Brandgräber. Sie waren einmal eine echte Sensation und gaben der Vorgeschichte Frankfurts und seiner Umgebung eine Sonderstellung in der deutschen Archäologie. Sind sie wirklich echt? So wird gefragt. Und die Schmuckketten, die in ihrer Aschenerde lagen? Wie steht es mit denen? Stammen sie wirklich aus der Steinzeit? Oder aus dem Beginn des 20. Jahrhunderts? Ist es nicht auffällig, daß sie meistens Bausch als erster gefunden hat? Ging es ihm um die Fundprämien? Um die gute Anstellung? Um den Ruhm?

Eine Archäologin, Dr. Gudrun Loewe (Darmstadt-Neuß), hat vor kurzem diesen Verdacht (in der Zeitschrift der Römisch-Germanischen Kommission »Germania«) offen ausgesprochen. Das sind etwa ihre Argumente: Die Brandgräber kamen nur in Wolffs Arbeitsgebiet vor, der dort Bausch einsetzte; vorher und nachher hat man keine solchen Brandgräber mehr gefunden; ein moderner Stahlbohrer macht ganz ähnlich feine Öffnungen, wie sie die Flußkiesel und Schieferstücke aufweisen; waren überhaupt mit den technischen Mitteln der Steinzeit solche Grabbeigaben herzustellen?

Wir vermögen alle diese Argumente natürlich nicht zu überprüfen. Aber ich muß offen gestehen, die Autorin hat mich nicht recht überzeugt. Vielleicht hängt es damit zusammen, daß man spürt, wie sie auf jeden Fall recht haben möchte. Und zwei Dinge wollen doch noch bedacht sein:

Das eine ist das Rätsel Bausch. Dieser Mann hätte es so viel einfacher gehabt, seine angeblich falschen Kieselketten in die – echten – Wohngruben zu legen und seine Fundprämie zu kassieren. Wozu erfand er, wie ihm unterstellt wird, auch noch diese komplizierten und riskanten Gebilde der Brandgräber? Diese Brandgräber, von denen es heißt, daß sie zum Teil *unter* den (echten) Wohngruben gefunden wurden!

Das zweite: Man fand im Laufe der Jahre fast hundert Brandgräber! Dr. Loewe bemerkt dazu: »Viele Wissenschaftler sind Zeugen solcher Ausgrabungen geworden, weil die bis dahin unbekannte Grabform größtes Interesse weckte und die relativ kleinen Objekte sich gut in einer Schaugrabung vorführen ließen.«

Sehen wir davon ab, ob man einen Fachmann wie Professor Wolff tatsächlich durch anderthalb Jahrzehnte immer und immer wieder täuschen kann. Es bleibt die Frage: Kann man hundertmal – davon in etlichen Fällen vor immer neuen Sachverständigen – die gleiche schwierige Fälschung machen, ohne entdeckt zu werden? Hundertmal!

Um diese Frage kommt man nicht herum. Bejaht man sie, dann gehören die Wetterauer (und Frankfurter) Brandgräber zu den einmaligen wissenschaftlichen Irreführungen, gehört der Brunnenbauer Georg Bausch in die Galerie der Meisterfälscher, wie es nur wenige gegeben hat. Und auch das müßte der Chronist notieren.

In Windecken lebt noch ein Bürger, der damals mit ausgraben half. Ich sprach mit ihm. Ich bin von der Ehrlichkeit seines Ausrufes überzeugt: »Ich wette meinen Kopf dafür, daß die Funde damals echt waren!« Und aus Kalifornien schrieb der Sohn jenes Gutsbesitzers Ph. Jung in Butterstadt, auf dessen Äckern die ersten Brandgräber aus der Steinzeit gefunden wurden, ein Mann, der Augenzeuge dieser Ausgrabungen gewesen ist: »Bausch und Professor Wolff waren wahr und echt.«

Jedoch – die Archäologen haben genügend bittere Erfahrungen gemacht und sind vorsichtige Leute geworden. Man kann es ihnen nicht verargen. Im Frankfurter

Museum für Vor- und Frühgeschichte im idyllischen Holzhausenschlößchen sind die viel veröffentlichten und bestaunten Kieselketten aus den Vitrinen verschwunden – offenbar bis zu dem Beweis, daß sie wirklich echt sind. Man kann sich natürlich auch auf den umgekehrten Standpunkt stellen: Bis zu dem Beweis, daß die Ketten wirklich falsch sind, geschieht den beiden Männern Unrecht, Bausch und Wolff...

So oder so – eines, lieber Leser, haben wir jedenfalls gelernt: Der Urfrankfurter war ein Mann der Steinzeit! Schon vor 4000 Jahren gab es auf unserem Gebiet stattliche Ackerbauerndörfer. Was man vor einem halben Jahrhundert noch nicht wußte, das wissen wir heute – wir leben auf uraltem Siedlungsboden...

Feuer fällt vom Himmel auf Frankfurt. Dieses Flugblatt stammt aus dem Dreißigjährigen Krieg. Die Zeiten sind schlecht, die Menschen voller Hoffart. Der unbekannte Zeichner warnt vor dem Zorn Gottes. Der Engel (links oben) verkündet die Strafen, die böse Frau Jesabel (rechts oben) mit dem Spiegel der Unzucht steht im Feuer, die Waage der Gerechtigkeit zerbricht, die Sonne verdunkelt sich, vom Himmel fällt »des fewers vil«. Man erkennt den Dom, die Mainbrücke, den Rententurm, die Nikolaikirche...

Beim Bau des Osthafens entdeckte der frühere Brunnenbauer Georg Bausch 1908, und zwar im Gebiete des heutigen Wendehafens (Pfeil), die Spuren der ältesten Frankfurter Siedlung, die Reste eines 4000 Jahre alten Steinzeitdorfes.

So stellt man sich die Frankfurter Urlandschaft vor. Im Hintergrund der Taunus, ganz vorn das Skelett des »Universitäts-Auerochsen«, der 1914 so überraschend ans Tageslicht kam (gemalt von Lefèbre nach einem Diorama im Senckenbergmuseum).

Fast wie ein Wunder stieg dieses Götterbild aus der Erde. 1826 grub es der Wiesbadener Archivrat Dr. Habel zwischen Heddernheim und Praunheim aus dem Boden, dort, wo einst die blühende Römerstadt Nida lag. Das Steinrelief, vier Quadratmeter groß und wunderbar erhalten, zeigt den persischen Lichtgott Mithras. Die römischen Soldaten verehrten ihn. Der junge Gott reißt einen Stier an den Nüstern zurück und bohrt ihm das Messer in den Nacken. Der Knabe rechts trägt eine erhobene Fackel, der andere senkt die seine. Das Relief befindet sich im Städtischen Museum Wiesbaden.

Wir sind auf dem Gipfel des Altkönigs vor fast zwei Jahrtausenden! Die Römer nahen oder sonst ein Feind. Die Bevölkerung des Maingebietes ist mit allen Haustieren ins Gebirge geflüchtet und sucht hinter den enormen Mauern des Ringwalles Schutz. Der Altkönig ist eine ihrer Fliehburgen. Der Priester (links) läßt Zweifel aufkommen, ob es sich bei den Fliehenden um Kelten oder Germanen handelt. Das Bild – es stammt von dem Frankfurter Maler Hasselhorst – ist historisch bestimmt nicht getreu. Aber es ist dramatisch, und hochdramatisch muß es damals auf dem Altkönig auch zugegangen sein. Dann versank der Berg in schweigende Einsamkeit, bis heute...

▷

C. Nebel

»DESS GEHEERT ALL UNSER«

Man versteht Frankfurts Geschichte nicht recht, wenn man nicht etwas über die Frankfurter Landschaft weiß. Man könnte ein dickes Buch darüber schreiben. Aber wir wollen uns mit ein paar Absätzen begnügen...

Fangen wir mit den Frankfurter Bergen an. Wir meinen damit nicht den Taunus. Wir meinen jene »Berge«, die Friedrich Stoltze in einem seiner schönsten Lesestücke nennt. Es heißt: »Von Frankfurts Macht und Herrlichkeit.« Er erzählt darin, wie er, der kleine Friedrich, von seinem Großvater einmal zur Sachsenhäuser Warte geführt wird und dort Frankfurt gezeigt bekommt. In seinem ganzen Stolz sagt der Großvater:

»Un merr hawwe aach sehr viel Beerg: hie de Sachsehäuser Beerg und da der Mihlbeerg und da der Larchusbeerg und dort driwwe der Rederbeerg und der Bornheimer Beerg – dess geheert all unser!«

Ja, mit diesen Bergen hat es seine besondere Bewandtnis. Sie sind gewiß nicht hoch. Aber ohne sie gäbe es vielleicht überhaupt kein Frankfurt. Denn diese niedrigen Hügel waren allezeit hoch genug, um die umliegende Sumpf- und Wasserlandschaft zu überragen.

Bei Bergen-Seckbach läuft ein Höhenzug von Osten nach Westen; in der Berger Warte erreicht er Frankfurts höchsten Punkt, 212 Meter. Dann biegen die Hügel fast senkrecht nach Süden um und laufen als Bornheimer Berg und Röderberg schnurstracks auf den Main zu. Jenseits des Mains setzen sie sich als Mühlberg und Sachsenhäuser Berg fort. Zweifellos war dieser Kalkrücken einmal ge-

Die beiden Bilder zeigen die gleiche Landschaft – die weite Niddaebene zwischen Heddernheim und Praunheim. Aber es trennen sie rund 19 Jahrhunderte! So wie auf dem oberen Bild (einer Zeichnung von C. Nebel aus dem Museum für Vor- und Frühgeschichte) müssen wir uns das Kastell vorstellen, das die römische Armee Ende des ersten nachchristlichen Jahrhunderts an dieser Stelle anlegte. Aus ihm wuchs die bedeutende römische Stadt Nida. Das untere Bild ist eine Luftbildaufnahme der modernen Gartensiedlung »Römerstadt«, die Stadtrat Ernst May 1927/28 auf dem gleichen Boden baute. Das Foto zeigt nur ihre östliche Hälfte. Die Hadrianstraße (links) teilt sie in zwei Teile. Im Vordergrund beider Bilder fließt die Nidda. Das Flüßchen hat mehr erlebt, als ◁ man ihm ansieht. An seinen Ufern lag sogar einmal ein römischer Hafen!

schlossen, bis sich der Main an der schmalsten Stelle ein Bett hindurchbrach. Von Bergen her kann man die Situation ganz schön überschauen.

Für die Entstehung und die älteste Geschichte Frankfurts waren diese Hügel außerordentlich wichtig. Denn sie waren weit und breit der einzige trockene und sichere Weg, auf dem man von Norden oder Süden den Main erreichen konnte.

Dieser senkrecht auf den Main zulaufende Höhenrücken war für die Entstehung einer menschlichen Siedlung gerade an dieser Stelle des Maines jedenfalls viel wichtiger als die berühmte Furt durch den Fluß, die in den Geschichtsbüchern eine so große Rolle spielt und in den Namen der Stadt einging. Man weiß gar nicht genau, welche Furt eigentlich damit gemeint ist, denn der Main hat viele Furten. Und bevor er, 1886, reguliert wurde, war er auch gar nicht tief. Auf alten Bildern, etwa dem schier unerschöpflichen Gemälde, das Fr. W. Hirt 1757 vom Mainufer am Fahrtor gemalt hat, sieht man, wie Pferde flache Boote durch den Main ziehen. Das Wasser geht ihnen nicht einmal bis an den Leib. In alten Büchern kann man die Angabe finden, daß die durchschnittliche Wasserhöhe des Mains bei einem halben Meter lag! Es liest sich wie ein Märchen, was eine hochbetagte Frankfurterin aus ihren Kinderjahren erzählt, daß sie nämlich vom Nachen aus mit ihren Händen am Grunde des Mains herumwühlen konnte...

Frankfurt, das bedeutet nicht nur Straßen und Hochhäuser und Zement und Autos – es ist auch: ländliche Einsamkeit, staubige Wiesenpfade und stille, tote Gewässer. Eine solche abgeschiedene Ecke ist der Säusee südlich von Seckbach. Ein großer, dicht von Bäumen umstandener Tümpel, in dem die Frösche an warmen Tagen ein Massenkonzert geben.

Dieser Säusee weckt in mir immer eine romantische Vorstellung. Das Frankfurt-Mainzer Becken war nämlich einst von einem Meer angefüllt, das schließlich durch das Binger Loch abfloß. Der Säusee erscheint mir wie der letzte Tropfen, den dieses Meer uns zurückgelassen hat.

Ich weiß, daß die Vorstellung nicht genau ist. Der winzige See ist vielmehr der Rest eines alten Mainarmes, der sich einst am Fuße des Berger Höhenrückens dahinzog. Das Enkheimer Ried, dieses sehenswerte Stück Urlandschaft, das sich ins Raketenzeitalter gerettet hat, ist auch ein Rest des Mainarmes.

Als Braubach bog er schließlich in die Altstadt ein und durchfloß sie dort, wo heute die Braubachstraße ist. Ein Seitenarm floß über den Römerberg hinunter zum Main. Die Einbuchtung, die in der Mitte des Römerberges entlangläuft, soll den alten Wasserlauf noch erkennen lassen. Andere bestreiten dies – und dabei wollen wir es bewenden lassen ...

Lieber Leser, noch ein paar Dinge zum Thema Frankfurter Landschaft:

Das Stückchen Erde zwischen der Fahrgasse und dem Römerberg, auf dem der Dom steht und auf dem bis 1944 der Kern der Altstadt lag, war einst ringsum von Sumpf und Gewässern umgeben. Die Historiker sprechen deshalb von der Dominsel. Sie war die Keimzelle, aus der Frankfurt wuchs!

Die Braubach, ein alter Mainarm, durchfloß vor vielen Jahren, wie erwähnt, in der Richtung der heutigen Braubachstraße die Frankfurter Altstadt. Sie war durch Jahrhunderte der Stadtgraben des alten Frankfurts. Man warf allen Kehricht in sie hinein, bis man sie endlich überbaute. Man behauptet, daß man sie noch heute in den Kellern der umliegenden Häuser rauschen höre. (Ich bezeichnete das einmal als ein Gerücht. Daraufhin war jemand so freundlich und ließ mich in der Braubachstraße durch eine Öffnung der Kanalisation in die Tiefe lauschen. Tatsächlich – es rauschte! Nur was da rauschte, die alte Braubach oder ein Kanal oder die alte Braubach in einem Kanal, das blieb unklar.)

An einem anderen, längst zu Land gewordenen alten Mainarm laufen und fahren an jedem Sonntag Tausende von Fußballfreunden vorüber. Es ist der Erlenbruch bei der Riederwaldsiedlung; an ihm entlang geht es zu den Sportplätzen der Eintracht und des Fußballsportvereins.

Die Nidda mündete nicht immer bei Höchst, sondern in alten Zeiten in der Gegend der heutigen Untermainbrücke. Jahr für Jahr überschwemmte sie das Land zwischen Bonames und Bockenheim. Erst in den zwanziger Jahren unseres Jahrhunderts wurde sie reguliert.

Im Westend, in der Gegend der Niedenau und des Kettenhofweges, gab es noch Ende des 17. Jahrhunderts den großen Rüstersee. Dann kaufte ihn ein reicher Bierbrauer und ließ ihn zuschütten. Daher die Rüsterstraße.

Namen sind Erinnerungen. Auch die Leerbachstraße soll (nicht unbestritten) einmal ein Wasserlauf gewesen sein. Und bei der Basaltstraße in Bockenheim lagen schon Basaltbrüche der alten Römer. Basalt ist erstarrte Lava. Bis hierher und bis nach Louisa jenseits des Mains reichten die Lavaströme, die sich aus Europas mächtigstem Vulkan, dem Vogelsberg, ergossen. Aber da haben kaum schon Menschen gelebt, geschweige denn Frankfurter...

Gedenktage, die nicht im Kalender stehen

1689 wurde das erste Kaffeehaus in Frankfurt eröffnet (Kaffeegäßchen in der Altstadt, 1944 zerstört).

1754 zapfte der Gärtner K. Werner in Sachsenhausen angeblich den ersten Apfelwein.

1757 wurden die ersten Kartoffeln in Frankfurt angepflanzt (der Apfelwein ist also älter).

1781 wurde der erste Blitzableiter angebracht, auf der Bornheimer Kirche.

1. 7. 1828 fand die erste Beerdigung auf dem neuen Hauptfriedhof statt (Witwe Alewyn aus Amsterdam).

1836 wurden die beiden ersten Briefkästen aufgehängt.

16. 8. 1846 gab es den ersten Eisenbahnunfall. Eine Lokomotive stürzte über einen Pfeiler der neuen Wilhelmsbrücke. Heizer tot.

7. 2. 1878 läuteten zum ersten Male die zehn neuen Glocken des Domes. Die alten waren beim Dombrand 1867 allesamt geschmolzen.

25. 3. 1912 flog zum ersten Male ein Aeroplan über das Frankfurter Stadtgebiet (Leutnant v. Hiddessen).

26. 10. 1914 verlieh die neue Frankfurter Universität den ersten Doktorhut.

16. 3. 1917 fiel die erste Fliegerbombe auf Frankfurt (aufs Elektrizitätswerk, geringer Schaden).

10. 1. 1958 arbeitete der Atomreaktor auf dem Rebstockgelände zum ersten Male.

FRANKFURT IST SÜDEN...

Hier ist die Stelle, ein Thema auf unser Programm zu setzen, das auf den ersten Blick nichts mit Geschichte zu tun zu haben scheint. In Wirklichkeit gehört es dazu wie die Berge oder die Flüsse oder die Furten.
Das ist das Frankfurter Klima! Auch das Klima prägt die Menschen, und Menschen machen die Geschichte. Außerdem sprechen sie gern vom Klima, insbesondere, wenn sie darüber zu klagen haben. Darum sei dieses Kapitel dem Frankfurter Klima gewidmet.

Die Winde wehen, wie die Völker wandern. Nämlich über die Ebenen und durch die Täler. Frankfurt ist dafür ein lehrreiches Beispiel.
Frankfurt liegt an einer großen Völkerstraße. Sie führt von der Rheinebene und dem Mainzer Becken nach Nordosten, in die Wetterau hinein und über sie hinaus. Entweder kamen die Völker aus dem Westen und Südwesten, die Gallier und die Römer, oder sie kamen aus dem Nordosten, die Ströme der Völkerwanderung, die Germanen und die Hunnen.
So blasen auch die Winde bei uns. Im Frühjahr weht gern einmal ein rauher, trockener Wind aus dem Nordosten, der »Hessenwind«. Aber den weitaus größten Teil des Jahres haben wir Winde aus dem Westen und Südwesten, mild bis zum Föhn. Sie bestimmen entscheidend das warme Frankfurter Klima.
Frankfurt gehört, zusammen mit der Bergstraße, der mittleren Rheinebene, dem Westabhang des Schwarzwaldes und dem Bodensee, zu jener Zone, in die bei uns das Frühjahr zuerst einzieht.
Der Frühling hat seinen genauen Fahrplan. In Frankfurt erscheint er zuerst in den Anlagen! In der Innenstadt ist es nämlich meistens um ein paar Grade wärmer als in den Außenbezirken. Erst drei, vier, ja manchmal fünf Tage später erscheint der Frühling am Rande der Stadt. Dann wandert er gemächlich weiter nach Norden.
Er läßt sich Zeit. Rund sechs Tage braucht er, um die Berger Höhe zu ersteigen, und von Frankfurt bis Gießen dauert es acht Tage. Für 30 Meter Höhe benötigt

der Frühling einen Tag. Einen Monat später als im Ostpark ist er schließlich auf dem Großen Feldberg angelangt.

Ist das milde Frankfurter Klima gut oder schlecht?
Das ist eine Frage, über die man am liebsten als Motto setzen würde, was die alten Frankfurter zu sagen pflegten, wenn es in einem Lokal nicht gerade sehr hell war: »Hier ist's wie in der dunkel Leucht!« Es fehlt an Licht, an gesicherten Erkenntnissen; die Antwort ist wie meistens ein: Einerseits – Andererseits.
Das Frankfurter Klima! Viele Leser werden die Hände über dem Kopf zusammenschlagen und ihr Urteil fertig haben: miserabel! Sie denken an ihre Kopfschmerzen, an den Schock, den ihnen die Frankfurter Luft versetzt, wenn sie aus ihrem Urlaub zurückkommen, an die Mattigkeit, die sie im Sommer so häufig überfällt. Die Meteorologen werden ihnen beipflichten: Frankfurt liegt inmitten eines großen Kessels, und die Winde haben offenbar nicht die Kraft, die Frankfurter Luft genügend hin und her zu bewegen und zu erneuern.
Das stimmt. Jeder, der jenseits von Dornbusch und Hügelstraße oder dem Hauptfriedhof lebt, weiß es. In dem Moment, wo er diese Grenze überschreitet, ist er in einer anderen Klimazone angekommen. Die frische Bergluft streicht heran. Das Taunuslüftchen hat ihn! Er ist der dumpfen, heißen Dunstglocke über der Innenstadt halbwegs entronnen.
Aber – der Sommer ist nicht das ganze Jahr, Dunstglocken gehören mit wenigen Ausnahmen zum Wesen einer großen Stadt, und der Mensch merkt die vielen Tage eben nicht, in denen das Wetter gerade »richtig« ist.
So trösten uns also andererseits wieder die Meteorologen: Das Frankfurter Klima hat auch Vorzüge. Frankfurt hat mehr helle Tage als anderswo (nur rund 130 trübe Tage im Jahr), es gehört zu den deutschen Großstädten, in denen es im Vergleich wenig regnet, und im Durchschnitt hat es sehr wenig Schneetage, nämlich nur etwas über zwanzig.
Eine auffällige Beobachtung will man gemacht haben: Die weißen Blutkörperchen sollen bei den Bewohnern von Frankfurt und Umgebung besonders zahlreich sein. Das würde manche Müdigkeit, manche Kopfschmerzen, manche ewig

kalten Hände und Füße erklären. Die Frage ist nur: Stimmt die Beobachtung, und wenn sie stimmt, ist das milde Klima daran schuld?

Nördlich von Frankfurt hört dieses milde Klima bald auf. Bei uns liegt ein hochinteressanter klimatischer Wendepunkt. Jeder kann ihn bei seinen Ausflügen beobachten:

Am Maintal entlang zieht die Nordgrenze einiger wichtiger Pflanzen. Das sind: der Weinstock, das Mandelbäumchen, die eßbare Kastanie, der Feigenbaum und vor gar nicht langer Zeit auch noch der Pfirsichbaum. Frankfurt liegt innerhalb dieser Vegetation. Und darum kann man auf die Frage, wohin Frankfurt geographisch gehöre, durchaus antworten: Frankfurt ist Süden! Es liegt an seiner nördlichsten Grenze.

In Frankfurt gedeihen viele Gäste, die aus bedeutend wärmeren Zonen stammen – die Platanen am Main, die Bananenstauden und Feigenbäume und der chinesische Götterbaum im Nizza, die Sumpfzypressen am Rechneiweiher und im Ostpark, die Libanonzeder in der Gutleutstraße, die Flußzeder im Günthersburgpark, der Zitronenbaum in der Arndtstraße und die verschiedenen heiligen japanischen Gingkobäume. (Wissen Sie übrigens, daß im Stadtwald an der Oberschweinstiege Deutschlands höchster Buchenwald liegt? Einzelne Bäume erreichen mit fast 50 Metern die Höhe des Eschenheimer Turmes.)

Viele dieser exotischen Bäume sind über 100 Jahre alt. Wohlhabende Frankfurter Bürger haben sie einstmals setzen lassen. Und sie gediehen in unserem Klima.

Aber es geht nicht nur den Pflanzen so. Dr. Kraus vom Senckenberg-Institut hat kürzlich berichtet, daß ein Spinnentier, nämlich ein besonders großer Weberknecht, der eigentlich im Mittelmeergebiet verbreitet sei, sich jetzt auch bei uns heimisch fühle. Etwas früher erfuhr man, daß die gegen Kälte hochempfindliche Mittelmeerfruchtfliege einige Frankfurter Winter ausgezeichnet überstanden habe. Und vor dem ersten Weltkrieg machte man auf dem Lohrberg eine verblüffende Entdeckung. Zwischen den Weinstöcken fand man plötzlich die Gottesanbeterin, diese groteske Riesenheuschrecke! Ihre Heimat ist die warme Zone. Offensichtlich hatte sie einen Ausflug an die nördliche Grenze gemacht...

Diese milden Frankfurter Winter! Waren sie früher strenger?
In einem alten Buch (1839) von G. L. Kriegk – es ist heute noch ein großes Vergnügen, die Bücher dieses hervorragenden Frankfurter Historikers zu lesen – fand ich einen Satz, der in unseren Ohren erstaunlich klingt: »Der Main friert nicht jedes Jahr zu, sondern nur in je zwei von drei Wintern.« Heute friert der Main alle Jubeljahre einmal zu. Damals »in je zwei von drei Wintern«!
Wir haben überraschend genaue Berichte über das Zufrieren des Mains. Sie reichen zurück bis ins Jahr 879 n. Chr., einem Winter, in dem man allenthalben über Rhein und Main wanderte. Diese Statistiken bestätigen, daß der Main früher tatsächlich viel öfter mit einer Eisschicht von Ufer zu Ufer überzogen war.
Es wäre jedoch voreilig, daraus zu schließen, daß die Winter früher kälter gewesen seien. Der Hauptgrund ist natürlich ein anderer. Der Main ist erst seit rund 70 Jahren reguliert. Vorher floß er zwar breiter, aber auch langsamer, und er war viel weniger tief. Da »g'frierts« sich natürlich leichter!

Ein Satz noch über die meteorologischen Pioniere in unserer Stadt. Das waren vor allem ein Kaufmann namens Peter Meermann, der von 1758 bis 1798, also durch 40 Jahre, Tag für Tag in seinen diversen Altstadtwohnungen die Lufttemperatur maß, und der Türmer Ebert von der Katharinenkirche, der 1794 bis 1814 das gleiche tat. Sie wurden dann von dem Physikalischen Verein abgelöst.
Von großer Wichtigkeit für die Frankfurter Meteorologen war allemal die berühmte Wetterfahne auf dem Eschenheimer Turm. Sie wurde deshalb auch sehr gepflegt und wiederholt erneuert. Dabei versäumte man nie, die Kugellöcher, die angeblich der Wildschütz Hans Winkelsee mit sicherer Hand hineingeschossen hatte, sorgfältig wieder in die neue Wetterfahne zu bohren.

In dem erwähnten Buch des G. L. Kriegk von 1839 fand ich einen kurzen Satz, der nichts mit dem Klima zu tun hat. Aber ich habe ihn als eine Verkehrsstatistik vor 120 Jahren (als Frankfurt 53000 Einwohner zählte) zu aufschlußreich gefunden, um ihn unter den Tisch fallenzulassen. Es sei mir erlaubt, ihn hier noch anzuhängen: »Jedes Jahr passieren um 850000 Pferde die Frankfurter Chausseen.«

DURCH ZWEI JAHRTAUSENDE IN 10 MINUTEN

Lieber Leser! Und nun mit Siebenmeilenstiefeln durch Frankfurts Vor- und Frühgeschichte! Es sind die zwei Jahrtausende, die dem ersten Jahrhundert vor Christi Geburt vorangehen.

Wir können sie rasch durcheilen, denn wir wissen nicht viel von ihnen. Und wir wollen sie auch rasch durcheilen; denn über die meisten Menschen senkt sich unwiderruflich das Gespenst der Langeweile, wenn sie nur das Wort Bronzezeit hören. Zu Unrecht vielleicht. Es ist jedoch einmal so.

Darum dürfen wir es kurz machen. Ein paar Dinge sollten wir aber doch kennen. Was wir über diese fernen Jahrtausende wissen, das wissen wir vor allem aus ihren Gräbern. Jede Zeit gab ihren Toten irgendwelche irdischen Erinnerungen auf die lange Reise mit. Sie lehrten uns vor allem das eine, aus welchem Material unsere Vorfahren diese Gegenstände, Schmuck oder Waffen, gemacht haben – ob nur aus Stein (die Steinzeit, die man um 1800 v. Chr. zu Ende gehen läßt) oder aus Bronze (die Bronzezeit von 1800 – 750 v. Chr.) oder aus Eisen (die Eisenzeit 750 v. Chr. bis 100 n. Chr.).

Daß es in unserem Gebiet, zum Beispiel im heutigen Osthafen oder Praunheim schon in der Steinzeit stattliche Ackerbauerndörfer gegeben hat, wissen wir bereits aus dem Kapitel über den Brunnenbauer Bausch und die Brandgräber.

Und die späteren Zeiten?

Bei Schwanheim begegnen wir mehrfach dem Namen Hinkelstein. Der ist echt frankfurterisch. Ursprünglich hieß es: der Hunnenstein. Daraus wurde Hünenstein. Einige Leute verstanden Hühnerstein – und ein Huhn ist in Frankfurt ein Hinkel. Von Attila zum Mistkratzer.

Dieses Hinkelstein gemahnt uns daran, daß in unserem Stadtwald ausgedehnte Gräberfelder aus der Vor- und Frühzeit liegen. Manche meinen, daß er sogar eines der größten vorhistorischen Gräbergebiete in ganz Deutschland sei. Ungezählte wandern ahnungslos an den uralten Gräberhügeln vorbei oder rasten gar auf ihnen. Die Gräber sind zum großen Teil unberührt. Eine ungeöffnete Schatzkammer der Archäologen!

Wie es vor drei und vier Jahrtausenden bei uns aussah, stellt man sich ungefähr folgendermaßen vor: Nördlich des Mains liegen die fruchtbaren Lößflächen; dort wohnten schon zur Steinzeit in kleinen Siedlungen ackerbautreibende Menschen. Südlich des Mains aber waren es vor allem Jäger und Hirten; denn südlich vom Main hört der Löß auf. Hier gibt es weniger fruchtbaren Sandboden (Schwanheimer Dünen!), auf dem sich zu allen Zeiten und heute noch ein riesiger Wald tief nach Süden ausdehnt. Unser Stadtwald gehört dazu, und in den Namen Oberrad und Niederrad steckt noch das Wort Roden.
Diese Gräber sind die einzigen Nachrichten, die wir von ganzen Jahrtausenden haben. Erst in der jüngeren Eisenzeit, etwa von 450 n. Chr. an, beginnt sich das historische Dunkel zu lichten, das über unserer Gegend liegt. Zum ersten Male erscheint ein Volk, das wir dem Namen nach kennen. Es sind Kelten, die Gallier, die von Süden und Westen zu weiten Wanderungen aufgebrochen sind und sich für mehrere Jahrhunderte auch bei uns niederlassen.

Unter Cäsar, um 50 v. Chr., dringen die großen Eroberer des Altertums, die Römer, bis an den Rhein. Sie gründen Mainz, Kastel und Wiesbaden. Vom Norden und Osten fallen germanische Stämme in unser Gebiet ein, entweder friedlich wie die Sueben, die sich hier niederlassen, oder kriegerisch wie die Mattiaker, die auf ihren Zügen bis zum Rhein vorstoßen.
Das ist die Situation unseres Gebietes im ersten Jahrhundert nach Christi Geburt:
Es ist bewohnt von den Ureinwohnern, vermischt mit Kelten und Germanen. Am Rhein stehen die Römer. Als Handelsleute oder als Kriegsleute ziehen sie immer wieder auch durch unser Gebiet. Im Taunus und nördlich davon sitzen Germanen, die kriegerischen Chatten. Es sind die späteren Hessen. »Es ist ein harter Volksschlag von gedrungenem Gliederbau, trotzigen Mienen und besonders lebhaftem Geist.« So beschreibt sie Tacitus in der »Germania« (98 n. Chr.).
Unsere Gegend ist ein Land zwischen den Völkern geworden. Bis zum Jahre 83 n. Chr. Dann legt Rom für die nächsten zwei Jahrhunderte sein Schwert darauf. Wir werden römisch.

Lieber Leser, damit haben wir das Fundament gelegt. Wir haben von den allerersten Zeugen menschlichen Lebens bei uns berichtet, von dem (wahrscheinlich zahmen) Hund im Senckenbergmoor und von den erst so erstaunlich spät entdeckten Steinzeitdörfern, wir haben einiges von Landschaft und Klima erzählt, und wir haben zwei Jahrtausende Vor- und Frühgeschichte, die beiden Jahrtausende vor Christi Geburt, durcheilt. Wir wissen nicht viel von ihnen.

Wir haben jetzt einen Wendepunkt in der Geschichte unseres Gebietes erreicht. Bevor wir uns jedoch dem nächsten großen Abschnitt, den Römern, zuwenden, wollen wir ein anderes Frankfurter Kapitel aufgreifen. Es hat gar nichts mit der Frühgeschichte zu tun.

Wir wollen jetzt sozusagen eine Pause in unserer Darstellung machen – die erste Pause. Was es mit diesen Pausen für eine Bewandtnis hat, erwähnten wir im Vorwort, und wir hoffen, liebe Leser, daß Sie sie nur anfangs als etwas ungewöhnlich empfinden. Wir verfolgen mit ihnen, abgesehen von einer gewissen Auflockerung, einen bestimmten Zweck. Wir wollen nämlich in diesen Pausen besonders interessante Frankfurter Kapitel aufgreifen, die sonst gewöhnlich unter den Tisch fallen. Und wir werden den roten Faden schon nicht verlieren! (Wer aber jetzt gleich wissen möchte, wie's mit den Römern bei uns weiterging, dem steht es natürlich frei, das nächste Kapitel zu überspringen oder es später zu lesen).

Für unsere erste Pause haben wir uns eine bewegte Episode aus der jüngeren Frankfurter Geschichte ausgesucht, nämlich eine Revolte. Sie brach aus, weil das Bier um einen halben Kreuzer teurer wurde. Es sind seitdem kaum neun Jahrzehnte vergangen. Dennoch ist die Erinnerung daran aus dem Gedächtnis der Stadt erstaunlicherweise so gut wie verschwunden, und die Historiker pflegen das Ereignis gewöhnlich mit einem kurzen Satz abzutun. Zu Unrecht.

Frankfurter Rekorde

1342 gibt's die größte Mainüberschwemmung: Das Wasser steht drei Fuß hoch im Dom, die Brücke wird weggerissen, die Sachsenhäuser flüchten auf den Mühlberg.

1397 zu dem Reichstag in diesem Jahr kommen 32 Herzöge und Fürsten, 150 Grafen, 1300 Ritter, 3700 Edelknechte und 450 Doktoren.

1561 reißt ein Orkan die Stadttore aus den Angeln und wirft den Galgen um.

1709 wird in Frankfurt ein Ochse geschlachtet, der 1575 Pfund wiegt.

1785 macht der Franzose Blanchard einen Rekordballonflug von der Bornheimer Heide bis nach Weilburg.

1827 „reist" eine Gesellschaft in einem von Pferden gezogenen Mainschiff von Frankfurt über Land nach Königstein (Stoltze hat's besungen).

Am 21. 1. 1861 schneit es wie noch nie.

1908 leben in Frankfurt 224 einfache und 160 mehrfache Millionäre.

1913 Frankfurts größtes Theater-Schauspiel: Max Reinhardt inszeniert in der Festhalle, die 15000 Zuschauer faßt, das „Mirakel" von Vollmoeller, bei dem kein Wort gesprochen wird.

1960 wird Frankfurts (zur Zeit) höchstes Bauwerk errichtet — der Silo in Sachsenhausen (120 Meter). 1100 Jahre lang waren es der Turm des Domes (95 Meter) und seine Vorgänger, die zwei Türme der Salvatorkirche gewesen.

DER GROSSE BIERKRAWALL

21. April 1873.
Frankfurt erlebt den »blauesten aller blauen Montage«. Der Montag, mit dem die Frühjahrsmesse schließt. Viele Betriebe geben frei, und aus der Umgebung strömen Zehntausende von Menschen in die Stadt. Das ist seit vielen Jahren zur Tradition geworden.
Ein Volkstag mit einem Volksfest auf dem Bleichgarten. Man nennt ihn den Nickelchestag. Nach der einen Deutung stammt der Name von den Geldstücken, die an diesem Tage besonders locker sitzen, nach der anderen heißt der Tag nach dem Offenbacher Tabakfabrikanten Nikolaus Bernhard, der als erster Industrieller seinen Arbeitern freigab.
Man ahnt seit Tagen Böses. Gerüchte durchlaufen die Stadt. Die Bürger sehen einander scheu an. Sie wissen doch, Herr Nachbar, soziale Spannungen, Klassenkampf, Agitation, das böse Beispiel der Pariser Kommune – und dann natürlich das Bier!
Ja, das Bier! Da ist etwas Schlimmes passiert. Der Schoppen kostete bisher einen Batzen, das sind vier Kreuzer. Seit dem 1. April wollen die Brauereien und Gastwirte einen halben Kreuzer mehr; er soll nunmehr 4½ Kreuzer kosten. Da es keinen halben Kreuzer gibt, wollen die Brauereien und Gastwirte eigene Halbkreuzermarken ausgeben, die natürlich wieder nur bei ihnen einlösbar sind. Man kennt keinen wirklich überzeugenden Grund für die Bierpreiserhöhung. »Die versuche's halt!« sagen die Frankfurter, »wo anners hawwe' ses aach versucht.« Das stimmt! Und woanders ist es auch bereits zu Unruhen gekommen, in Mannheim und in Stuttgart. Ist Frankfurt an der Reihe? Gerüchte, dunkle, böse Gerüchte...
Frankfurts Polizei ist in Alarmbereitschaft. Aber die gesamte Polizei der Stadt von 90000 Einwohnern besteht aus 6 Kommissaren, 5 Wachtmeistern und 53 Schutzleuten. Sie verteilen sich auf einige Hauptreviere und die Konstablerwache. Immerhin – die Polizei ist berechtigt, im Notfall Soldaten der Infanteriegarnison zu requirieren.

Bis vier Uhr am Nachmittag des Nickelchestages bleibt alles ruhig. Dann formiert sich im Trubel des Volksfestes ein Zug. Die einen Zeugen meinen später, es seien höchstens 50 Mann gewesen, die anderen sagen, mindestens das Doppelte. Anfangs war es jedenfalls nur ein bescheidenes Häuflein. Daraus wurde schließlich ein Riesenhaufen, in der Hauptsache Gaffer und Bravorufer.

»Mir wolle Batzebier! Mir wolle Batzebier!«

Mit diesem Schlachtgebrüll umkreist der Zug die Karussells. Vorneweg trägt man eine Fahne aus einem roten Vorhang. Dann zieht man durch die Allerheiligenstraße in die Innenstadt, vor die Wirtschaften und Brauereien.

Sie meinen es ernst! Sie dringen ein, sie zerschlagen die Stühle und Tische und Fensterscheiben, wälzen die Bierfässer auf die Straße, löschen ihren Durst und lassen das Bier auf das Pflaster laufen. Die Wirte und Brauer flüchten.

Mit der Lindheimerschen Wirtschaft in der Großen Friedberger Straße fangen sie an. Sie wird kurz und klein zerschlagen. Dann folgen der Götz in der Heiligkreuzgasse, die Steinsche Brauerei in der Allerheiligenstraße, der Gräf am Allerheiligentor, der Dörr in der Schüppengasse. Der Zug wird immer größer und wilder.

Besonders schlimm ergeht es den beiden Gastwirtschaften der Brauerei Reutlinger in der Großen Gallusgasse. Reutlinger muß so etwas wie ein Sprecher der Brauereien gewesen sein. Die Menge zertrümmert die Hoftore, schlägt mit Eisenstangen die doppelten, eilig geschlossenen Fensterläden ein, zersplittert alle Stühle und Tische, reißt den Küchenherd in Stücke, biegt die Gasröhren auseinander und zündet das ausströmende Gas an.

Nicht viel besser ergeht es den Brauern Müller und Pless in der Fahrgasse. Dort werden auch ein Schuhladen und ein Kleidergeschäft geplündert. Mancher trägt fünf Röcke übereinander. Die Wirtschaft Schneider am Kornmarkt wird demoliert, ebenso die Wirtschaften Heyl im Wollgraben und Leschhorn am Markt. Im »Essighaus« läuft alles Bier auf die Straße. »Als fort mit!«

Und die Polizei? Den paar Mann geht es schlecht. Sie werden mit Steinen beworfen und verprügelt. Das Revier in der Brückhofstraße wird mit Salven von Backsteinen belegt, das Schild wird abgerissen und in den Main geworfen.

An einigen Stellen allerdings werden die »Krawaller« heiß empfangen. In der Brauerei Schwager in der Neuen Mainzer Straße richtet man einen Schlauch mit kochendem Bier auf die Eindringenden. Sie rächen sich und werfen 250 Fensterscheiben entzwei.
Die Brauburschen im »Reichsapfel« in der Großen Friedberger Straße haben sich etwas anderes ausgedacht. Sie haben Schürstangen glühend gemacht und begrüßen damit die »Krawaller«. In Sachsenhausen geht es überhaupt schief: Um ½8 Uhr erscheint ein Zug vor der Wirtschaft Schalk mit dem Ruf: »Hier fangen wir an!« Aber es hat sich inzwischen »eine Anzahl kräftiger Männer der Einwohnerschaft Sachsenhausens erboten, die Polizeigewalt zu unterstützen« (so heißt es später im offiziellen Bericht). Sie schlagen die »Besucher« über den Main zurück.

Insgesamt werden innerhalb weniger Stunden 18 Wirtschaften und Brauereien zerstört.
Seit 1866 hat Frankfurt eine preußische Garnison. Zuerst werden einzelne Patrouillen ausgeschickt. Dann schwärmen zwei Kompanien nach allen Seiten aus, dann nochmals zwei und schließlich auch noch die fünfte und sechste Kompanie. Sie werden mit Steinsalven begrüßt.
Im Gebiet der Fahrgasse stößt man blutig zusammen. Die erste Salve geht in die Luft. »Sie haben nur Platzpatronen«, schreien sie und attackieren von neuem. Die nächste Salve ist gezielt. Bis um Mitternacht pfeifen in der Altstadt die Schüsse. Dann wird es ruhig...
20 Menschen sterben, zahlreiche werden verwundet. Neugierige sind darunter. Am Dom schwingt ein junger Bursche am Leichnam einer alten Frau eine Rede. Zehn Tage lang leidet ein 16jähriger Junge entsetzlich an einem Kopfsteckschuß, bis ihn der Tod erlöst. Sein Schicksal bewegt die Stadt. Die meisten Opfer bahrt man im Hospital zum Heiligen Geist auf.
Der Morgen nach dem Bierkrawall: Überall Patrouillen zu Pferd und zu Fuß. Im Eilmarsch rückt ein Bataillon Infanterie aus Homburg ein, ein zweites kommt aus Mainz. Die Brücken, die Bahnhöfe, die Börse, die Post sind militärisch besetzt.

Ein Franckfurter Magd/ so in die Kirchen gehet.

Wann sich ein Franckfurtische Magd
Bißweilen in die Kirchen wagt/
Vor eiteler grosser Andacht/
Die jhr ist kommen in der Nacht/

Legt sie jhr neuwe Kleider an/
Vnd rüstet sich bald auff die Bahn/
Nimpt Stul vnd Mantel an den Arm/
Vnd bitt/ daß sich Gott jhr erbarm.

Ein Bataillon aus Offenbach sperrt die Stadt nach außen ab.

Der Schillerplatz ist ein großes Biwak. Dragoner reiten mit gezogenem Säbel und gespanntem Karabiner durch die Straßen. Sie durchstreifen den Stadtwald und bringen Grüppchen von Verdächtigen ein. Man spricht von 250, von 300 Verhaftungen. Ein Zug voll Arbeiter, der aus Offenbach im Lokalbahnhof einläuft, wird sofort zurückdirigiert.

Die Schulen sind geschlossen, auch die meisten Geschäfte. Die Hotels leeren sich. Die Fremden reisen ab. Alle Schußwaffen an den Schießständen werden entfernt. Die Brauereien veröffentlichen eine Erklärung: Das Bier kostet wieder einen Batzen. »Wir und unsere Sache wollen nicht zum Vorwand dienen, daß in unserer Stadt Leben und Eigentum bedroht erscheinen.«

Hundert Inhaftierte läßt man wieder laufen, weitere hundert sitzen zwei Tage, 50 werden im Schnellverfahren verurteilt, und 47 kommen am 14. Juli vor das Schwurgericht (es tagt im Leinwandhaus). Es sind erstaunlich viel Auswärtige unter den Angeklagten. 196 Zeugen werden aufgerufen.

Die höchsten Strafen erhalten ein Tapezierer aus Oberrad und ein Schreiner aus Heppenheim mit je viereinhalb Jahren Zuchthaus. Ein Sackträger aus Bruchköbel und ein Schreiner aus Kronberg erhalten je vier Jahre. Insgesamt gibt es in 25 Fällen Zuchthaus, in den anderen 22 Fällen Gefängnis.

Die Angeklagten berufen sich auf Betrunkenheit. Ihre Verteidiger erklären, Bier sei für den Arbeiter ein Lebensmittel; man habe den Preis willkürlich erhöht.

Stak mehr hinter dem Bierkrawall? Mehr als Betrunkenheit, Zorn, Zerstörungswut? War es eine Demonstration von links? Oder gar von rechts? Die »Frankfurter Zeitung« beschäftigt sich am Tage nach dem Urteilsspruch in einem langen Leitartikel mit den Vorgängen, fragt vorsichtig nach den »unsichtbaren Drahtziehern« und schließt mit der Frage: »Sollte hier das ›rote Gespenst‹ der größeren Wirkung halber einmal praktisch beschworen werden?«

Die Antwort ließ sie offen. Wahrscheinlich gab es noch mehr Menschen, die die »Revolte« für bestellt hielten. Aber wer vermag das heute noch zu klären?

Ein Frankfurter Künstler zeichnete vor rund 350 Jahren diese Magd. Sie hat sich gerade ◁ zum Kirchgang geschmückt. Es lohnt, den etwas bissigen Text zu lesen.

Ach gehn Se fort und bleiwe Se noch e bissi da.
Geniern Se sich net, es sin Leut in der Stubb.
Nimmts Hemd ins Maul und schämt sich.
Die steiht uff wie e Palzgräfin.
Die Haut is em zu korz.
Komm her, ich heb dich uff!
Der hat nix Hartes in seim Sack als wie sein Hausschlüssel.
Vör der Dhir is Ihne!
Fui Deiwel wie schee!
E ungeputzt Sellerikopp (ist ungekämmt).
E dormelig Hinkel (ist verschlafen).
Ich hab noch froh iwwerig (ist lebenslustig).
Kaa unewe Person (ist nicht unangenehm).
Der geht noch net mit eme Stecke bei e doht Hinkel (ist ängstlich).
Er mecht Mennercher (er will nicht).
E Dickwurz mit Kellerlöcher (eine große Nase).

DIE TRAGÖDIE AUF DEM ALTKÖNIG

Zurück zur Geschichte Frankfurts!

Der Leser erinnert sich: Im ersten Jahrhundert nach Christi Geburt war unsere Gegend ein Land zwischen den Völkern geworden. Am Rhein standen die Römer, nördlich des Taunus die Germanen, vor allem die Chatten, die späteren Hessen. Was dann geschah, das können wir heute noch mit wahrhaft aufregender Deutlichkeit an den Steinen ablesen. Allerdings nicht auf Frankfurter Gebiet, sondern im Gebirge – im Taunus oder im Herzynischen Wald, wie ihn Tacitus nannte. Was dort geschah, entschied auch über die nächsten Jahrhunderte bei uns.

Die Steine fangen an zu erzählen...

Es gibt Sehenswürdigkeiten, die kann man Tag und Nacht, Sommer und Winter besichtigen, und die Besichtigung kostet keinen Pfennig Eintritt. Zu ihnen gehört der Altkönig. Er ist wirklich eine Sehenswürdigkeit.

Eines muß man allerdings in Kauf nehmen – man muß zu Fuß hinaufgehen. Der Altkönig gehört zu den wunderbaren Bergen, zu denen keine Autostraße hinaufführt. In Gedanken zieht man seinen Hut vor dem Häuflein jener Männer, die 1905 verhinderten, daß man eine Straße und ein Restaurant auf den Altkönig legte (und bald darauf auch das Projekt zu Fall brachten, eine Eisenbahnlinie in großen Serpentinen auf den Feldberg zu führen).

Auf dem Altkönig gibt es ein wahrhaft erstaunliches Bauwerk. Es sind die steinernen Ringwälle.

Die Jahrtausende haben die Wälle längst in sich zusammenfallen lassen. Sie wurden ohne Mörtel errichtet, als Trockenmauern, gestützt und durchzogen von einem Skelett aus Holzpfeilern. Aber selbst als Trümmer bleiben sie großartig und imposant.

An diesen Ringwällen befindet sich die Stelle, an der die Steine zu erzählen beginnen. Sie berichten von einer historischen Tragödie, und zwar so deutlich, als wären inzwischen 19 Jahre und nicht 19 Jahrhunderte vergangen. Die Stelle ist einmalig. Hier wird Geschichte lebendig...

Aber zunächst müssen wir noch für einen Augenblick bei den Ringwällen bleiben: Die Wälle auf dem Altkönig sind nicht die einzigen ihrer Art. Vom Kellerskopf bei Wiesbaden bis zum Johannesberg bei Bad Nauheim zieht sich eine ganze Kette von solchen steinernen Wällen quer durch den Taunus. Das Ringwallsystem, das zum Beispiel über die benachbarten Altenhöfe und die Goldgrube läuft, ist 9587 Meter lang. Jemand hat einmal errechnet, daß 550 Männer ein Jahr lang arbeiten müßten, um die Mauer zu errichten.

Aber die Ringwälle um den Gipfel des Altkönigs sind weitaus am besten erhalten. Und sie sind die imponierendsten. Lieber Leser, tritt einmal vor das Haus, in dem du wohnst. Miß an der Mauer des Hauses eine Höhe von 4,60 Metern ab. Dann gehe 6,70 Meter von der Mauer zurück und stelle dir vor, daß der ganze Raum dazwischen in dieser Höhe mit Steinen ausgefüllt ist. Dann siehst du die Riesenmauer vor dir, die man den inneren Ringwall nennt. Fast fünf Meter hoch, fast sieben Meter breit. Und 980 Meter lang! So zog sich einst der Wall rings um die Kuppe des Altkönigs.

70 bis 100 Meter vor ihm zieht der äußere Ringwall. Er war »nur« 4 Meter dick und 2,50 Meter hoch. Aber er ist fast 1500 Meter lang.

Wer hat sie gebaut? Ihre Herkunft verliert sich im Dunkel der Vorgeschichte. Aber nach der Bauweise müssen es die Kelten, die Gallier, gewesen sein. Wir wissen, daß sie um 400 v. Chr. begannen, sich in unserer Landschaft niederzulassen. Man glaubt, daß sie die Ringwälle nicht ständig bewohnten, sondern sie vor allem in Zeiten der Gefahr aufsuchten, als Zufluchtsstätten, als Fliehburgen. Dann wurden die Chatten die neuen Besitzer der Wälle. Die Chatten sind neben den Friesen der einzige germanische Volksstamm, der dort geblieben ist, wo er in der Geschichte zuerst erwähnt wurde; aus den Chatten wurden die Hessen. Für sie waren die Ringwälle militärische Stützpunkte; von ihnen aus machten sie ihre plötzlichen Kriegszüge vom Gebirge herab in die Main- und Rheinebene... Schließlich eroberten die Römer die Ringwälle; die Chatten mußten sich zurückziehen. Der Taunus wurde römisch.

Das war der letzte Akt in der Geschichte der Ringwälle. Auf ihn folgten nur noch Verfall und Geschichtslosigkeit. Es wurde still auf dem Altkönig – bis heute . . .

Was damals auf dem Altkönig geschah, bestimmte für die beiden nächsten Jahrhunderte auch die Geschicke jener Landschaft im Süden, am Main, auf der später Frankfurt entstehen sollte.
Von diesem letzten, dem römischen Drama auf dem Altkönig, wollen wir erzählen. Wenn man die Stelle, die wir meinen, ausgraben und in einem Museum aufbauen könnte, dann würde man sie als ein einmaliges Zeugnis der Frühgeschichte betrachten. So aber kennen sie nur wenige. Die meisten Ringwallwanderer gehen achtlos an ihr vorbei.
Wo ist diese Stelle?
Auf dem Weg zum Gipfel, von Süden kommend, kreuzt man den inneren Ringwall an einer Hütte. Geht man hier links auf dem Ringwall weiter, so steht man nach etwa hundert Metern davor. Der Ringwall ist hier auf einer Strecke von etwa 12 bis 15 Metern vollständig in die Tiefe abgesackt. Man hält es für ein Zerstörungswerk der Natur, der Zeit – aber es ist Menschenwerk. Es ist römische Kriegskunst. Sturmtechnik der Legionen!
Man kann es genau erkennen:
Aus der Richtung des äußeren Ringwalles läuft auf diese eingestürzte Stelle ein grasbewachsener Damm zu. Er ist unten sieben bis acht Meter breit, oben fünf Meter. In seiner Mitte läuft in derselben Richtung ein Graben.
Dort, wo der Damm den inneren Ringwall trifft, ist die breite hohe Steinmauer in die Tiefe gesunken. Man berichtet, daß in der weiten Grube, in die sie absackte, sich heute noch Reste von alten Holzkohlen finden.
Was war hier geschehen?
Wir wollen versuchen, es uns möglichst lebendig vorzustellen:
Die Römer greifen die Chattenfestung auf dem Altkönig an. Auf irgendeine Weise haben sie den äußeren Ringwall erstürmt. Vielleicht öffnete ihnen Verrat die Tore. (Diese Tore! Lieber Leser, zeichnen Sie einen Kreis auf ein Papier und stellen Sie sich vor, es ist ein Ringwall. Lassen Sie den Kreis an einer Stelle offen. Machen Sie aber den rechten Kreisstrich ein Stückchen länger und lassen Sie das Stückchen neben dem linken Kreisstrich, und zwar innen, parallel laufen. Dann haben Sie ein Altkönigtor – das heißt: die beiden Mauerarme griffen übereinander,

es entstand zwischen ihnen ein schmaler Gang, den man auf beiden Seiten mit je einem Tor verschloß. Auf diese raffinierte Weise stand der Angreifer vor zwei Toren und, wenn er eindrang, zwischen zwei Mauern. Man kann es an den Ringwällen noch erkennen.)

So etwa müssen wir uns die Tore des Ringwalls auf dem Altkönig vorstellen. Die beiden Mauerarme griffen übereinander, und beide Seiten wurden mit Holztoren verschlossen. Ein Angreifer befand sich also in einem schmalen Gang und wurde auf zwei Seiten von den Verteidigern attackiert.

Die Römer haben den ersten Ringwall erobert. Sie stehen vor dem schier unüberwindlichen, riesigen, inneren Wall. Dorthin haben sich die Chatten zurückgezogen.

Im Zelte des römischen Befehlshabers – vielleicht stand es in der Nähe des späteren Falkenstein – ist die Entscheidung gefallen: Nicht aushungern – erstürmen!

Die Legionen gehen ans Werk. Im Schutze ihrer Schilde und gedeckt durch Mannschaften mit Wurfspeeren, dem Pilum, treiben sie vom äußeren Ringwall her fast senkrecht auf den inneren Wall zu eine sogenannte Sturmlaube. Das heißt, sie bauen aus vielen Schilden, überworfen mit Erde, einen Gang.
Sobald dieser gedeckte Gang am Fuße des Walles angekommen ist, befinden sich die Angreifer in verhältnismäßiger Sicherheit. Die Dicke und Höhe der Mauer behindert jetzt die Verteidiger. Und sie sehen nicht mehr, was der Feind nun tut. Vielleicht bauen die Römer, zur Täuschung, mehrere solcher Lauben. Aber nur in einer bereiten sie den Untergang der Festung vor. An unserer Stelle!
Sie unterminieren den fast sieben Meter breiten Wall. Die Steine und Erde, die sie ausgraben, häufen sie links und rechts auf. Es ist der Damm, der nahezu senkrecht auf den Wall zuläuft. Wenn man auf ihm steht, dann gehört nicht viel Phantasie dazu, sich die Szene auszumalen.
Mit Holzgebälk stützen die Römer die unterminierte Stelle ab. Der riesige Steinwall soll so dastehen, als wenn nichts geschehen wäre. Sie graben noch ein Stück weiter, bis jenseits des Walles, und machen dort eine verdeckte Öffnung. Ein

Die kleine Skizze zeigt, wie die Römer den gewaltigen inneren Ringwall am Altkönig eroberten. Unter einem Gang aus Schilden unterminierten sie die breite Mauer und stützten sie mit Holzbalken ab. Beim Angriff setzten sie das Holz in Brand, der Wall stürzte zusammen. Durch die Bresche drangen die Legionäre...

Luftloch, für einen besonderen Zweck, wie wir sogleich sehen werden. Die große unterirdische Höhle unter dem Ringwall füllen sie mit Holz und Reisig.
Wie lange arbeiteten die Römer an dieser Stelle? Ein hervorragender Kenner der Ringwälle, Dr. E. H. Wagner (seine Untersuchungen, auf die wir uns hier berufen, sind nach wenigen Jahrzehnten schon so gut wie vergessen), schätzt: 14 Tage. Dann ist es so weit!

DIE ERSTE JAHRESZAHL

Die Stunde des Angriffs ist da.

Auch damals wird es eine frühe Morgenstunde gewesen sein. An irgendeiner Stelle machen die Römer einen wütenden Scheinangriff. Inzwischen wird das Luftloch im Erdboden hinter dem Wall rasch und heimlich geöffnet. Das Reisig unter dem Wall geht in Flammen auf. Sie verschlingen die hölzernen Stützen – und krachend stürzt die Riesenmauer über eine Strecke von 15 Metern zusammen. Über ihre Trümmer hinweg dringen die gepanzerten Legionäre in die Chattenfestung ein, das kurze zweischneidige Schwert für den Nahkampf in der einen, den Schild in der anderen Faust.

Sie muß rasch gefallen, die Verwirrung groß gewesen sein. Erlitten die überlebenden Verteidiger das gleiche Schicksal, das andernorts den Besiegten zuteil geworden ist? Nie mehr sollten sie ihre Hände gegen Rom erheben. Also hackte man ihnen die Hände ab.

Wir wissen es nicht. Wir haben überhaupt keine Berichte über die Erstürmung des Altkönigs. Wir wissen nur, daß die Römer die Ringwallfestungen im Taunus eroberten und sie für immer stillegten.

Und wir haben das, was uns die Steine erzählen.

Aber wir wissen das Jahr, wann es geschah: 83 nach Christus. Dieses Jahr ist für die Frühgeschichte Frankfurts überaus wichtig. Mit diesem Jahr wird unsere Landschaft für fast zwei Jahrhunderte römisch. Plötzlich tritt sie aus den tiefen Schatten der Frühhistorie in das Scheinwerferlicht großer historischer Vorgänge. 83 nach Christus... Kaiser Domitian, in Rom als Despot verhaßt, hat ein gewaltiges Heer am Rhein versammelt. Mit fünf Legionen, das sind 60 000 Mann samt Hilfstruppen, marschiert er von Mainz ab, rückt den Main aufwärts bis in die Gegend von Kesselstadt bei Hanau. Dort baut er ein riesiges Lager – fünfmal so groß wie später die Saalburg! – und erobert von ihm aus das Maingebiet, den Altkönig, den Taunus, sein Vorland und die Wetterau.

Rom hat eine neue Provinz erhalten: Obergermanien mit der Hauptstadt Mainz. Rom hat »endgültig« rechts des Rheins Fuß gefaßt.

Aber niemand besang die Taten des Domitian. Die Dichter und Historiker schwiegen den Verhaßten tot. Seine Gattin selbst leitete später die Verschwörung, die den Kaiser niedermachte...

83 nach Christus. Zum ersten Mal können wir in unserem Bericht eine Jahreszahl nennen. Die erste wirkliche und echte Jahreszahl, die wir aus der ganzen Frühgeschichte des Frankfurter Gebietes kennen...

Die Römer!

Erinnern wir uns kurz, was bisher geschah, um zu ermessen, was das bedeutet: die Römer!

Durch Jahrtausende liegt über der Frankfurter Landschaft das Dunkel der Ur- und Vorgeschichte. Was wir von ihr wissen, das wissen wir vor allem aus ihren Gräbern. Es ist erschreckend wenig.

Dann zucken einzelne Lichtflecken im Dunkel auf: Zum ersten Mal können wir eines der Völker, die sich hier niederlassen, mit Namen nennen, die Gallier. Zum ersten Male begegnen wir großen, von Menschen errichteten Anlagen, die nicht nur Gräber sind, den Ringwällen auf den Taunushöhen.

Wir hören jetzt auch noch von anderen Völkern, die von Norden her kommen, rotblonde Riesen, die friedlichen Sueben, die kriegerischen Mattiaker und Chatten. Auf der anderen Seite gelangen die Römer, geführt von Cäsar, bis an den Rhein, unter Augustus und Drusus stoßen sie bis an die Elbe vor, der Cherusker Hermann bereitet ihnen die schreckliche Niederlage im Teutoburger Wald (die Chatten halfen ihm dabei).

Unser Gebiet liegt historisch noch in schier undurchdringliche Dämmerung gehüllt. Aber plötzlich, von einem Jahr zum anderen, erscheint es in vollem Lichte. Als flammte plötzlich ein Scheinwerfer auf.

Es ist das Jahr 83 n. Chr. Kaiser Domitian fügt das Maintal, den Taunus, die Wetterau als neue Provinz Obergermanien dem römischen Riesenreich hinzu. Die Chatten ziehen sich hinter den Taunus zurück.

Roms südliche Kultur und seine hochentwickelte Zivilisation halten ihren Einzug: Sie überragen alles vorher und alles lange nachher.

Tausendfach sind die Spuren und Zeugen, die die Römerzeit in unserer Gegend hinterläßt. Seit einem Jahrhundert graben wir sie aus, und sie scheinen noch immer kein Ende nehmen zu wollen.

Auf einmal wissen wir eine Überfülle von Namen und Zahlen – Namen von Siedlungen, Festungen, Straßen, Grenzen, von Menschen und ihrem Besitz. Jahreszahlen von Bauten und Herrschern und Kriegen...

Um es vorwegzunehmen: Dieser römische Scheinwerfer brennt etwa 180 Jahre, bis um das Jahr 260 n. Chr. Dann ziehen sich die Römer endgültig wieder über den Rhein und noch weiter zurück. Sie überlassen das Land den nachdrängenden germanischen Völkern – und für ein halbes Jahrtausend versinkt es wieder in geschichtliche Dunkelheit!

Aber noch sind wir nicht so weit. Was geschieht in diesen zwei Jahrhunderten römischer Besetzung?

Die schöne Bäckerin — Ein Frankfurter Märchen

Es war einmal ein reicher Bäcker, der hatte sein Geschäft in der Friedberger Straße. Er fuhr öfter über Land, und da sah er eines Tages auf einem Bauernhof in der Nähe von Marburg eine kleine Gänsemagd. Das Mädchen hatte Vater und Mutter verloren und mußte sich sein Brot schon selbst verdienen. Das erbarmte den reichen Bäcker, und er nahm die Kleine mit nach Frankfurt. Sie mußte morgens Brötchen austragen. Sie hieß Amalie Pfennigkäufer.

Als sie größer geworden war, verkaufte sie Brötchen durch das Schiebefenster des Ladens. Voll Erstaunen merkte der Bäcker, daß er immer mehr und mehr Kunden bekam und daß es fast lauter Männer waren. Sogar der Philosoph und „Weiberfeind" Arthur Schopenhauer befand sich darunter. Und nun merkte der Bäcker, daß die kleine Amalie zu einer ungewöhnlichen Schönheit herangewachsen war. Halb Frankfurt sprach von ihr.

Was tun? Der Bäcker, er war Witwer, entschloß sich, allen anderen zuvorzukommen. Er heiratete die kaum Achtzehnjährige. Aber unter den anderen befand sich auch sein eigener Sohn — er ertränkte sich aus Gram wenige Tage vor der Hochzeit seines Vaters.

Acht Jahre später kam ein reicher Herzog nach Frankfurt. Er kam aus Württemberg und hieß Alexander. Man erzählte ihm von der schönen Bäckerin in der Friedberger Straße, und auch der Herzog begann nun, dort seine Brötchen zu kaufen. Höchstpersönlich. Wenige Tage später floh die Bäckerin mit dem Herzog.

Der Herzog ließ sie in Frankreich ausbilden, erwirkte für sie einen neuen Namen: Frau von Meyernberg, und nahm sie mit auf sein Schloß Fantaisie bei Bayreuth. Auch diesmal trennte sich ein Sohn von seinem Vater: Der junge Prinz Philipp wurde Soldat und kehrte nie mehr wieder. Später heiratete der Herzog das frühere Gänsemädchen. Sie lebten ein Vierteljahrhundert lang und offenbar auch recht glücklich miteinander.

1881 starb der Herzog. 34 Jahre später folgte ihm die Frau, die er aus einem Frankfurter Bäckerladen entführt hatte.

Und das Märchen ist sogar wahr.

IM RÖMISCHEN SCHEINWERFER

Es geht hier um das große Gerüst. Um das Wesentliche. Dann müssen wir aus der Römerzeit fünf Dinge erwähnen: 1. den Limes, 2. die militärischen Lager und Kastelle, 3. die Straßen, 4. die römischen Gutshöfe und 5. die Städte.

In gebotener Kürze: 1. Der Limes.

Noch häufiger wird er Pfahlgraben genannt (selbst die Kellnerinnen in den Taunuslokalen nennen ihn so). Er war Deutschlands Chinesische Mauer und eines der großartigsten Befestigungswerke der Weltgeschichte. Rund 550 Kilometer lang zog er vom Rhein bei Neuwied in großen Bögen hinunter zur Donau bei Regensburg.

Domitian begann mit ihm im Taunus; zunächst waren es nur Schneisen im Wald und Holztürme. Ein späterer Kaiser, Hadrian, ließ eine endlose Palisade bauen (im südlichen Teil des Limes war es eine Steinmauer, die »Teufelsmauer« im bayerischen Altmühltal) und in bestimmten Abständen Kastelle anlegen; für den gesamten Limes waren es insgesamt 50 mit rund 25000 Mann Besatzung. Später kamen zu der Palisade noch Wall und Graben hinzu.

Die Frankfurter können ihren Teil des Limes auf langen Strecken im Taunus ablaufen. Die Jahrtausende haben ihn sehr eingeebnet, die Palisade ist natürlich längst vermodert. Aber Wall und Graben sind oft noch gut zu erkennen, besonders gut mit drei Metern Höhe beim verschwundenen Kastell Zugmantel südwestlich von Idstein (wobei es sich empfiehlt, dem Pfahlgrabenweg bis oberhalb von Eschenhahn zu folgen). Näher und bekannter ist ein anderes Stück Limes, am T-Höhenweg, vom Roßkopf bis halbwegs zum Feldberg. Anfangs muß man dazu immer ein paar Schritte links im Walde gehen; vom Sandplacken an wird der Pfahlgraben der Weg selbst. Manchmal stehen Reste der steinernen Wachtürme am Wege. Prächtig auch das Stück von der Saalburg zur Capersburg!

Die großen Entdeckungen für den Limeswanderer aber bleiben die Ruinen der Kastelle. Selbst ein so kleines Kastell wie der Heidenstock, das da so plötzlich mitten im Wald direkt am T-Weg auftaucht, wird zu einem Erlebnis. Man braucht gar nicht viel Phantasie dazu!

Damit sind wir beim nächsten Punkt:

2. Die Kastelle. Natürlich – die Saalburg! Und sie ist eine Sehenswürdigkeit! Sie hält mit Recht den Besucherrekord unter allen Sehenswürdigkeiten Hessens. Viele Jahrhunderte lagen ihre Trümmer unbeachtet und überwuchert im Walde. Um 1770 wurde sie »entdeckt«. Auf Wunsch Kaiser Wilhelms II. wurde dann das Kastell freigelegt, neu aufgebaut und im Jahre 1901 feierlich eingeweiht. Verblüfft stellte man fest, daß die unterirdische Fußbodenheizung der Römer dort, wo man sie wieder in Gang brachte, nach fast 2000 Jahren noch funktionierte. Früher konnte man mit der Straßenbahn bis zur Saalburg fahren. Im letzten Krieg hat man die Schienen herausgerissen.

Die Saalburg ist eine Rekonstruktion. Wer ein größeres Kastell im Ruinenzustand sehen möchte, der wandre zum Kastell am Feldberg. Es liegt einsam am Waldrand, abseits der modernen Heerstraßen. Oder zur Capersburg.

Kastelle waren die Gelenke der römischen Kriegsmaschinerie. Alle paar Dutzend Kilometer bauten sie eines. Sie bauten sie oben auf den Taunushöhen am Limes, also an der Grenze, aber auch im Hinterland, in der Mainebene und in der Wetterau.

Die Taunus-Kastelle, die uns am nächsten liegen, haben wir schon genannt: Zugmantel – Feldberg – Heidenstock – Saalburg – Capersburg. Das Kastell im Hinterland, das für uns das wichtigste ist, entstand an der Nidda zwischen Praunheim und Heddernheim, auf dem Boden der heutigen Siedlung »Römerstadt«. Aus dem Kastell wuchs eine bedeutende römische Stadt. Doch davon unter Punkt 5!

Im uralten Nied, um dies noch zu erwähnen, waren die Zentralziegeleien der römischen Legionen. Ein alter Bekannter von uns, Professor Georg Wolff, hat sie 1891 wieder entdeckt.

3. Die Straßen, die römischen Heerstraßen! Sie waren ein Weltwunder. Schnurgerade, über Berge und Täler und Sümpfe und Flüsse, ohne Aufenthalt, auf dem allerkürzesten Weg dem Ziele zu, flankiert von Wachtürmen und einsamen Herbergen (»Bona mansio« – »gute Herberge«, muß eine von ihnen geheißen haben, und daraus entstand Bonames).

Das Zentrum der Römerstraßen bei uns war das Kastell an der Nidda. Ohne einen Schritt nach links oder rechts abzuweichen, führte eine dieser Straßen vom Kastell schnurstracks hinauf ins Gebirge, zur Saalburg. Eine zweite solche Linealstraße verband das Kastell mit dem Kastell Feldberg. Ebenso kerzengerade führte eine dritte Römerstraße, die sogenannte Steinstraße, von hier ostwärts nach Okarben. Der Zeilweg in Heddernheim – die Linie 24 hält dort – ist noch ein Stück der alten Römerstraße.

Und nach der anderen Seite, nach Westen zu, da kann man große Stücke auf einer vierten Römerstraße von der Nidda bis nach dem heutigen Kastel am Rhein wandern. Es ist zunächst die Heerstraße in Praunheim, die dann in die endlos lange und gerade Elisabethenstraße übergeht, teils Allee, teils Feldweg, teils Umweg, bis an den Rhein, 32 Kilometer lang. Sie ist schon eine geschichtliche Rune im Antlitz unserer Landschaft!

4. Mit derselben mathematischen Präzision wie ihre Kriege planten die Römer auch ihre Landwirtschaft und ihre Kolonisation.

Alle ein bis eineinhalb Kilometer bauten sie auf unserem fruchtbaren Lößboden einen Gutshof. Gewöhnlich saßen auf ihnen ausgediente Soldaten. Es waren landwirtschaftliche Großbetriebe mit stattlichen Gutshäusern und allem Drum und Dran und – wie überall, wo sich ein Römer niederließ – mit schönen Badeanlagen. Kein Römer ohne Bad, auch nicht der Soldat.

Von solchen Gutshöfen haben wir bei uns an vielen Stellen Reste gefunden – in Praunheim natürlich, wo einfach alles im Boden verborgen ist, was mit der frühen Geschichte zu tun hat, am Alten Friedhofsportal, am Günthersburgpark, am Rebstock, am Bornheimer Hang und anderswo.

Damit sind wir bei 5., den römischen Städten, angekommen – bei einem neuen, sehr wichtigen Kapitel in der Frankfurter Geschichte.

Schon vor 1800 Jahren, zur Zeit der römischen Kaiser, gab es auf dem Boden des heutigen Frankfurts eine blühende, menschenreiche Stadt. Sie war so groß wie das mittelalterliche Frankfurt. Aber sie hieß anders, und sie lag nicht am Main,

sondern an der Nidda. Sie war die einzige Stadt weit und breit – und sie war das Wichtigste, was die Zeit der Römerherrschaft für uns mit sich brachte...
Von ihr wollen wir im nächsten Kapitel erzählen.

„Gu'n Awend!"

Frankfurter Stimmungsbild (um 1840): Zu Winterszeiten, beim Niedersenken des Abends, reihten sich die Familienglieder um den mächtigen runden Tisch in der Wohnstube, während eine der Töchter draußen das Unschlittlicht anzündete. Mit solchem trat sie dann ein und setzte es, unter den feierlichen Worten: „Gu'n Awend!", mitten auf den Tisch — denn ein strenges Anstandsgebot erforderte diesen Ausspruch, obgleich die Bringerin noch vor Augenblicken zugegen war. Wer den Gruß unterließ, galt als ungeschliffen, und die Mutter schalt: „No, waast de dann kaa Lewensart net? Wie seegt mer dann? Scheem dich!"
Wenn die alte Rokokouhr von der Wand herab sieben geschlagen hatte, begann das Nachtmahl. Solches bestand meist aus einer bergehoch gefüllten Schale Kartoffelsalates, verherrlicht durch desto bescheidenere Mengen von „Lewwerworscht" und „Blutworscht", und zu Mittwoch und Samstag wurde nur der frugale „Handkees" gereicht. Nach beendeter Tafel widmete sich die Weiblichkeit ihren nützlichen Beschäftigungen im Flicken, im Stricken und Stopfen, oder die Töchter stickten auch heimlich ein Paar Pantoffeln, wobei sie oft flüsterten: „Was werd der Vater for a Fraad hawwe, wann er die Staatsschickelchern zum Christkindche krieht!"
(Aus den »Humoristischen Memoiren« von J. J. Fries)

WIR DREHEN EINEN FILM – RÜCKWÄRTS

Die Römerstadt an der Nidda hatte ein seltsames Schicksal. Als die Römer sie aufgaben, verödete der Platz. Spätere Zeiten haben diesen Flecken Erde nie wieder besiedelt. Erst 1927/28 ließen sich hier erneut Menschen nieder (und auch nur auf einem Teil des alten Gebietes; erst die kommende Nordweststadt wird den größeren Rest bedecken).
Es gibt in Deutschland kaum eine zweite Stelle, wo sich ähnliches zutrug. Nahezu überall erwuchsen auf den römischen Siedlungen früher oder später neue Orte. Wenn nicht Generationen um Generationen die Ruinen der Römerstadt an der Nidda als billigen Steinbruch benutzt hätten, dann hätte Frankfurt die einmalige Chance besessen, eine vollständige römische Stadt auf deutschem Boden neu erstehen zu lassen...

Wir wollen uns an diesen Platz begeben. Mit einer Zeitmaschine. Wir wollen in Gedanken einen Film drehen. Aber rückwärts! Er soll mit dem Heute beginnen, und jede Kurbeldrehung soll uns fünfzig Jahre in die Vergangenheit zurückführen.
Der Schauplatz unseres Dramas ist immer der gleiche – die Landschaft zwischen Heddernheim und Praunheim. Im Süden zieht die Nidda vorbei.
Erste Einstellung: Heute.
Lange, ringförmige Reihen freundlicher bunter Einfamilienhäuser mit flachen Dächern, dazwischen Gärten, grüne Plätze, Birken, Pappeln, eine lange Mauer mit Bastionen gegen den Niddahang, im Norden Übergang zu Feldern, Äckern, Wiesen.
Die berühmte Gartensiedlung »Römerstadt« liegt vor uns. Als sie Stadtrat Ernst May 1927/28 baute, war sie eine revolutionäre Tat. Heute erscheint sie uns selbstverständlich. »Wir wohnen eben im 20. Jahrhundert«, sagten die Leute, die hier einzogen. Römerstadt – der Name wurde sowenig zufällig gewählt wie die Namen Mithrasstraße, Hadrianstraße oder Am Forum...
Eine volle Kurbeldrehung. Das Bild springt um 50 Jahre zurück.

Verschwunden ist die langgestreckte Siedlung. Kein einziges Haus steht mehr da! Nur Felder, Wiesen, Gärtnereien. Zwei Dinge sind schon da, damals wie heute. Das eine ist die kerzengerade Hauptstraße, die die Dörfer und Vororte Heddernheim und Praunheim miteinander verbindet. Sie macht nur einen kleinen Knick, und dort liegt das zweite, nämlich die beiden Heddernheimer Friedhöfe, der christliche südlich der Straße, der jüdische auf der anderen Straßenseite.

Wieder eine volle Kurbeldrehung, und noch eine halbe dazu.
Wir sind im ersten Drittel des 19. Jahrhunderts. Genauer: im Jahre 1826. Auch die Friedhöfe sind jetzt verschwunden. Nichts als grüne Landschaft. Dazwischen die Straße und einige Nebenwege.
Ein kleiner Trupp Menschen hat einen breiten, tiefen Stollen ins Erdreich gegraben, dort ungefähr, wo heute die Konstantinstraße ist. Sie haben eine unterirdische Grotte aufgedeckt. Einige verfallene Stufen führen zu ihr hinab. Die Wände zeigen noch bunte Bemalung.
Aus einem Haufen Schutt und Asche haben sie etwas Wunderbares geborgen – eine schwere, steinerne Platte, fast vier Meter im Quadrat. Sie ist auf einem Zapfen drehbar. Viele Figuren sind aus dem Stein gemeißelt. Die Hauptfigur ist ein Jüngling mit wehendem Mantel. Er greift mit der Linken einem Stier in die Nüstern, mit der Rechten bohrt er ihm ein Messer tief in den Nacken. Ein Hund springt hoch und trinkt das hervorspritzende Blut. Links und rechts stehen zwei Jünglinge, der eine hebt eine Fackel, der andere senkt die seine.
Einer der Betrachter bricht in einen entzückten Ruf aus (der Mann heißt Habel und ist Archivrat in Wiesbaden): »Der persische Lichtgott! Mithras! Die römischen Legionäre haben ihn verehrt. Ein Mithrastempel! Durch Zufall gefunden! Hier auf dem Heidenfeld! Wir müssen weitergraben!«
Und sie graben weiter, die Altertumsforscher. Sie graben mit Pausen, bis zum heutigen Tage auf diesem Stück Erde zwischen Praunheim und Heddernheim. Mit dem ersten, durch einen Glücksfall gefundenen Mithreum im Jahre 1826 begann es, und mit dem Archivrat Habel, den das Heidenfeld im Norden Frankfurts

nicht schlafen ließ (man kann das großartige Mithrasrelief, das er aus dem Boden holte, im Wiesbadener Museum bewundern).
Seit vielen Jahren graben hier auch die Bewohner der Umgegend. Sie suchen das »goldene Kalb«, einen sagenhaften Schatz. Gefunden hat ihn keiner. Das Heidenfeld, so nennen sie die Gegend – seit uralten Zeiten.

Langsam drehen wir die Kurbel weiter. Ein Jahrhundert nach dem anderen zieht vorüber.
Eine mächtige, verfallene Mauer wächst aus dem Boden; sie umspannt das ganze Gebiet, einen Kilometer lang, 500 Meter breit. In dem Rechteck, das sie umschließt, liegen allenthalben Trümmerhaufen, ragen geborstene Säulen. An etlichen Stellen sind Menschen damit beschäftigt, die Ruinen vollends einzureißen und die Steine auf Pferdefuhrwerke zu verladen.
Durch viele, viele Jahre ist das Ruinenfeld ein unerschöpflicher Steinbruch. Aus 15000 Wagenladungen Steinen bestand allein die Stadtmauer des alten Nida. Wenn über dem Erdboden nichts mehr da ist, geht man an die Fundamente. Die »Hedernburg«, so heißt jetzt die Steinwüste. Überall in den massiven Mauern von Heddernheim, Praunheim, Eschersheim, an Brücken, Höfen, um Kirchen und Gärten findet man heute noch die Steine vom römischen Heidenfeld.
Wir drehen weiter. Nun wird es still und stiller um das große Ruinenfeld. Ein verwunschener Ort! Die beiden Dörfer Praunheim und Heddernheim gibt es schon. Und die Straße zwischen ihnen. Vor den Toren der Dörfer, am Rande der Ruinen, liegen zwei burgartige Höfe, die Klettenburg bei Praunheim und die Burg Philippseck bei Heddernheim. Wir wissen nicht mehr viel von ihnen.

Und weiter zurück, immer weiter...
Die Dörfer werden zu fränkischen Höfen. Auch diese verschwinden schließlich. Aber das gewaltige Trümmerfeld ist schon da.
Zurück bis zur Völkerwanderung! Wie viele germanische Stämme mögen durch diese Landschaft gekommen sein? Aber keiner von ihnen ließ sich an diesem Platz nieder. Der Ort wird gemieden – er war römisch.

260 n. Chr. Um diese Zeit muß es gewesen sein, als die Römer ihre Stadt an der Nidda endgültig aufgaben. Vielleicht wurde sie von den nachdrängenden Alemannen zerstört. Aber wahrscheinlich fiel sie ohne Kampf. Rom hatte seine Eroberungen rechts des Rheins aufgegeben...

Eine neue Umdrehung – da liegt die römische Stadt!

„Uhze Se sich net!"

In den Septembertagen des Jahres 1848 gab es in Frankfurt Revolution. Während man von der Zeil her Gewehrsalven und das Schreien der Menschen hörte, brachte man zwei Männer ins Wachlokal der Konstablerwache. Sie trugen Turnerhüte, und das war hochverdächtig. „Sie misse sich visidiere lasse — alle Zwaa!" erklärte der wachhabende Rottmeister. Bei dem einen, es war der Komponist Heinrich Neeb, fand man außer einer kleinen schwarzrotgoldenen Kokarde weiter nichts Bedenkliches. Aber als man den anderen, einen breitschultrigen, bärtigen Mann, untersuchte, da zog man aus seiner Brusttasche eine Pistole! Sie war geladen — mit einer Erbse. Es war eine Pistole für sechs Kreuzer vom Juxplatz. „Sie können wieder gehen", sagte der Offizier, den man zur Untersuchung gerufen hatte, mit süßsaurer Miene. Der Rottmeister brachte die zwei Männer bis vor die Konstablerwache und wandte sich an den Bärtigen: „Dess is noch gut abgeloffe mit Ihrem Meßpistölchen, Herr Stoltze! Awer uhze Se sich net mit groſze Leut, denn das kann Ihne emal iwwel uffstoße!"

Das war Friedrich Stoltze! Für sein Leben gern „uhzte" er sich mit großen Leuten, vom Bismarck bis zum „Napolium" (dem III.). Aber die kleinen Leute, die hatten sein ganzes Herz.

NIDA AN DER NIDDA

Die Stadt an der Nidda! Um 200 n. Chr.

Umgeben von der mächtigen Mauer, mit vielen Toren und Türmen. Von der einen Seite der Stadt bis zur anderen ist es so weit wie etwa vom Main bis zur Zeil. Die Häuser sind meistens einstöckig, ihr Fundament besteht aus Stein, ihr Aufbau ist Fachwerk. Alles ist hier, was zu einer römischen Stadt gehört, Tempel und Läden, Plätze und riesige Säulen, Theater und Bäder – Bäder, schöner und größer als das alte Frankfurter Stadtbad von 1958. Wir wissen bereits: kein Römer ohne Bad!

Der Marktplatz, das Forum, liegt ungefähr dort, wo heute die beiden Friedhöfe sind. Vor den Toren der Stadt qualmen zahlreiche Töpfereien. Entlang der schnurgeraden Straße liegen die Begräbnisplätze. Die Straßen führen nach allen Seiten, hinauf zu den Kastellen am Taunuskamm, hinunter zum Main, hinüber zum Rhein und hinein in die Wetterau. Drei Brücken führen über die Nidda. Das Flüßchen hat einen Hafen für Boote, die vom Main heraufkommen.

Die Stadt an der Nidda ist die einzige weit und breit. Sie ist die Hauptstadt der Civitas Taunensium, wir würden sagen, des Regierungsbezirkes Taunus-Wetterau. Römer wohnen hier, Gallier und was alles aus den fernsten Winkeln eines Weltreiches zusammenkommt. Die Stadt an der Nidda gehört zu den äußersten Bastionen der römischen Weltmacht.

Durch einen Zufall wissen wir, wie die Stadt hieß. 1902 fand man bei Friedberg einen römischen Meilenstein, der es uns verriet. Sie hieß Nida. Nida an der Nidda.

Wir drehen vorsichtig an unserer Kurbel weiter.

Die Stadt schrumpft, sie schwindet. Statt ihrer erhebt sich jetzt ein römisches Kastell (es ist doppelt so groß wie die Saalburg). Daneben befindet sich, wie bei der Saalburg, ein großes Lagerdorf für die Handwerker, die Gastwirte, die Händler und den mitziehenden Frauentroß (römische Soldaten durften nicht heiraten). Die Besatzung des Kastells Nida ist das I. flavische Reiterregiment.

Und noch eine ganz kleine Drehung – aus dem Steinkastell wird ein kleines Erdkastell. Wir sind im Jahre 83 n. Chr. angelangt, in dem Jahre, in dem Kaiser Domitian mit seinen Legionen das Mainland eroberte und die ersten Kastelle anlegte. Und noch früher? Was war an dieser Stelle? Ein keltisches Dorf? Den Namen Nidda kannten schon die Kelten. Und noch früher? Ein Steinzeitdorf?
Wir wissen es nicht mit Sicherheit. Und hier versagt auch unsere Zeitmaschine...
Das Erdkastell Domitians – die römische Provinzstadt Nida – das so lange verwunschene Ruinenfeld – die »Hedernburg« und ihre Steinschätze – das Heidenfeld voll Wiesen, Saaten, Obstbäumen – die moderne Siedlung »Römerstadt« – die kommende Nordweststadt –
Lieber Leser, Respekt vor der lieblichen Nidda! Sie hat schon was erlebt!

Es bleibt die Frage übrig: Und was war während der Römerzeit im eigentlichen »Frankfurt« los, dort unten am Main, wo sich einmal unsere Stadt erheben sollte? Noch vor 70 Jahren waren die Historiker der felsenfesten Meinung, daß sich kein Römer jemals auf dem eigentlichen Boden Frankfurts niedergelassen habe. In seiner berühmten »Urgeschichte Frankfurts« schreibt Dr. Hameran noch im Jahre 1882, daß die Römer Frankfurt durchaus vermieden hätten.
Sie haben es nicht! Diese Erkenntnis verdanken wir Friedrich Stoltze. Und zwar nicht dem lebenden, sondern dem toten Friedrich Stoltze.
1894 wollte man ihm auf dem Hühnermarkt ein Denkmal setzen (die Büste steht, nach einigem Hin und Her, heute wieder an diesem Platz). Man beseitigte zu diesem Zweck einen alten Brunnen, und siehe da, was fand man tief im Boden? Dreimal darf der Leser raten. Jawohl! Die Reste eines römischen Bades. Wo ein Römer, dort ein Bad!
In den Ruinen der Frankfurter Altstadt begann man dann 1953 erneut zu graben. Man stieß ganz nahe am Dom auf ein zweites römisches Bad, man fand da und dort Reste anderer römischer Gebäude. Aber offenbar hat man bis heute kein rechtes Bild davon gewonnen, was zur Römerzeit hier, im Herzen des späteren Frankfurts, wirklich gestanden haben mag. Ein Kastell? Ein Lager? Ein großer Gutshof? Man läßt es offen.

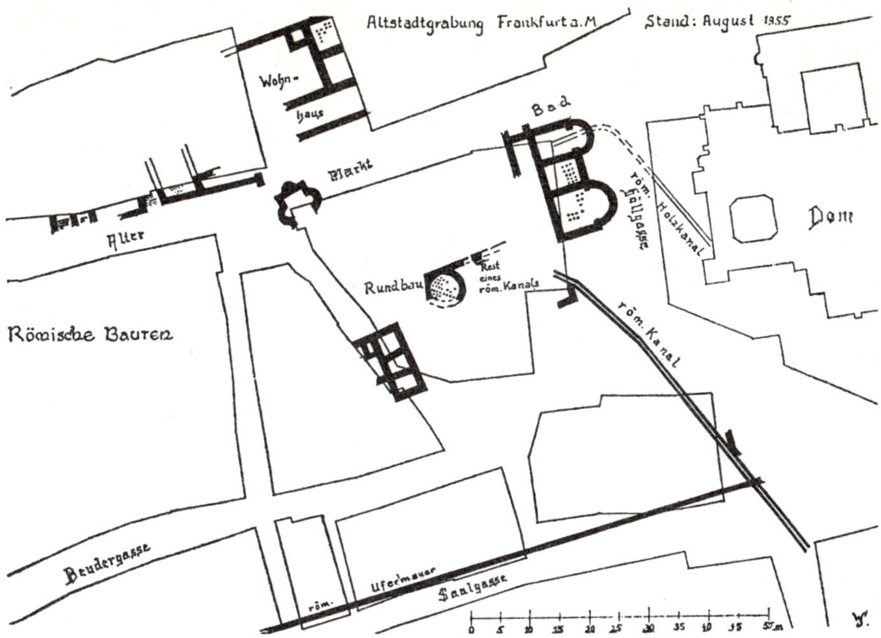

Auf dem Gebiet westlich vom Dom grub man schon 1894 Reste römischer Mauern aus. Die Fundstellen haben sich inzwischen vermehrt; es sind die schwarzen Teile auf unserem Plan. Wie es bei den alten Römern nicht anders zu erwarten war, befinden sich darunter Badeanlagen. Die Annahme, daß es sich bei der römischen Siedlung um ein militärisches Kastell gehandelt habe, konnte allerdings bis jetzt nicht bestätigt werden.

Und noch etwas anderes fand man bald nach dem Ersten Weltkrieg, in einem Jahr, das so trocken war, daß der Main nur als Rinnsal floß: die Pfeilerstümpfe einer römischen Brücke. Zwischen der Obermainbrücke und der Alten Brücke.

Diese Funde sollen uns genügen. Wir wissen bereits, daß in der Gegend des Osthafens ein Steinzeitdorf gewesen ist, das in der Eisenzeit wieder besiedelt wurde. Und nun lernen wir hinzu, daß der Platz am Main, auf dem Frankfurt erstehen sollte, auch in den ersten Jahrhunderten unserer Zeitrechnung nicht öd und leer gewesen ist. Hier lebten Römer…

Die Römerherrschaft in unserem Gebiet ging um 260 n. Chr. zu Ende. Wir erwähnten es bereits. Die Römer gaben den Limes, ihre Kastelle, die Stadt Nida auf und zogen sich wieder hinter den Rhein (und bald noch weiter) zurück. Das Riesenreich war gegen den Ansturm von außen einfach nicht zu halten, schon gar nicht mit Söldnern. Und in Rom befehdeten sich die rasch aufeinanderfolgenden Soldatenkaiser. Die Weltmacht des Altertums ging ihrem Ende zu...

Der römische Scheinwerfer erlischt. Unsere Landschaft versinkt erneut in historische Dunkelheit. Für Jahrhunderte. Die Völkerwanderung zieht über sie hinweg – und das ist für uns der richtige Augenblick zu einer neuen Pause! Wer wissen möchte, wie es in Frankfurts Geschichte weiterging, der erfährt es also erst etwas später. Die beiden nächsten Kapitel behandeln ein anderes Frankfurter Thema. Wenn es ein einigermaßen düsteres Thema ist, so bitte ich den Leser um freundliche Nachsicht. Aber es ist allezeit ein überaus wichtiges Thema gewesen und ein aufschlußreiches dazu (und vergnügtere Themen sollen bestimmt folgen).

Aus Eschersheim

Die Stammeinwohner von Eschersheim sind Bauern, die sehr fleißig sind und auf der anderen Seite sehr mißtrauisch. Eines Tages brennt es in Alt-Eschersheim, und man ruft in der Verzweiflung den Nachbarn. Der befühlt phlegmatisch die Wand und antwortet: „Mei Wand is noch kalt."

Aus Praunheim

Ein Praunheimer Bürger, von seiner keifenden Frau schließlich zur Verzweiflung getrieben, reißt seine Mütze vom Kleiderhaken und ruft: „Alleweil is Schluß, alleweil geh ich ins Wasser!" Darauf die Frau: „Awwer die nei Kapp bleiwt do!"

Das Galgentor war Frankfurts schönstes Tor. Hier hielten die deutschen Herrscher ihren Einzug, hier empfing sie feierlich die Stadt. Durch dasselbe Tor führte man die zum Tode Verurteilten hinaus auf das Galgenfeld, das sich vor dem Tor erstreckte. Später stieß man sich an dem Wort Galgen und sprach vom Gallustor (und entsprechend von Gallusstraße und Galluswarte). Das Tor, um 1362 erbaut, wurde 1809 niedergerissen. Unser Bild, von J. G. Prestel, muß kurz vorher entstanden sein. Das Tor lag an der Großen Gallusstraße; später baute man in dieser Gegend das Taunustor. ▷

Vor uns liegt das Frankfurter Galgenfeld. So sah es der Maler Zehender im Jahre 1782. In der Mitte ragt das Hochgericht. Heute liegt hier das Bahnhofsviertel! Wir befinden uns am Beginn der Mainzer Landstraße von damals. Im Rücken haben wir den heutigen Opernplatz, und den Hauptbahnhof müssen wir uns etwas hinter dem Galgen vorstellen. Dazwischen liegt jetzt ein Gewirr von Straßen. Erst 1806 verschwand der Galgen. Er hatte ein halbes Jahrtausend hier gestanden.

Die abgehackte Hand auf dem Bilde rechts war eine Warnung an jeden, der auf der Alten Brücke Streit anfangen und den Brückenfrieden stören wollte. Er bekam die Hand abgetrennt.

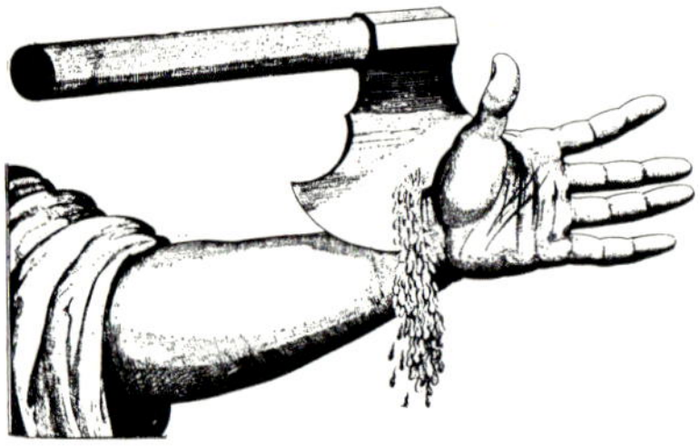

Rädern, das heißt mit einem schweren Rad die Knochen zerschlagen, gehörte zu den barbarischen Todesstrafen früherer Jahrhunderte. Das Bild berichtet von einer Hinrichtung auf dem Frankfurter Galgenfeld im Jahre 1741. Auf unserer Abbildung ist das Hochgericht mit allen Einzelheiten getreu wiedergegeben.

WO ES IN FRANKFURT SPUKEN MÜSSTE

Mitten in unserer Stadt gibt es einige Stellen, die einmal der Inbegriff des Schreckens gewesen sind. Friedlich und geschäftig eilen die Bürger Tag um Tag an ihnen vorüber und ahnen nicht, was sich hier einst zutrug.

Eine dieser Stellen befindet sich an der Mainzer Landstraße, bald nach ihrem Beginn, ein paar hundert Schritte vom Opernplatz entfernt. Es ist die Ecke Mainzer Landstraße und Zimmerweg, noch genauer: die östliche Ecke dieser Kreuzung.

Da bleibe ich manchmal stehen und denke mir: Also hier war es! Hier schnitt man den Verurteilten eine Hand oder die Ohren ab, hier blendete man sie, hier enthauptete man sie. Dann kamen die Raben zum Mahle.

Darum nannte man diese Stätte den Rabenstein. Hier, Ecke Mainzer Landstraße und Zimmerweg, war durch Jahrhunderte ein Hinrichtungsplatz.

Eine andere Stelle befindet sich gar nicht weit davon entfernt, in der Taunusstraße, durch die die Linien 15 und 23 fahren, und zwar in jenem Teil der Straße, die auf den Bahnhofsplatz stößt. Wo die Stelle genau gelegen hat, ist umstritten. Darüber später noch!

Es gehört nicht viel Phantasie dazu, sich auszumalen, wie es hier noch vor 150 Jahren aussah: Die Häuser, die Menschen, die Automobile versinken, Äcker und Wiesen breiten sich aus. Mitten im Grün ragt ein gespenstisches Gerüst, auf einem Steinsockel verankert, gegen den Himmel. Unter den Querbalken drehen sich die Gehenkten im Winde.

Es ist der Frankfurter Galgen, das Hochgericht. Er stand also mitten im heutigen Bahnhofsviertel.

Ringsum war das Galgenfeld. Es lag draußen vor den Mauern der Stadt. Das Galgentor führte zu ihm. Heute heißt die Gegend Taunustor, und aus Galgen machte man Gallus (Galluswarte, Gallusstraße, Gallusanlage).

Das Galgentor war das schönste Tor Frankfurts. Jeder deutsche Herrscher, der Frankfurt besuchte, mußte seinen Einzug über das Galgenfeld halten. Dann »fegte« der Henker den Galgen, das heißt, er entfernte die Gehenkten. Sonst ließ man sie meistens hängen, bis sie verrotteten.

Dann gibt es noch eine dritte Stelle. Sie befindet sich genau über dem Main. Man muß dazu über die Alte Brücke gehen und in ihrer Mitte verharren. Über dem sogenannten Kreuzbogen der Brücke, die man 1914 abriß, erhob sich ein Kruzifix mit einem vergoldeten Hahn.
Weithin leuchtete er in der Sonne. Er gab den Mainschiffern ein Zeichen, daß hier die tiefste Fahrrinne war. Seine Geschichte verliert sich in ferne Jahrhunderte. Es war der dritte Hinrichtungsplatz in Frankfurt.
Hier ertränkte man die Verurteilten im Main, gebunden oder in ein Faß gesperrt. Man wählte diese Stelle, weil sie am tiefsten war und man damit rechnen konnte, daß die Ertränkten nicht noch im Stadtgebiet wieder ans Ufer geschwemmt wurden. Ertränken, das war noch im 15. Jahrhundert die wichtigste Hinrichtungsart. Man vollzog diese Strafe vor allem an Frauen. Auch die Leichen der Selbstmörder wurden an dieser Stelle ins Wasser gestürzt...
Wenn irgendwo arme Seelen spuken müßten, dann an diesen drei Stellen unserer Stadt. Was haben diese Plätze, an denen wir ahnungslos vorbeigehen, wohl alles erlebt!
Und dabei sind es nicht einmal alle Hinrichtungsstätten in Frankfurt. Bis 1300 befand sich der Galgen vor der Katharinenpforte, in der Gegend der heutigen Katharinenkirche. Das Säuplätzchen in der Großen Bockenheimer Straße, der »Freßgasse«, war ein anderer Platz, wo man Todesurteile vollstreckte, und auf dem Roßmarkt enthauptete man 1616 den Aufrührer Vinzenz Fettmilch und seine Genossen.
Auf dem Roßmarkt fand auch die letzte öffentliche Hinrichtung in Frankfurt statt. Das war am 7. Juli 1799. Der Delinquent war ein Häfnermeister, der seine Frau getötet hatte. Scharfrichter Hoffmann verrichtete sein Werk so flink, daß die verblüffte Menge in Beifall ausbrach.
105 Jahre lang soll es dann überhaupt keine Hinrichtung in Frankfurt gegeben haben. Im ganzen 19. Jahrhundert! Wir konnten leider nicht feststellen, ob das wirklich stimmt. Es wäre eine erstaunliche Tatsache!
Eine Berichtigung hierzu haben wir jedenfalls entdeckt, oder eine halbe, wenn man so will. Am 26. August 1817 wurde nämlich in Frankfurt ein bereits toter

Mann zuerst enthauptet und dann aufs Rad geflochten. Es war der Schreinermeister G. Moog, der in einem Anfall von Trübsinn in seiner Wohnung im Roten-Löwen-Gäßchen seine Frau, seine fünf Kinder und sich mit einem Rasiermesser getötet hatte. Man erklärte den Toten zum Mörder seiner ganzen Familie und seiner selbst, und »zum dauernden Abscheu vor der Freveltat« wurde der Selbstmörder hingerichtet. Der Fall erregte unerhörtes Aufsehen, wegen der Schrecklichkeit der Tat und wegen der Mittelalterlichkeit der Strafe.

Erst 1904 soll es dann wieder in Frankfurt eine Hinrichtung gegeben haben: Im Hofe des Gefängnisses von Preungesheim wurden die beiden Männer enthauptet, die den Klavierhändler Lichtenstein in seinem Geschäft auf der Zeil ermordet hatten. Zehn Jahre später ging dann der berüchtigte Giftmörder Hopf an derselben Stelle seinen letzten Gang. In beiden Fällen erfuhr davon die Bevölkerung erst durch die Zeitungen.

Es hat lange, lange gedauert, bis man erkannte, daß von der Öffentlichkeit der Hinrichtungen keinerlei Abschreckung ausging, im Gegenteil. In früheren Jahrhunderten waren Hinrichtungen kostenlose, schaurige Schauspiele. Jede Tat hatte damals ihre eigene Strafe: Mörder wurden gerädert, Räuber enthauptet, Diebe gehenkt, Falschmünzer gesotten, Brandstifter verbrannt. Die Strafe des

Diesen Frankfurter Adler, der mehr einem gerupften Spatzen ähnelt, brannte die Obrigkeit unserer Stadt Betrügern und Falschspielern in die Stirn, damit ihre Mitmenschen auf den ersten Blick vor ihnen gewarnt waren. Die »Brandmarke« ist einer Urkunde aus dem späten 16. Jahrhundert entnommen.

Ertränkens soll bei uns 1615 zum letzten Mal vollzogen worden sein. Es war eine Frau aus Sachsenhausen, die beschuldigt worden war, ein Kind, das ihre Tochter »in der Unehr erzeugt« hatte, beseitigt zu haben.

Verurteilten, zum Beispiel Falschspielern, die man brandmarken wollte, schnitt man ein oder beide Ohren ab. Leuten, denen ein oder beide Ohren fehlten, ging man gern aus dem Wege. In Frankfurt hatte man noch eine andere Methode: Man brannte den Verurteilten einen Frankfurter Adler in die Stirn.

Mit dem Steuereintreiben war es der Obrigkeit auch damals ernst. Wer um 1600 seine Steuern schuldig blieb, mußte in Ketten am Stadtwall arbeiten. Und Prangerstehen gab es natürlich auch in Frankfurt. An der Hauptwache, vor dem Römer, an der Konstablerwache standen die Schandpfähle.

Über die Zahl der Hinrichtungen in Frankfurt wissen wir etwas für die 164 Jahre von 1532 bis 1696; in diesem Zeitraum wurden bei uns 329 Menschen zum Tode verurteilt. Also durchschnittlich in jedem Jahr zwei. Das ist viel weniger, als man gemeinhin für diese Zeit annimmt.

WENN DER GALGEN UMFIEL

Es gab auch eine Rettung vor dem Galgen. Wem es gelang, in eine Kirche oder ein Kloster zu flüchten, der war, zunächst mindestens, vor dem Henker gerettet. Die Kirchen und Klöster waren eine Freistätte. Sie beanspruchten für sich das Asylrecht. Wenn man den Geflüchteten mit Gewalt herausholte, dann galt das als ein an der Kirche begangenes Verbrechen.

Aus dem Jahre 1593 wird zum Beispiel berichtet, daß der Frankfurter Rat beschloß, einen Verurteilten, der sich zu den Deutschherren nach Sachsenhausen geflüchtet hatte, dort wieder herauszuholen. Man sprengte sogar die Tür des Konklaves, wo man den Flüchtling versteckt hielt. Das kostete die Stadt Frankfurt mehrere tausend Gulden Strafe, und das war damals sehr viel Geld.

Das Asylrecht beanspruchten die Kirchen und Klöster noch bis zum Beginn des 19. Jahrhunderts. Es war offenbar ein richtiges Versteckspiel. Denn die Zuflucht wurde nur für eine bestimmte Zeit gewährt. Dann mußte der Flüchtling irgendeinen Ausweg gefunden haben. Darum half sich die hohe Obrigkeit damit, daß sie die Kirche oder das Kloster mit Wächtern umstellte. Aber die mondlosen Nächte waren damals wirklich rabenschwarz.

So mancher Verbrecher mag sich auf diese Weise der verdienten Strafe entzogen haben. Trotzdem wirkte das Asylrecht wie eine ausgleichende Gerechtigkeit gegenüber den barbarischen Strafen, die man auch für verhältnismäßig leichte Verbrechen verhängte.

Jede Dorfkirche beanspruchte das Asylrecht. Umgekehrt hatten viele Dörfer ihren eigenen Galgen. Von Bornheim mit seinem alten Galgenberg weiß man es, von Bonames wird es berichtet, und in Niederrad stand der Galgen sogar noch 1846. Allerdings ging es ihm ähnlich wie den Kanonen an der Hauptwache, aus denen niemals ein Schuß fiel. Er war auch nur eine »Verzierung« der Landschaft. Man versprach sich viel von dem Anblick eines Galgens für die Moral...

Kein Galgen hält ewig. Auch das Frankfurter Hochgericht mußte von Zeit zu Zeit erneuert werden. So wurde zum Beispiel Anno 1561 der Galgen auf dem

Galgenfeld von einem Orkan glatt umgeworfen. Das muß schon ein Wind gewesen sein! Ein mittelalterlicher Galgen war ein sehr stabiles Bauwerk, in dickes Mauerwerk verankert. Selbst die Balken waren mit Blei überzogen.
Am Hochgericht zu arbeiten, war keine Ehre. Was tun? Man behalf sich salomonisch. Damit die Schande nicht bloß auf einige Handwerker fiel, waren die Zünfte verpflichtet, gemeinsam einen neuen Galgen zu bauen. Und wenn jeder Handwerker nur einen Nagel einklopfte! Wer krank war oder fehlte, dem hob man seinen Nagel auf, und er mußte ihn nachträglich dem Galgen einschlagen. So zogen die Zünfte 1561 geschlossen mit Pfeifen und Trommeln aufs Galgenfeld und bauten ein neues Hochgericht »zur Erhaltung der Justiz«.
Auch 1720 erschienen »die Handwercker, Meister, Gesellen und Lehrjungen in ihrer schönen Ordnung, sauberer Kleidung, gehabten Seitengewehr, fliegenden Fahnen, klingendem Spiel mit Waldhörnern, Hautboisten, Pfeiffen und Trommelschlag aus ihren Herbergen und Stuben« beim Galgen, um ihn zu reparieren. Es war offenbar seine letzte größere Erneuerung. Wenn die Flur mit Saat bestellt war, verlegte man die Exekutionen ohnedies lieber ins Stadtinnere. Außerdem hatte die letzte Stunde des Galgens geschlagen:
1806 verschwand er. Napoleons Geburtstag war der Grund. Frankfurt war damals von den Franzosen besetzt. Zu Ehren des Kaisers sollte ein großes Feuerwerk stattfinden. Marschall Augereau bestimmte dafür das Galgenfeld.
Das Hochgericht stand natürlich im Wege. Also fort damit! In großer Eile mußte der Rat den Galgen niederreißen lassen. Es ist nicht anzunehmen, daß auch diesmal die Handwerker geschlossen auszogen. Dazu hatte man es viel zu eilig. Es war das unfeierliche Ende eines »Mitbürgers«, den die Frankfurter über ein halbes Jahrtausend drohend Tag und Nacht vor Augen hatten. Über sein Grab zischten die Raketen.
Wenige Jahre später, 1812, folgte ihm der Rabenstein. Frankfurts Richtschwerter verrosteten. Im Mittelalter hatte man deren fünf gehabt, und ein Mann, der Schwertfeger, war besonders beauftragt, sie zu pflegen und scharf zu halten. So mancher Henker – lange Zeit nannte man ihn den »Züchtiger« – hatte außerdem noch sein Privatschwert.

Am Rabenstein wurde nur enthauptet. Alle anderen Hinrichtungen vollzog man am Hochgericht. Mit Ausnahme des Ertränkens natürlich. Das geschah, wie wir wissen, auf der Mitte der alten Mainbrücke.

Daß man heute so genau weiß, wo der Rabenstein einmal gestanden hat, nämlich Ecke Mainzer Landstraße und Zimmerweg, hängt mit einem kleinen Knick zusammen. Diesen Knick macht die Mainzer Landstraße dort, wo der Zimmerweg auf sie stößt, und den machte sie schon, als sie noch Mainzer Chaussee hieß und es noch keinen Zimmerweg gab. Der Knick ist auf den alten Stadtplänen verzeichnet, und in ihm stand der Rabenstein.

Aber wo stand der Galgen? Zwei Fußwege führten zu ihm, die natürlich längst spurlos verschwunden sind. Er stand vor dem Galgentor, auf dem Galgenfeld, außerhalb der Stadtmauer. Das wissen wir. Schön! Aber wo stand er genau? Das weiß man nicht. Aus folgendem Grunde:

Um 1840 überzog sich das ehemalige Galgenfeld mit dem Schienengewirr der ersten Frankfurter Eisenbahnen. An der Gallusanlage und der Taunusanlage entstanden drei kleine Bahnhöfe. Als dann 1888 der Hauptbahnhof diese ersten Bahnhöfe ablöste, wuchs auf dem Gelände mit Windeseile das heutige Bahnhofsviertel. Alle Markierungen gingen längst verloren.

Man ist auf ein »Ungefähr« angewiesen. Einig ist man sich nur darüber, daß der Galgen irgendwo an der Taunusstraße gestanden haben muß. Wir haben eine kleine Umfrage gemacht.

Das Historische Museum: »Vermutlich in der Gegend des Schumann-Theaters.«

C. A. Heinrich vom Volksbildungswerk, hervorragender Kenner Frankfurts, selbst ein Stück gutes, altes Frankfurt, und vielen Lesern sicher ein Begriff: »An der Ecke Taunusstraße und Weserstraße.«

Unsere unmaßgebliche Meinung (die wir durch einen Vergleich alter Pläne mit dem modernen Stadtplan zu stützen versucht haben): Wahrscheinlich dazwischen. Nämlich an der Ecke Taunusstraße und Moselstraße. Vielleicht, wer weiß es, dort, wo Josef Vavra, einst der »Schrecken der Catcher«, heute so friedlich sein Bier ausschenkt und seine Prager Semmelknödel serviert...

Lassen wir es dabei bewenden. Begnügen wir uns mit der Tatsache, daß also hier irgendwo durch ein halbes Jahrtausend der Frankfurter Galgen stand. Ein paar Jahrzehnte genügten, alle Spuren und alle Erinnerung an ihn auszulöschen.

„Gestatten!"

Als Staatsanwalt Müller von Norddeutschland nach Frankfurt versetzt wurde und zum erstenmal nach Sachsenhausen zum Apfelwein ging, trat er an einen Tisch und stellte sich höflich allen der Reihe nach mit den Worten vor: „Müller, Erster Staatsanwalt, Müller, Erster Staatsanwalt ..." Am Ende des Tisches angelangt, erhob sich ein Sachsenhäuser, verbeugte sich und stellte sich gleichfalls vor: „Bender, Letzter Hasenpfad."

38 TOTE MEROWINGER

Zurück zur Geschichte Frankfurts!

Erinnern wir uns, was wir zuletzt darüber erfuhren: Im Jahre 83 n. Chr., unter Kaiser Domitian, hatten die Römer, von ihren bisherigen Bastionen am Rhein aus, die Maingegend, den Taunus und die Wetterau besetzt. Um das Jahr 260 n. Chr. gaben sie die neugewonnene Provinz wieder auf, samt Limes, Kastellen, Gutshöfen und der blühenden Stadt Nida an der Nidda.

Für ein halbes Jahrtausend senkt sich erneut tiefe historische Dämmerung über unser Gebiet. Die Völkerwanderung flutet darüber hinweg. Es wird endgültig germanisch. Das ist das Wichtige!

Im übrigen macht es uns dieses halbe Jahrtausend verhältnismäßig einfach. Denn das wenige, was wir von ihm wissen, erlaubt uns, diese fünf Jahrhunderte in zwei ungefähr gleich große Zeitabschnitte zu teilen:

1. Für rund 250 Jahre werden vor allem die Alemannen bei uns seßhaft. Um das Jahr 500 n. Chr. aber müssen sie vor einem anderen, mächtigeren germanischen Volke bis über den Neckar zurückweichen. Es sind die Franken.

Die Franken gliedern das Mainland in ihr großes Reich ein. Und dort bleibt es. Die Frankfurter sind Franken, nicht nur dem Namen nach.

2. Die zweite Hälfte des halben Jahrtausends, also etwa die Zeit von 500 bis 750 n. Chr., werden die neuen Herren, die Franken, von dem Geschlecht der Merowinger regiert. Es entartet und »schleppt sich nur noch jämmerlich durch die Geschichte«. Ein glanzvolles Königsgeschlecht, die Karolinger, hoch bedeutsam für Frankfurt, löst es schließlich ab.

Aber noch sind wir nicht so weit! Bleiben wir zunächst noch bei den Merowingern...

Was würden Sie machen, lieber Leser, wenn Sie auf einem Grundstück, das Ihnen gehört, plötzlich ein Skelett aus der Erde buddeln?

Vor dieser Frage stand im Jahre 1873 der Heddernheimer Ziegeleibesitzer Moldenhauer. Das Grundstück lag beiderseits des Urselbaches, zwischen Niederursel und Heddernheim.

Herr Moldenhauer tat, was Sie auch getan hätten. Er lief spornstreichs zur Polizei. Tags darauf erschien ein Polizist, am übernächsten Tage einige würdige Herren, die sich gegenseitig mit »Herr Kollega« anredeten. Sie besichtigten das Skelett, reichten die paar Dinge herum, die zusammen mit dem Skelett ans Tageslicht gekommen waren – eine verrostete Schnalle, ein paar Tonscherben, eine Handvoll gelbe Perlen – und fielen Herrn Moldenhauer um den Hals.

Dann ließen sie weitergraben und holten nach und nach weitere 37 Skelette aus der Erde, dazu eine Menge eiserner und bronzener Gebrauchsgegenstände, Waffen und das vollständige Skelett eines Pferdes.

Die Freude der Professoren war verständlich. Das Grundstück am Urselbach enthielt eine Begräbnisstätte aus der Zeit der Franken. Sie mochte 1200 bis 1300 Jahre alt sein, also aus dem 7. nachchristlichen Jahrhundert stammen. Und Funde aus dieser Zeit gehören im Frankfurter Gebiet zu den ausgesprochenen Raritäten. Man war schon froh, wenn man irgendwo einmal einen morschen Unterkiefer fand. Und hier waren es gleich 38 komplette Merowinger (wobei wir natürlich nur der Einfachheit halber von Merowingern sprechen, es waren Franken aus der Zeit der Merowingerkönige).

Es war schon ein Fund, dieses fränkische Totenfeld am Urselbach! Die Historiker schrieben darüber, in die Lesebücher und Fundkarten wurde es aufgenommen. Und dann wurde es vergessen.

Was ist schon Ruhm? Einen halben Tag lang bin ich in Heddernheim hin- und hergestiefelt, und niemand, niemand konnte mir den genauen Platz sagen, wo einmal die 38 alten Germanen geruht haben. »Tja, schade, daß Sie jetzt erst kommen. Der Doktor Soundso hätte es Ihnen bestimmt zeigen können. Der ist nun allerdings 1928 gestorben ...«

So sind wir auf Vermutungen angewiesen: Der Friedhof aus der Merowingerzeit dürfte an der Siedlung Wiesenau gelegen haben, dort etwa, wo heute die Haltestelle der Straßenbahnlinie 24 (Sie wissen, Linie Oberursel-Hohemark) ist, und zwar diesseits und jenseits des Urselbaches. (Wir lassen uns jedoch gern eines Besseren belehren.)

Verweilen wir noch einen Augenblick an diesem Platz!

Von der Haltestelle aus sieht man auf Hügel, Obstbäume, Wiesen, ein paar Feldwege – eine unendlich harmlose Landschaft. Und doch! Da ist zunächst der alte merowingische Friedhof, von dem wir eben sprachen. Dann der hoppelige Hohlweg dort drüben, der den Hügel hinaufführt – man sieht ihm gewiß nicht an, was mit ihm los ist. Aber er läuft auf der einen Seite genau in Richtung Saalburg, auf der anderen in Richtung auf das ehemalige Römerkastell an der Nidda. Er ist, wenigstens als Linie, als Trasse, noch ein Rest einer berühmten Römerstraße.
Und drittens: Oben auf dem Hügel, kaum 150 oder 200 Meter von hier, überschneidet der Römerweg einen anderen Feldweg, die Kreuzerhohl. Es ist der Weg, auf dem die Mönche vor 1200 Jahren den erschlagenen Bonifatius, den Apostel der Deutschen, nach Fulda trugen (wir werden bald davon erzählen).
Man sieht – selbst eine so harmlose Ecke an einer Straßenbahnhaltestelle weit draußen im Grünen hat es in sich.

Ein merowingischer Friedhof mit 38 toten Franken am Urselbach... Gab es ähnliche Funde aus diesem ersten halben Jahrtausend der Germanen auch im eigentlichen Frankfurter Stadtgebiet?
Man fand aus dieser langen, langen Zeit bis heute bei uns kläglich wenig. Und man war so verwöhnt gewesen! Was wußte man nicht alles von den Römern! Was fand man nicht alles von ihnen! Und jetzt?
Eine bescheidene Fundstätte merowingischer Gräber war zum Beispiel bei der alten Kleinmarkthalle. (Wie lange wird es dauern, und man wird nicht mehr wissen, wo *die* gelegen hat! Dann gibt es wieder ein großes Bücherwälzen der Gelehrten.)
Andere merowingische Gräber entdeckte man einst unter einem der drei alten Bahnhöfe, dem Main-Neckar-Bahnhof. Wo diese drei Bahnhöfe gelegen haben, wissen heute nur noch die wenigsten; darum wollen wir sie auf der nächsten Seite im Bilde zeigen.
Urselbach – Kleinmarkthalle – Main-Neckar-Bahnhof, das sind die wenigen wichtigen Fundstätten für ein volles halbes Jahrtausend Frankfurter Geschichte...

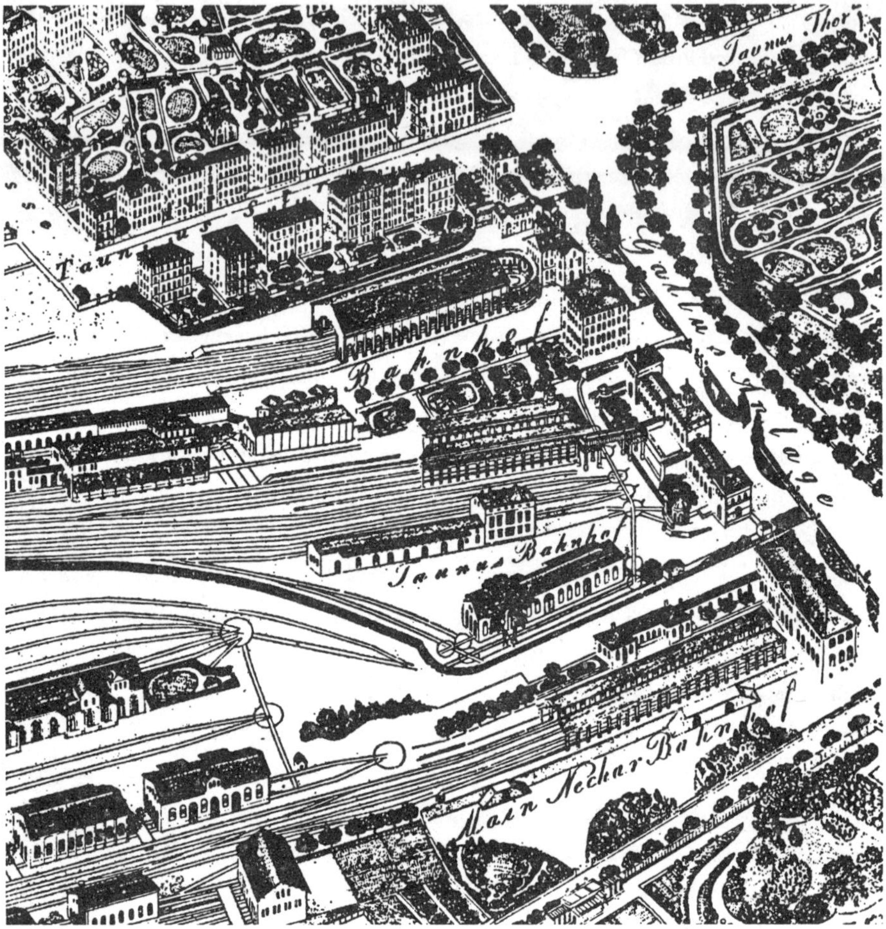

Das sind die drei alten Frankfurter Bahnhöfe. Sie lagen längs der Gallusanlage. Nach dem Bau des heutigen Hauptbahnhofes, Ende der 80er Jahre, wurden sie abgerissen. Der Taunusbahnhof (in der Mitte) war einer der ältesten Bahnhöfe in Deutschland. Er entstand 1838. An dieser Stelle etwa steht heute das Cafe »Rumpelmayer«. Der nördlich davon liegende Bahnhof war der Main-Weser-Bahnhof, der südliche der Main-Neckar-Bahnhof, die beide um 1845 gebaut wurden. Vergeblich sucht man die Kaiserstraße. Die gab's damals noch nicht. Wie man sie später quer durchs Gelände führte, kann man sich klarmachen, wenn man sich vorstellt, daß etwa zwischen den beiden oberen Bahnhöfen heute die Dresdner Bank steht. Unter dem Main-Neckar-Bahnhof läuft die Gutleutstraße.

Aber etwas anderes ist aus dieser fernen Zeit bis heute lebendig geblieben. Fast jeder von uns erlebt es, unbewußt, an jedem Tage von neuem, ob er ein Gespräch führt, ob er einen Brief schreibt, ob er einen Fahrschein in der Straßenbahn verlangt oder ob er in der Zeitung liest.

Die fränkischen Fürsten, später Könige, waren unermeßlich reiche Landbesitzer. Aller römischer Besitz, alles herrenlose Land war Königseigentum. Verdiente Franken belehnte oder beschenkte der König mit Land und Höfen, und gewöhnlich nannte man die neue Siedlung nach dem Namen des Besitzers.

So kommt es, daß alle Orte, deren Namen mit der Silbe ...heim enden, fränkische Gründungen sind. Um Frankfurt wimmelt es davon! Bockenheim, das war einmal der Ort eines gewissen Bocco, Preungesheim der eines Bruning, Rödelheim hieß so nach einem Radilo, Ginnheim nach Ginno, Schwanheim nach Svino, Eschersheim nach Askar, Eckenheim nach Ekko, Praunheim nach Bruno, Berkersheim nach Berachgis, Heddernheim nach Heitero und so fort.

Wir sehen – Frankfurt ist umgeben von einem dichten Kranz alter fränkischer Siedlungen (und die auf ...ingen, wie Sindlingen, stammen meist noch aus der Zeit der Alemannen). Auf einmal haben unsere Vororte historisches Profil bekommen...

Auf dem Lohrberg

Ein Frankfurter trifft seinen Freund, der mit seiner Frau droben auf dem Lohrberg spazierengeht. „No, wo geht er dann hin?" fragt der Freund. Darauf der andere: „Ach, ich laß' nor mein Drache e bissi steihe."

Aus der Nachbarschaft

In einem Dorf unweit von Frankfurt hat der aus den Ufern getretene Dorfbach die untere Brücke weggerissen. Der Bürgermeister gibt dem Polizeidiener den Auftrag, dies in ortsüblicher Weise durch Ausschellen bekanntzumachen. Der Polizeidiener entledigt sich des Auftrags in folgender angemessener Weise:
„Es wird hiemit bekanntgemacht: Das Betreten der unteren Bachbrücke ist verboten! Grinde worim: Sie is net mehr doo!"

Frankfurter Sprichwörter

Speeter werd immer speeter.
E Vetter im Rat macht Finf zu grad.
Maulschelle bewahrn vor Handschelle.
Die Feers erunnergezoge is aach gestoppt.

500 Jahre, von denen wir nur spärlichste Kunde haben...
Ein überaus wichtiger Vorgang liegt ganz in der Dunkelheit dieses halben Jahrtausends verborgen – die Christianisierung. Als die Karolinger 752 n. Chr. zur Herrschaft kamen, war unsere Landschaft bereits christlich.
Ein Ereignis, das in die allerersten Jahre der Karolingerzeit fällt, hat diese Christen über alle Maßen beschäftigt. Es wurde niemals wieder vergessen. Die Schulkinder in Praunheim zeichnen es heute noch mit ihren Buntstiften aufs Zeichenpapier.
Es war der Zug des toten Bonifatius. Das Jahr war 754.

Es ist schon etwas Merkwürdiges um diesen toten Bonifatius!
Da werden Schlachten geschlagen, ganze Völker ziehen fort und andere kommen her und lassen sich nieder, da werden Königspaläste gebaut und brennen ab, da kommen Herrscher zu Besuch, die Edlen eines großen Reiches eilen zusammen und fassen weittragende Beschlüsse, da gibt es Hochzeit und Geburt und Mord und Städtegründungen und Überschwemmung und Hungersnot und Pest – und von alledem erfährt man in der Geschichte unseres Gebietes durch ein halbes Jahrtausend nichts oder so gut wie nichts...
Dann tragen einige Mönche einen anderen toten Mönch weit draußen über die sommerlichen Feldwege – und das wird nie wieder vergessen! Davon erzählten sie offenbar durch Jahrhunderte, das geht in die Chroniken ein, in die Historienbücher, in die Lehrbücher, in die Schulbücher. Da weiß man genau das Jahr, 754, sogar den Monat, es war Juli, ja sogar ungefähr den Tag. Es muß um den fünften herum gewesen sein.
Und man weiß noch den Weg.
Was muß dieser Bonifatius für seine Zeit bedeutet haben! Einst war er ein unbekannter angelsächsischer Mönch. Dann zog er aus und machte das gewaltige Germanien christlich. Mit einer unvorstellbaren Energie baute er die Kirche im ganzen Lande auf.

Und dann das bittere Ende! Fast achtzig Jahre alt, war er noch einmal Missionar geworden. Hoch oben im fernen Friesland, an der Nordseeküste bei Dokkum, war er von einem Heiden erschlagen worden. War er nicht ein Heiliger? Starben sie nicht so?

Und nun war er auf seiner letzten Reise.

Man hatte seinen Leichnam zum Rhein und dort auf einem Schiff bis nach Mainz gebracht. Das dauerte einen Monat. In Mainz war Bonifatius Erzbischof gewesen, der erste Bischof von Germanien. Der neue Erzbischof, Lullus, verlangte den teuren Leichnam für Mainz. Aber ein Mönch bekräftigte durch Eid, daß Bonifatius ihm im Traum erschienen sei und gewünscht habe, in seinem Kloster Fulda beigesetzt zu werden. Lullus verzichtete und folgte im Trauerzug.

Man brachte den Toten wieder auf ein Schiff und fuhr den Main aufwärts. Allerdings nur bis nach Hochheim. Dort landete man. In langer Prozession bewegte sich der Zug nach Nordosten, bis man, vielleicht in der Gegend von Diedenbergen, auf die Elisabethenstraße kam, die alte Römerstraße von Mainz-Kastel nach Praunheim und Nida-Heddernheim.

In der Gegend von Hofheim übernachtete man. Am zweiten Tag gelangte die Prozession bis zu uns. Auf der heutigen Heerstraße ging sie bis kurz vor das Dorf Praunheim, wo sie nach Nordwesten abbog. Etwa in der Richtung der heutigen Haingrabenstraße bewegte sie sich nach Niederursel, auf der nicht mehr existierenden Crutzenstraße. Sie überschritt in Niederursel den Urselbach und bewegte sich durch einen Hohlweg auf die jenseitige Hochfläche. Den Hohlweg gibt es noch. Es ist die Kreuzerhohl.

Der Feldweg führt in Richtung Kalbach und Bonames. Auf diesem Wege muß man die zweite Nacht gerastet haben.

Dort oben fließt eine Quelle, die man seit alten Zeiten Bonifatiusbrunnen nennt. Ein einzelner, weithin sichtbarer Baum steht dabei und ein einfaches hölzernes Kreuz. Überall dort, wo der tote Bonifatius abgesetzt wurde, errichteten die Gläubigen ein Steinkreuz – unser Historisches Museum besitzt eines mit der Jahreszahl 754 – und überall dort, wo der tote Bonifatius übernachtete, baute man später eine Kapelle oder Kirche.

An einem Feldweg bei Sossenheim stand diese Steingruppe. Der mittlere Stein ist ein Bonifatiuskreuz. Vor mehr als 1200 Jahren rasteten hier die Mönche, die den erschlagenen Bonifatius nach Fulda trugen. Das Bild zeichnete der Frankfurter Maler H. Franke.

Auf dem leeren Platz vor dem Dom drängten sich noch 1944 dicht an dicht die Häuser der berühmten Frankfurter Altstadt. Dieser Flecken Erde war auch die Keimzelle, aus der vor 1100 und mehr Jahren das früheste Frankfurt entstand. An der Stelle des Domes stand damals die karolingische Salvatorkirche. Ihre beiden Türme müssen wir uns dort vorstellen, wo auch heute sich der Domturm erhebt; ihre Fundamente liegen noch unter den Fliesen unseres Domes. Vor der Salvatorkirche, auf dem leeren Platz, stand die Pfalz Karls des Großen. Rechts floß die Braubach. An Stelle der Leonhardskirche, links am Main, vermutet man einen königlichen Meierhof. Das war alles – Frankfurt im 9. Jahrhundert!

Das erste große Ereignis, von dem Frankfurts Geschichte berichtet, war eine Zusammenkunft der westeuropäischen Bischöfe. Karl der Große, Herr der Christenheit, hatte das Konzil im Jahre 794 in seine Pfalz am Main einberufen. Zum ersten Male betrat ein »berühmter Ort« (so heißt es in den Urkunden aus diesem Jahr), Franconofurd genannt, die Bühne des Weltgeschehens. Der greise Eduard von Steinle hat in der zweiten Hälfte des 19. Jahrhunderts das Ereignis auf einer Wandmalerei im Dom festgehalten. Das Bild hat, wie alle seine Ausschmückungen des Domes, den Krieg nicht überdauert. Vielleicht war Karl der Große auch der Begründer Frankfurts.

Nach alten Urkunden stand in der Gemarkung zwischen Niederursel und Kalbach tatsächlich einmal eine Kapelle, die dem Bonifatius geweiht war. Um 1912 fand man dort in den Feldern zahlreiche Mörtelbrocken und Ziegelstücke, die durch tieferes Pflügen ans Tageslicht gekommen waren.
Von weither strömten die Menschen dem Trauerzug entgegen, und viele begleiteten ihn schon seit Mainz. Von unserem Gebiet gelangte die Prozession in Richtung über Massenheim in das Tal der Nidder, dem sie dann bis zum Südhang des Vogelsberges folgte. Man schätzt, daß der Zug von Hochheim bis Fulda eine Woche brauchte. Über den Gebeinen des Bonifatius ragt heute der Fuldaer Dom.

Das war im Juli 754. Es vergehen 40 Jahre, von denen wir wiederum nichts wissen. Aber es muß jetzt schon ein Frankfurt gegeben haben. Dann kommt das Jahr 794. Es ist ein für unsere Stadt so wichtiges Jahr! Das eigentliche Frankfurt taucht endlich vor uns auf. Zum ersten Mal wird ein Ort namens Frankfurt erwähnt...

Fraa und Madamche

Kennen Sie den feinen Unterschied, den die alten Frankfurter in der Anrede zwischen Fraa und Madamche gemacht haben oder vielleicht noch machen? Nein? Also:
Jene Bürgersfrau, die im Hut auf den Markt kam, war etwas Besseres und wurde von den Marktfrauen mit Madamche angeredet; sie fühlte sich entsprechend geschmeichelt. Die Frau ohne Hut aber war eine Fraa, und wenn sie alt war, ein Fraache. Man guckte der Kundin also zuerst auf den Kopf, bevor man sie ansprach ...

Als Großvater jung war

Die alte Dreikönigskirche in Sachsenhausen hatte einen Turm. Der Turm hatte eine Uhr. Die Uhr hatte ein Zifferblatt. Das Zifferblatt hatte einen Stundenzeiger und einen Minutenzeiger. Eines Tages fiel der Stundenzeiger herab, in den Dachkändel. Dort blieb er jahrelang liegen. Es war jetzt nur noch der Minutenzeiger da. Und darum sagten die Frankfurter: „Die Sachsenhäuser hawe die best Uhr, die geht uff die Minut!"
In Bornheim gab's ein Gasthaus „Zum Lamm". Jeden Sonntag wurde dort getanzt. Wenn der Tanzsaal überfüllt war, tanzte die eine Hälfte oben im Saal bei offenen Fenstern und die andere Hälfte unten im Hof. Damit die da unten auch etwas vom Orchester hatten, sprang der Posaunist zweimal bei jedem Walzer an das offene Fenster und warf einige Posaunenstöße hinunter in den Hof. Und deshalb sagte man von einer Hausfrau, die übertrieben auf jeden Pfennig sah: „Die ist sparsam wie die Bernemer Posaun!"

FRANKFURT 1. AKT, 1. SZENE

794 n. Chr.
Erinnern wir uns: Im Jahre 752 n. Chr. werden die Karolinger die neuen Könige der Franken. 42 Jahre später erscheint der Name Frankfurt zum ersten Mal in einer Urkunde. Sie stammt aus dem Februar dieses Jahres. Es handelt sich um eine Schenkung Karls des Großen für ein Kloster in Regensburg. »Franconofurd« bezeichnet den Ort, wo die Urkunde ausgestellt wurde.
Man hat bisher keine noch älteren Urkunden gefunden, in der der Name vorkommt, und man wird wahrscheinlich auch keine mehr finden. Dazu sind die Historiker viel zu gründliche Sucher.
Eine Furt durch den Main im Lande der Franken – das gab dem Platz den Namen. Sehr spät, erstaunlich spät! Viele Vororte Frankfurts werden in Chroniken und Urkunden früher erwähnt, alle diese Orte auf –heim (wir wissen, daß es fränkische Gründungen sind), und von Nied ist bekannt, daß die römischen Legionen dort schon 700 Jahre vorher ihre Ziegel brannten.
Im Jahre 794 – wir müssen uns damit abfinden, daß der Name Frankfurt recht spät zum ersten Male auftaucht. Aber wir werden reich entschädigt. Denn aus demselben Jahr 794 n. Chr. stammt noch eine zweite, viel wichtigere Urkunde, die den Namen unserer Stadt enthält, und zwar heißt es dort: »...in loco celebri, qui dicitur Franconofurd...«, auf deutsch: »...in dem berühmten Ort, Frankfurt geheißen.« Frankfurt ist nicht ein irgendwer. 794 ist es bereits ein »Locus celeber«. Und das muß wohl auch gestimmt haben.

Frankfurt 1. Akt, 1. Szene. Der Vorhang geht auf. Das Stück beginnt mit einem Paukenschlag, der weithin gehört wurde.
Der mächtigste Mann der Christenheit und eine der bedeutendsten Gestalten der europäischen Geschichte steht auf der Bühne – Karl der Große. Man erfährt aus den Urkunden: Er besitzt in Frankfurt einen königlichen Palast, eine Pfalz.
In diese Frankfurter Pfalz beruft Karl der Große eine Versammlung von historischer Bedeutung ein, die Frankfurter Synode. Die hohen kirchlichen Würden-

träger aus ganz Westeuropa treffen sich. So berichtet das zweite Dokument aus dem Jahre 794. Das nennt man wohl einen großen Start in die Geschichte!

Was haben die Bischöfe mit dem König in Frankfurt beraten? Es ging um Probleme, die die christliche Welt seit Jahrhunderten spalteten. Um es kurz zu sagen: In der einen Frage, der des Gottmenschentums Christi, entschied sich das Frankfurter Konzil für den Papst und gegen spanische Irrlehren – in der anderen aber, der der Verehrung religiöser Bilder, entschied es gegen den Papst. Es war die Zeit des berühmten und folgenschweren Bildersturmes, der in Byzanz seinen Ausgang genommen hatte. Karl der Große war gegen die Verehrung religiöser Bilder, und so empfahl auch die Frankfurter Synode. Aber der gegenteilige Standpunkt des Papstes setzte sich durch. Näheres hierüber enthält jede Weltgeschichte oder Kirchengeschichte.

Es kam noch zu einem anderen wichtigen Ereignis bei der Synode in Frankfurt (wir sind über ihren Verlauf aus den Berichten der ausländischen Bischöfe gut informiert): Tassilo, der Herzog der Bayern, erschien im Mönchsgewand und übertrug endgültig alle seine Ansprüche auf Karl den Großen. Bayern wurde dem Frankenreiche einverleibt.

Nicht genug damit – man weiß noch mehr aus dem Frankfurt des Jahres 794. Es ist wirklich so, als wäre plötzlich ein Vorhang hochgerauscht. Die vierte Gemahlin Karls, die »stolze, hochmütige und grausame« Fastrada, starb in diesem Jahr in Frankfurt. Der Freund und Historiker des Frankenherrschers, sein Geheimschreiber, Baumeister und Reisebegleiter Einhard »aus dem Odenwald« bestätigt in seinem berühmten »Leben Karls des Großen«, daß der König sich 793/94 viel in seiner Frankfurter Pfalz aufgehalten hat...

War Karl der Große auch der Begründer Frankfurts? Wir wissen es nicht. Aber es ist durchaus möglich. Eines steht jedenfalls fest – Franconofurd war einer der Hauptorte des gewaltigen Frankenreiches. Wahrscheinlich zählte es damals schon über tausend Einwohner. Wo hätten auch sonst die vielen Bischöfe mit ihrem großen Troß Platz gefunden?

Dieses älteste Frankfurt bestand im Kern aus einem königlichen Palast. Von solchen Pfalzen gab es etliche; denn die fränkischen Herrscher hatten keine feste

Residenz, sie regierten im Umherziehen. Aber es waren alles auserwählte Orte. Frankfurt gehörte zu ihnen, und es versank nicht wieder in Mittelmäßigkeit.
Wo stand der Königspalast des großen Karl? Diese Frage haben sich die Frankfurter Historiker seit Jahrhunderten immer wieder gestellt. Es sieht jedoch ganz so aus, als seien sie erst in unseren Tagen endlich der Karolingerpfalz auf die Spur gekommen. Davon jedoch ein wenig später.

Wo sitzt die Seele?

In der „Frankfurter Latern“ vom 29. Oktober 1864 beschäftigte sich ihr Gründer, Herausgeber und jahrzehntelanger Alleinredakteur Friedrich Stoltze mit der Frage, wo wohl die menschliche Seele ihren Sitz habe. Er kommt zu einer überraschenden Schlußfolgerung. Wir geben dieses Kabinettstück eines volkstümlichen Frankfurter Humors gekürzt wieder:
„Der Herr Professor Hyrtl, der e sehr gelehrter Mann is, hat die menschlich Seel chemisch unnersucht un gefunne, daß se net von Phosphor is un ihrn Sitz aach net im Gehirn hat. Bei dene viele beschränkte Köpp, die's in der Welt gibt, wär des aach for so e Seel e sehr unbequem Logis, da owe in dere Dachkammer mit ihre zwaa klaane Gaublöcher, besonnersch wann merr die viele schadhafte Dächer bedenkt und daß der größte Teil der Menschheit nor mit Filz un Stroh gedeckt is. Uff der annern Seit allerdings hat die Behauptung, daß die Seel von Phosphor wär, aach widder sehr viel for sich. Der Herr Professor Liebig hat awwer bekanntlich nachgewisse, daß in den Knoche des meiste Phosphor enthalte is. Un weil in unserem Sitzfleisch die größte Knoche enthalten sinn, müßt also demnach die menschlich Seel net owe in em e Dachkämmerche wohne, nach de Sommerseit, sondern hinne enaus in den Hof zu. Na, so viel is gewiß, in viele Gasse von Frankfort wohnt merr aach net scheener.“

„Hätt' ich doch!"

Arthur Schopenhauer, einer der berühmtesten Mitbürger, den die Frankfurter im 19. Jahrhundert zu den Ihren zählen durften, war auf dem ganzen Röderberg eine bekannte Persönlichkeit, weniger seiner äußeren Erscheinung wegen als seines tragikomischen Mienenspiels und der heftigen Gestikulation halber, womit er seine lauten Selbstgespräche begleitete. Sie waren immer von den Worten durchflochten: „Hätt' ich doch vor fünfundzwanzig Jahren die Jungfer Steitz geheiratet!" So mancher Frankfurter hat diese Worte von ihm gehört, wenn Schopenhauer an seinem Garten vorbeiging, und sie waren auf dem Röderberg so bekannt, daß die Kinder dort dem Herrn Professor nachriefen: „Hätt' ich doch vor fünfundzwanzig Jahr'n die Jungfer Steitz geheirat'!"

SIEBENMAL KARL DER GROSSE

Jede Stadt hat ihren Schutzheiligen. Frankfurt hat deren zwei. Der eine ist der heilige Bartholomäus. Zu ihrem zweiten Schutzheiligen machten die dankbaren Frankfurter Karl den Großen.

Das klingt für viele merkwürdig. Aber Karl der Große ist in einem späteren Jahrhundert tatsächlich heiliggesprochen worden, allerdings von einem Gegenpapst. Die katholische Kirche anerkannte es nicht. Wohl aber bekam Frankfurt ein Privileg, einen Sonderheiligen.

Und so besitzt Frankfurt ein Kuriosum – einen deutschen Kaiser mit einem Heiligenschein. Man kann ihn besichtigen. Dazu muß man in den Dom gehen.

Im nördlichen Querschiff, links vom Chor, ist der alte Anna-Selbdritt-Altar. Er zeigt auf der rechten Seite die Gestalt Karls des Großen, wie gewöhnlich als überaus stattlicher, schöner und bärtiger Mann dargestellt (der er wohl auch gewesen ist, eine Messung seiner Knochen in Aachen ergab eine Körperlänge von 1,92 Metern). Ein Heiligenschein umgibt sein Haupt.

Als wir vor diesem Altar standen, kam uns die Frage: Was erinnert wohl überhaupt noch im modernen Frankfurt an diesen Kaiser und Schutzpatron, der einmal so übermächtig am Anfang unserer Stadt stand, nach über 1100 Jahren?

Wir gingen auf die Suche. Wir dürfen hier über das Ergebnis berichten. Bleiben wir gleich im Dom! Karl der Große ist hier mehrfach zu finden:

Draußen, über dem sogenannten Nordportal, steigen giebelförmig die Figuren Christi und der zwölf Apostel auf. Wenn man nachzählt, sind es vierzehn; die Frankfurter haben den Bartholomäus und Karl (rechts außen) hinzugetan.

Am roten Südportal ist, rechts oben, wieder die Gestalt Karls des Großen zu entdekken. Und unter den Darstellungen berühmter Frankfurter Ereignisse, die ein moderner Künstler auf dem Kupferblech der Südtür des Domturmes festgehalten hat, ist auch Karl beim Frankfurter Konzil zu sehen.

Zweimal findet man den Kaiser im Chor des Domes. Das wunderbar geschnitzte, 600 Jahre alte Chorgestühl zeigt auf der linken Seite einen bartlosen Mann, eine

Kirche in der Hand haltend. Es soll Karl der Große (vielleicht aber auch Ludwig der Deutsche) sein. Unverkennbar Karl der Große ist aber die farbige Steinplastik hoch oben an der rechten Chorwand.
Es lohnt sich, nach der Figur an der gegenüberliegenden Chorwand zu blicken. Es ist der heilige Bartholomäus, der andere Schutzheilige, nach dem der Dom benannt ist. Verweilen wir einen Augenblick bei ihm, auch wenn wir damit etwas vorwegnehmen, was eigentlich in ein späteres Kapitel über den Dom gehört:
Was der heilige Bartholomäus hier und auf anderen Darstellungen über dem Arm trägt, ist nicht etwa ein Gewand, sondern seine eigene Haut. Es heißt ja von Bartholomäus, daß er in Kleinasien »geschunden« und zu Tode gemartert wurde. Bei dieser Chorfigur hängt an der Haut, wenn man genauer hinaufschaut, noch die ganze Kopfhaut samt Gesicht und Haaren. Prüde war man bei solchen Darstellungen nicht.
Seit dem Jahr 1238 ruht im Domschatz die in Gold gefaßte Hirnschale des gemarterten Heiligen. Man kann den Domschatz besichtigen. Wenn deutsche Kaiser und Könige Frankfurt besuchten, dann ging man ihnen bis zum Westtor, dem Galgentor, entgegen und überreichte ihnen die Hirnschale des Bartholomäus zum feierlichen Kusse (heute würde sie in dieser Gegend nur das Finanzamt Außenbezirk-Taunustor begrüßen).

Zurück zu Karl dem Großen! Das war der Dom. Und in der Stadt? Erinnert dort noch irgend etwas an den Mann, der Frankfurt gegründet haben soll?
Früher stand ein stattliches Denkmal Karls auf der alten Mainbrücke, sehr steif und feierlich. 1843 hatte man es errichtet. Man ließ sich dort gern konterfeien. Als man die Brücke 1914 abriß, verschwand auch das Denkmal ins Historische Museum; seinen Kopf soll es inzwischen verloren haben.
Ja, und dann gibt es noch ein Viertel am Hauptbahnhof, bei dem man meint, man habe sich hier mit ein paar männlichen Vornamen beholfen. Aber diese Rudolfstraße, Ottostraße, Ludwigstraße sind alle nach früheren deutschen Kaisern benannt – die Karlstraße nach Karl dem Großen. Es gab dort auch einen Karlsplatz, der kein Platz war; das Neue Theater lag an ihm.

Dieses feierlich-steife Denkmal errichteten die Frankfurter 1843 Karl dem Großen auf ihrer Alten Brücke. Als sie 1914 abgerissen wurde, wanderte der steinerne Karl schließlich in das Historische Museum.

Nehmen wir noch die Möglichkeit hinzu, daß Karl der Große tatsächlich, wie man vermutet, auf der anderen Seite des Mains unterworfene Sachsen ansiedelte und so zum Gründer von Sachsenhausen wurde, dann wären wir wohl bereits am Ende dessen angekommen, was heute in Frankfurt noch an den großen Kaiser erinnert, an die überragende Figur auf der Bühne Frankfurts, als der Vorhang zum ersten Mal aufging.

Das heißt, eines müssen wir noch erwähnen, was ein Jahrtausend überdauert hat: Am Abend des 27. Januar und am Morgen des folgenden Tages läutet eine der Domglocken allein. Es ist die Carolusglocke. Sie ist nicht sehr alt. Keine der Domglocken ist alt. Sie zerschmolzen ja im Glutfeuer des Dombrandes 1867. Aber sie übernahm diese Aufgabe von einer älteren Glocke und diese, so dürfen wir annehmen, von einer noch älteren.

Sie läutet zum Gedenken Karls des Großen. Er starb am 28. Januar 814.

Sehenswürdigkeiten von 1786

„Auf dem Liebfrauenberg in der Boutique nach der neuen Kräm zu, ist eine sehenswürdige Uhr, deren gleiches noch nie gesehen worden, welche etlich und zwanzig Kunststücke zeiget, zu sehen. Personen, die sich die Mühe geben wollen, diese Uhr zu sehen, werden selbige mit der größten Zufriedenheit verlassen. Der Entree ist 6 kr und Kinder 3 kr. Standespersonen zahlen nach Belieben. Auch ist daselbst die zu Paris erfundene Taback rauchende Klistir-Maschine zu sehen und zu verkaufen."

WO DER MENSCH GEBAUT HAT . . .

. .da hinterläßt er Spuren. Und mögen auch alle Steine inzwischen verschwunden sein, alle Steine unter und über der Erde.

So sagen sich unsere Historiker. Mit Recht! Und sie suchen nach der Pfalz, nach dem Palaste, den Karl der Große auf Frankfurter Boden bewohnt und wahrscheinlich auch errichtet hat. Wenn ein Steinzeitdorf, das vor 4000 Jahren im Gebiete des späteren Osthafens gelegen hat, von den Heutigen noch zu erkennen und zu entdecken war, um so mehr doch eine steinerne Königspfalz, über die kaum viel mehr als ein Jahrtausend hinweggegangen ist!

Blieb nichts, blieb wirklich nichts von Karl dem Großen uns erhalten? Von diesem Mann, dessen Palast mit hoher Wahrscheinlichkeit der Anfang des eigentlichen Frankfurts gewesen ist? Blieb keine Spur von diesem ersten Akt in der Frankfurter Geschichte?

Die Pfalz Karls des Großen beschäftigt die Frankfurter Historiker seit Jahrhunderten. Es sieht ganz so aus, als hätten sie sie lange, lange Zeit an einer falschen Stelle gesucht.

Zwei Schwierigkeiten türmten sich auf:

Das Stück Erde, das vor allem in Betracht kam, war die Frankfurter Altstadt. Aber sie war seit dem Mittelalter dicht an dicht bebaut. Wo *konnte* man da überhaupt graben?

Und das zweite war: Wo hatte der Königspalast gestanden? Wo *sollte* man graben?

Man hat den Palast Karls des Großen an verschiedenen Plätzen vermutet – sogar, mit gar nicht schlechten Argumenten, außerhalb der Altstadt, in Sachsenhausen, im Bereich der Rittergassen. Aber immer und immer wieder kam man auf eine ganz bestimmte Stelle zurück – auf den Saalhof am Mainufer, jene Gebäude, die auf der einen Seite vom alten Rententurm flankiert werden.

Hier stand tatsächlich einmal eine mittelalterliche königliche Burg oder Pfalz. Das weiß man mit Sicherheit.

Aber diese Burg entstand rund vier Jahrhunderte nach der Pfalz Karls des Großen. Sie wurde nicht mehr von den Karolingern, sondern von den Hohenstaufen gebaut.

Trotzdem – mußte man nicht annehmen, daß die Staufer ihre Königsburg auf den Fundamenten der alten Karolingerpfalz errichtet haben? Das war die Überlegung, die immer wieder zum Saalhof hinführte. Bis zum Zweiten Weltkrieg. Dann versank die Altstadt im Feuersturm des Bombenkrieges – nun konnte man graben, wo man wollte.

Im Gebiet des Saalhofes fanden die Historiker staufische Fundamente. Aber keinerlei karolingische Baureste. Sie sagen nunmehr mit einiger Bestimmtheit: Dort stand nichts Karolingisches!

Wohl aber gruben sie an einer ganz anderen Stelle karolingische Mauerzüge aus, mit ihrem charakteristischen harten, weißen Mörtel. Eine der Mauern ist fast 30 Meter lang. Diese Stellen liegen im Schatten des Doms. Auf dem Platz vor dem Domturm, auf dem bis 1944 das Häusergewimmel zwischen Altem Markt, Höllgasse und Tuchgaden war...

Sind es endlich die Reste der Karolingerpfalz? Des ältesten Frankfurts? Hat man sie nun doch gefunden?

Die Historiker haben ein wichtiges Indiz, daß es so ist – die Fluchtlinien der Fundamentmauern, die sie bloßlegten, stimmen nämlich mit den Fluchtlinien eines anderen wichtigen Gebäudes überein, das hier zur Zeit der Karolinger stand. Seine Fundamente liegen heute noch unter den Fliesen unseres Domes.

Es ist die berühmte Salvatorkirche.

Von dieser Salvatorkirche wissen wir, daß sie Mitte des 9. Jahrhunderts von einem Enkel Karls des Großen, von Ludwig dem Deutschen, gebaut wurde. Am 1. September 852 n. Chr. soll sie von dem berühmten Mainzer Bischof Hrabanus Maurus eingeweiht worden sein, was heute von manchem Historiker bezweifelt wird.

Die Salvatorkirche war der Vorläufer unseres Domes.

Man wußte lange Zeit nicht genau, wo sie gelegen hat. Erst eine Katastrophe brachte die Gewißheit – der große Dombrand von 1867. Als man wieder an den

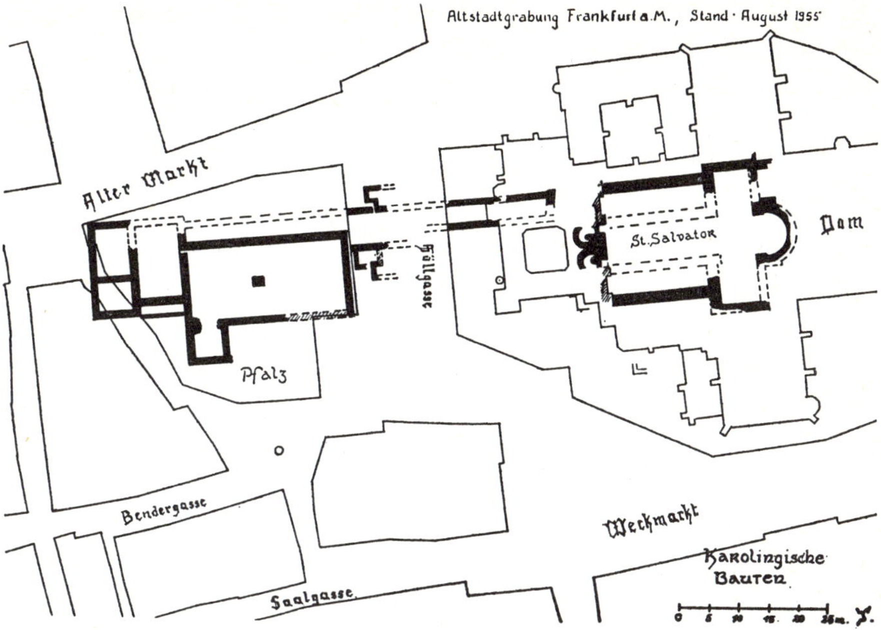

Westlich vom Dom, auf dem Boden der verschwundenen Altstadt, hat man nach dem Kriege karolingische Mauerzüge ausgegraben, in denen man Fundamente der Kaiserpfalz Karls des Großen vermuten darf. Schon wesentlich länger, seit dem Brand des Doms 1867, weiß man, daß heute noch unter den Fliesen des Domes die Fundamente jener Kirche liegen, die ein Enkel Karls des Großen, Ludwig der Deutsche, bauen ließ. Die Fluchtlinien beider Fundamentreste, die der Kaiserpfalz und der Salvatorkirche, stimmen, wie unsere Skizze zeigt, miteinander überein.

Aufbau ging, entdeckte man unter dem Fußboden des Domes die Fundamentreste der uralten Karolingerkirche! Beim Wiederaufbau des Domes nach dem Zweiten Weltkrieg hatten unsere Historiker Gelegenheit, einen Teil der Fliesen erneut aufreißen zu können und sich von der Richtigkeit des Fundes im Jahre 1871 zu überzeugen.

Die beiden kleinen Türme der Salvatorkirche lagen einst dort, wo sich heute unser Domturm erhebt, ja, er steht sogar zu einem Teil auf ihren alten Mauern. Man erkannte ferner, daß der Altar der längst verschwundenen Salvatorkirche dort gelegen hat, wo sich heute der Vierungsaltar unseres Domes befindet, wo sich also Quer- und Längsschiff schneiden.

An dieser Stelle kniete einst, es sind rund 1100 Jahre her, Ludwig der Deutsche vor dem Altar *seiner* Kirche. Es ist die gleiche Stelle, an der viele Jahrhunderte später die deutschen Kaiser im Dom gekrönt wurden. Und seit 1953 werden hier die Messen zelebriert...

So erwächst aus tiefer geschichtlicher Dämmerung zum ersten Male in schwachen Umrissen ein Bild des karolingischen, des ältesten Frankfurts:

Wir sehen die zweitürmige Salvatorkirche vor uns; die Zeitgenossen nannten sie »ein wunderbares Bauwerk«. Westlich von ihr, auf dem heute so schaurig blankgefegten Platz, der einmal das Gewimmel der Altstadthäuser trug, erhob sich der Palast der fränkischen Kaiser, umgeben von Amtsgebäuden und Häuschen aus Lehm und Fachwerk für die vielen Beamten und Handwerker. Unweit davon, dort, wo heute die Leonhardskirche steht, dürfte ein königlicher Meierhof gewesen sein, mit Jägern, Fischern, Förstern, Köchen, Knechten und allem, was dazu gehört. Vielleicht hatten sich jenseits des Mains, im heutigen Sachsenhausen, unterworfene Sachsen angesiedelt. Ein riesiger Wald, ein Königsforst, Dreieich genannt, reichte dort bis an das Ufer des Stromes...

Frankfurt im 9. Jahrhundert!

Unter den Karolingern erlebte Frankfurt große Zeiten.

Von Karl dem Großen und seinem Konzil im Jahr 794 sprachen wir schon. Seine Nachfolger erneuerten die Pfalz. Ludwig der Deutsche residierte und starb hier. Die Edlen des Riesenreiches versammelten sich oft an diesem »berühmten Ort«. Die Heere feindlicher Söhne marschierten am Main gegeneinander auf und versöhnten sich wieder, und der erste König Frankreichs, Karl der Kahle, wurde in Frankfurt geboren. 843 zerfiel ja das Riesenreich der Franken in ein Westreich, das wurde Frankreich, und ein Ostreich, das wurde das Reich der Deutschen. Seine erste Hauptstadt war Frankfurt.

911 ging die Zeit der Karolinger zu Ende. Unter ihren Nachfolgern verlagerte sich das Schwergewicht von Frankfurt zu anderen Residenzen, nach Regensburg...

Zwei Dinge sind noch zu erwähnen:
»Nach der Messe traf man sich vor der Kirche zu Handelsgeschäften« – die Anfänge der berühmten Frankfurter Herbstmesse liegen auf dem Platz vor der karolingischen Salvatorkirche.
Und: 879 machte eine Frau Ruotlind der Salvatorkirche eine Schenkung. Spätere Zeiten haben es sich nicht nehmen lassen, ihr ein Denkmal zu setzen: Sie benannten eine Straße nach ihr, die Rotlintstraße im Nordend.
Sie ist die erste Frankfurter Bürgerin, die wir mit Namen kennen.

Wieder sind wir an einem neuen Abschnitt der Frankfurter Geschichte angelangt, und wieder können wir uns eine Pause erlauben. In den beiden nächsten Kapiteln wollen wir deshalb von etwas ganz anderem erzählen, von »Sensationen«, von denen die Frankfurter lange Zeit gesprochen haben.
Wer aber gleich wissen möchte, wie es mit Frankfurts Geschichte weiterging, der möge die beiden nächsten Kapitel überblättern...

„Kaa Wunner!“

In der alten Peterskirche trat ein nahezu tauber Mann die Blasebälge der Orgel. Eines schönen Sonntags kam ein neuer Organist, der mit vollen Registern spielte. Aber mitten im Lied brach der Orgelton ab. Nichts war mehr zu hören. Erbost holte sich der Organist den Bälgetreter heran: „Warum haben Sie denn aufgehört mitten im Choral, was fällt Ihnen denn ein?“ „Ei was hawwe Sie dann gespielt?“ fragte der Alte. „So nimm denn meine Hände ...“, schrie der Organist. „Kaa Wunner, daß des net geklappt hat“, meinte der Grauhaarige überzeugt, „ich hab ja aach ‚Ach bleib mit deiner Gnade‘ getrete!“

Belehrung

Ein Vater zeigt seinem Sohne die Frankfurter Denkmäler. „Des ist der Schiller! Und des ist der Göde!“ Wie die beiden auf den Roßmarkt kommen, deutet der Junge auf das Gutenbergdenkmal mit den Standbildern von Gutenberg, Fust und Schöffer. Der Bub fragt den Vater: „Wer ist denn das?“ Darauf der Vater selbstsicher: „Und des — des sinn die drei annern!“

ALS BUFFALO BILL NACH FRANKFURT KAM

Die große Welt gab immer wieder ihr Gastspiel in der Stadt am Main.

1828 war die Sensation ein Elefant. Für drei Jahre wurde er zu einer Sehenswürdigkeit der Stadt. Und das kam so:

Ein Herr Pflüger hatte damals erkannt, was Frankfurt fehlte: eine hochmoderne Vergnügungsstätte! Er richtete sie in der Brönnerstraße ein; sie grenzte sinnigerweise an den alten Petersfriedhof, und sie reichte hinauf bis zur Bleichstraße.

Er nannte sie Vauxhall nach einem weltberühmten Vergnügungspark im Kirchspiel Lambeth bei London. In Frankfurt waren es zwei Säle und ein mit Platanen bewachsener Garten. Man schmauste, trank und tanzte. Das wichtigste war die Beleuchtung. Pechkränze am Eingang erhellten die Nacht. Wenn sich die Flügeltüren vor den Besuchern öffneten, dann strahlten ihnen »Tausende von Lichtern« entgegen, prachtvolle Lüster, bunte Girlanden, die sich um Bäume und Säulen schlangen, künstliche Sonnen und leuchtende Wasserfälle. »Vom Orchester herunter ertönten die kräftigsten Ouvertüren und Walzer.«

Hunderte fanden gleichzeitig im Vauxhall Platz. Auf einem »Welttheater« wurden ihnen der feuerspeiende Vesuv und die Retirade der Franzosen durch das brennende Moskau vorgeführt. Und der Elefant.

Ursprünglich gehörte er einer Menagerie aus Lyon, die Frankfurt besucht hatte. Auf der Herreise war Jumbo seekrank geworden, und er weigerte sich standhaft, den Transportwagen für die Rückreise zu besteigen. »Aus wissenschaftlichem Interesse« kaufte ihn ein Dr. Cretzschmar; er sah sich allerdings in seinen Erwartungen, die Senckenberg-Gesellschaft werde ihm das Geld für die Transaktion geben, getäuscht.

So landete Jumbo schließlich im Vauxhall und verdiente sich sein Brot selbst. Seine Aufgabe bestand im wesentlichen darin, da zu sein, zu wachsen, in einer Wanne ein Bad zu nehmen und die Besucher anzuspritzen.

Das ging drei Jahre gut. Dann klagte die Nachbarschaft wegen des Urwaldgebrülls und des Geruchs, und Jumbo verschwand. Man weiß nicht, was aus ihm wurde.

Frühe Nachrichten vom Zoo

1864 gab es im Frankfurter Zoologischen Garten als besondere Rarität auch eine Meerschweinchenburg zu sehen. Wir zeigen sie im Bilde.

Und 1865 berichtete Friedrich Stoltze in seiner »Frankfurter Latern« von einer Tragödie im Zoo. Der Königstigerin fehlte eines Morgens plötzlich der Schwanz – und er war nicht mehr zu finden! Stoltze: »Merkwürdig! Es waass doch kaa Mensch, wo der Schwanz hinkomme is! Es wär jammerschad, wann 'sen net mehr finne dehte. Wann en der Pelikan erwischt oder der Fischreiher, die verschlucken 'nen im gute Glaawe als Aal oder Blindschleich. Der Zoologische Garte is groß, da such aaner! Es hawwe sich am Sechskreuzerdag sogar schon Leut vom Land darin verlaafe, wodorch des fawelhaft Gerücht entstanne is: mit dene Bauern, die sich an eme Sechskreuzerdag im Zoologische Garte verlaafe dehte, dehte die Löwe gefüttert wern, und zwar von aans bis zwaa, dessentwege derft um die Zeit niemand in den Garte ...«

Das Vauxhall folgte ihm bald. Es ging ein. Frankfurt war dafür nicht groß genug. Jemand, der nach einigen Jahren die Stätte besuchte, berichtet, daß ihm die einst so strahlende Pracht jetzt als eine gewöhnliche Bretterbude erschienen sei...

Wir bitten um freundliche Nachsicht, wenn wir von dem Elefanten einen Sprung zu einer begnadeten Sängerin machen. Auch sie gehörte zu den Frankfurter Sensationen. Am 29. August 1845 gab die »schwedische Nachtigall«, Jenny Lind, das »Weltwunder unter den Sängerinnen«, ihr erstes Gastspiel in Frankfurt.

Es muß schon toll hergegangen sein. Man stürmte das Schauspielhaus (am Theaterplatz an der Ecke Börsenstraße, dort, wo heute die »Frankfurter Allgemeine Zeitung« residiert). Die Zuhörer saßen bis in die Seitenkulissen. Der Ruhm der Jenny Lind war erst ein Jahr alt; in Berlin war ihr Stern aufgegangen. Die Welt wußte jetzt, daß ihr ein Gesangsphänomen erster Ordnung beschert worden war, eine Frau zudem, deren Natürlichkeit die verstocktesten Herzen überwältigte.

Ein Augenzeuge berichtet von dem ersten Auftreten der Lind in Frankfurt, daß die Zuhörer, als die letzte Note verklungen war, »wohl eine Minute lang« atemlos schweigend dasaßen. Dann ging ein langes Ah durch die Reihen, und ein Jubel brach los, daß man glaubte, die Decke stürze herunter. »Nie werden wir das Erstaunen des Kapellmeisters Professor Guhr, eines Musikers ersten Ranges, vergessen. Er warf seinen Taktstock weg und klatschte wie toll über die Bühnenlichter hinüber.«

An neun Abenden trat die Lind in Frankfurt auf, dreimal in »Norma«, viermal in der »Nachtwandlerin« und zweimal im »Freischütz«. Die Frankfurter konnten sich über die »entzückenden und glockenhellen Töne«, über das »nachtigallengleiche Flöten und Modulieren«, über die »einmalige Grazie« gar nicht beruhigen.

Im nächsten Jahr, 1846, kam sie wieder. Dreimal spielte sie die »Regimentstochter«, zweimal die »Nachtwandlerin« und je einmal die »Vestalin« und »Norma«. Wieder rasten die Frankfurter.

Für die Lind wurde das neue Gastspiel in Frankfurt bedeutungsvoll. Sie führte hier die ersten Gespräche für ihre Reise nach England, das ihre zweite Heimat werden sollte. In Her Majesty's Theatre geschah dann etwas, was es dort noch nie gegeben hatte: Königin Viktoria ergriff ein Blumenbukett, das vor ihr lag, und warf es der Künstlerin auf der Bühne zu! Die Lind trat oft bei Hofe auf, und die Königin begleitete sie auf dem Flügel. Das Denkmal der Lind steht in der Westminster Abtei.

Man versteht schon, warum die nüchternen Frankfurter damals aus dem Häuschen gerieten. Anderen ging es nicht anders...

Nun machen wir einen neuen Sprung; 1890 kam Buffalo Bill mit seiner Wildwestschau nach Frankfurt. Er trat im Palmengarten auf.

Buffalo heißt in Amerika der Büffel, und Bill ist eine Abkürzung von William. Also nannten die Frankfurter ihren Gast vertraulich den »Büffel-Wilhelm«. Wieder strömten sie in Massen herbei, »trotz der exorbitant hohen Eintrittspreise« (der teuerste Platz kostete vier Mark, der billigste eine Mark). Bei jeder Vorstellung hatten 8000 Personen Platz.

»Das Großartigste auf diesem Gebiet!« So schrieben die Kritiker. Die 200 Indianer und Grenzer ritten und schossen »wie die Teufel«, fingen mit dem Lasso

Büffel und Mustangs, tanzten mit schrecklichem Juhuh-Geheul um den Marterpfahl, zogen im Gänsemarsch auf dem Kriegspfad dahin, überfielen eine Wagenburg, beraubten eine alte Postkutsche, kämpften um ein brennendes Blockhaus und lagerten sich, als es dunkel geworden war, mit ihren Squaws und Papoosen malerisch um die Lagerfeuer. Grüßend schwenkte Oberst Cody, wie eine Statue auf dem Rappen sitzend, seinen strahlend weißen Schlapphut, und der Beifall donnerte im Rund...

Friedrich Stoltze, damals Mitte der Siebzig, berichtet in seiner »Frankfurter Latern« von dem Essen, zu dem die Frankfurter Journalisten von Buffalo Bill eingeladen wurden. Der Vorsicht halber wäre er gern »mit'm Stiftekopp erschiene, awer der schitzt gegens Skalpier'n aach nor halb«.

Sie saßen auf »Biffelhäut mit Locke, mit unnerschlagne Baa, den Blick enaus auf viele trauliche Herdfeuer zwischen Backstaa, wo die Indjaner Biffellende an hölzerne Spieß briete. Was warn dess for Saftstickelcher!« Dazu gab es Gurken und indianischen Mais. »Bei uns is Mais e Vorspeis, des heeßt: Merr stoppe daderrmit die Gäns und esse's dann, die Gäns.« Und: »Die Kummern soll der Häuptling Black Heart eigenhändig in Essig gelegt hawwe.« Am Schluß ließen sie den »edlen Frihsticksspender, den Kaiser und den Wilden Westen« hochleben, und zur Erinnerung nahm Stoltze »e Händche voll indjanische Zwieweln« mit nach Hause.

Das war also 1890 (kurz darauf ist übrigens Friedrich Stoltze gestorben). 8000 Zuschauer auf einmal, das war schon eine Leistung! Aber 1912 überbot sie der Sarrasani...

Sarrasani mietete die neugebaute Festhalle und verwandelte sie in einen Riesenzirkus. Jetzt waren es in jeder Vorstellung 15000 Zuschauer. Ein Schritt weiter zur Weltstadt! So nickten sich die Frankfurter zu.

14 Tage lang arbeitete eine Druckerei allein an den Eintrittskarten. Nach jeder Vorstellung zog ein Bataillon Putzfrauen in die Festhalle. 10000 Glühbirnen strahlten, und aus der ganzen Welt kamen die Artisten. Keiner von ihnen durfte vorher schon einmal in Frankfurt aufgetreten sein. 42 Wärter betreuten die

Tiere; die meisten der Männer stammten, nach alter Zirkustradition, aus dem pfälzischen Mudenbach.

Ein Riesenprogramm rollte ab. Wenn in der gewaltigen Halle Beifall einsetzte, dann klang es wie Meeresrauschen. Einen Monat lang gab es Vorstellungen, bis Mitte Dezember. Die Unkosten hätten, so errechnete man, vier Opernhäuser am Leben erhalten.

»Nach 1500 Jahren, seit den Zeiten Roms, strömten wieder einmal Riesenmassen in einen Zirkus. Eine Sehenswürdigkeit, wie sie Europa niemals aufzuweisen hatte!« Das war das Urteil der staunenden Mitwelt. Nur die Kintoppbesitzer protestierten...

Im August 1845 kam die »schwedische Nachtigall«, die bezaubernde Jenny Lind, zum ersten Male nach Frankfurt. Ihr Stern war soeben aufgegangen. Man schlug sich um die Eintrittskarten. Unser Bild zeigt Jenny Lind in einer ihrer Glanzrollen, als Regimentstochter in der gleichnamigen Oper von Donizetti.

Frankfurt hat ihn nie vergessen – Friedrich Stoltze – damals 40 Jahre alt. Durch viele Jahre war er der populärste Bürger der Stadt, der witzigste und treueste Chronist, den sie besaß – ein Mann, auf den das Wort Goethes in vollem Umfang zutraf, daß der Dialekt »doch eigentlich das Element ist, in dem die Seele ihren Atem schöpft«.

Ein Traum nach dem Besuche der Frankfurter Elektrotechnischen Ausstellung.

(Aus unserer humoristischen Mappe.)

Für die „Kleine Presse“ gezeichnet von H. P.

(Text siehe Seite 8.)

...UND 50000 SAGTEN: AH!

Und jetzt machen wir einen kleinen Schritt zurück, ins Jahr 1891. Zu einem Ereignis, neben dem für die Frankfurter alles andere verblaßte. Zur großen Elektrotechnischen Ausstellung.

Bilder verraten mehr als viele Worte. Darum zeigen wir eine zeitgenössische Illustration der Ausstellung. Und dazu kann man nur sagen: So saust die Zeit mit uns dahin!

Meine Herrschaften, was sie auf dem Bilde links sehen, ist das Gelände der Ausstellung! Ja, und die gemütliche Allee, die im Vordergrund vorbeiführt, das ist die funkelnagelneue Kaiserstraße.

1891 bestand die Kaiserstraße aus zwei (!) Häusern, die man auf unserem Bild nicht mehr sieht. Ganz rechts das Gebäude ist der neue Hauptbahnhof.

Fast das ganze Gelände zwischen Gallusanlage links, dem Main und der Gutleutstraße im Hintergrund, rechts dem Hauptbahnhof und vorn der Kaiserstraße war von der Ausstellung bedeckt. Einst war es ein Teil des alten Galgenfeldes gewesen, dann Wiesen und Kartoffeläcker, dann war es jahrzehntelang durchzogen von den Schienensträngen der drei kleinen Bahnhöfe, die bis in die 80er Jahre an der Gallusanlage lagen...

Man muß sich das Bild schon in Ruhe anschauen.

Es ist kaum faßbar: 1891 gab es noch kein Bahnhofsviertel, eine Kaiserstraße ohne Häuser, keine Weserstraße, keine Elbestraße, keine Münchener Straße, keine Moselstraße, keine Düsseldorfer Straße und keinen Baseler Platz, keine Banken, keine Bürohäuser, keine Kintopps, keine Bumslokale, kein gar nichts.

Die Idee zu der großen Elektrotechnischen Ausstellung hatte der Gründer der »Frankfurter Zeitung«, Leopold Sonnemann. Verwirklicht wurde sie von Oskar von Miller, dem Schöpfer des Deutschen Museums in München.

Die große Elektrotechnische Ausstellung 1891 in Frankfurt aus der Vogelschau. Selbst für einen alten Frankfurter dürfte das Bild seine Überraschungen haben. Wieso und weshalb ◁ erfahren Sie auf dieser Seite.

Das stattliche Gebäude mit den qualmenden Schornsteinen war die Maschinenhalle mit dem Kesselhaus. Hier wurde der Strom für die ganze Ausstellung erzeugt. Links davon war ein künstlicher Hügel mit einem zehn Meter hohen, elektrisch beleuchteten Wasserfall und einer elektrisch betriebenen Grubenbahn, die in ein künstliches Bergwerk unter dem Hügel fuhr. Der Aussichtsturm rechts am Bahnhof besaß Frankfurts ersten Lift und ersten Scheinwerfer. Im Hintergrund am Main eine Marinesonderausstellung mit einem Leuchtturm...

Die Weltsensation der Ausstellung:

Zum ersten Mal wurde elektrischer Strom über eine größere Strecke übertragen, nämlich von einem neugebauten Wasserkraftwerk in Lauffen am Neckar hierher zum Ausstellungsplatz. Das waren 175 Kilometer. 3200 Maste mußte die Post aufstellen. Die 1200 Zentner kupfernen Leitungsdraht borgte eine Heddernheimer Firma. Es war ein großer Augenblick, als plötzlich die Glühlampen im Frankfurter Bahnhofsgelände aufleuchteten, weil am Neckar eine Turbine zu arbeiten begonnen hatte. Und 50000 Frankfurter sagten: »Ah!« Vielleicht waren es auch ein paar weniger.

Frankfurt selbst hatte damals natürlich noch kein Elektrizitätswerk. Acht Jahre später begann man einzelne Straßen mit elektrischem Licht zu beleuchten. In den Gasanstalten herrschte Panikstimmung.

Es ist erst 60 Jahre her.

Aus Sachsenhausen

In einer Sachsenhäuser Wirtschaft bestellt sich ein Gast eine Flasche „Vilbeler". Er hat beim Öffnen des Mineralwassers das Pech, einen Sachsenhäuser, der mit am Tisch sitzt, naßzuspritzen. Er entschuldigt sich. Aber der „Getaufte" läßt sich nicht aus der Ruhe bringen. „Ei, mache Se doch kaa Gedös!" antwortet er, „'s is mer ja nix ins Maul komme ..."

DIE MAUER, DIE WIEDERKAM

Wir waren in unserem letzten historischen Kapitel bis zum Jahre 918 n. Chr. gekommen. In diesem Jahr ging die Herrschaft der Karolinger zu Ende.

Es war eine große Zeit für das junge Frankfurt gewesen! Wir hatten versucht, uns vorzustellen, wie es wohl damals, vor über 1000 Jahren, bei uns ausgesehen haben mag. Es war die Keimzelle, aus der die Stadt am Main entstand.

Am Main! Damit fing es an. Am rechten Ufer des Flusses wurde Frankfurt geboren. Auf der sogenannten Dominsel, die ringsum von kleineren und größeren Flußarmen umflossen war.

Wir wollen es uns noch einmal vergegenwärtigen. Stellen wir uns auf diese Dominsel, an den Fuß des heutigen Domturmes (den es damals natürlich noch nicht gab). Dann erwächst vor unseren Augen das karolingische Frankfurt:

Aus dem hohen Turm hinter uns werden zwei kleinere Türme, und der Dom schrumpft zu einer wesentlich kleineren Kirche zusammen – die Salvatorkirche. Sie ist der Vorläufer unseres Domes.

Auf dem heute so kahlen, ebenen Altstadtplatz vor uns erblicken wir die königliche Pfalz. Wie weit sie über den Platz reichte, weiß man nicht. Sie muß ein sehr stattlicher Gebäudekomplex gewesen sein.

Dort, wo heute die Braubachstraße zieht, sehen wir einen Mainarm langsam dahinfließen, die Braubach. Sie ist die nördliche Grenze des damaligen Frankfurts. Ein versumpfter Seitenarm führt von ihr an jener Stelle, wo heute der Römerberg liegt, zum Main hinunter. Ihm verdanken wir vermutlich, daß wir überhaupt einen Römerbergplatz haben; denn der Platz entstand wahrscheinlich nicht deshalb, weil man hier nicht bauen wollte, sondern weil man nicht bauen konnte.

Bei der heutigen Leonhardskirche muß dann noch ein königlicher Meierhof gelegen haben – und das war im wesentlichen alles. Frankfurt vor über 1000 Jahren!

Aber so bleibt es nicht. Die Jahrzehnte vergehen. Die Keimzelle beginnt zu wachsen. Die Sicherheit, der Königspalast, der Handel ziehen immer mehr Menschen hierher. Und Frankfurt wächst – vor allem nach Norden. Denn längs des Mains liegt es in einer Sumpf- und Wasserlandschaft.

Die Siedlung überspringt die Braubach. Aus dem Grenzbach wird der Stadtgraben, der große, sich selbst reinigende Abfalleimer des sich immer mehr ausbreitenden Ortes.

Aus einer Königspfalz wächst Frankfurt zu einer mittelalterlichen Stadt. Die Karolingerpfalz zerfällt. Die Staufenkaiser bauen sich an anderer Stelle, und zwar am Mainufer, einen neuen Palast (es ist der spätere Saalhof). Dort, wo die erste Pfalz stand, siedeln sich in engen Gäßchen vor allem Handwerker an. Jedes Handwerk sucht sich einigermaßen geschlossen in einer Gasse niederzulassen.

200 Jahre vergehen. Um 1150 ist ein neues städtisch-bürgerliches Frankfurt entstanden. Die staufische Stadt!

Man zieht um sie eine hohe, starke, schützende Mauer. Die Staufenmauer. Was sie umschließt, ist im wesentlichen das, was man dann die Frankfurter Altstadt genannt hat.

Wie groß müssen wir uns das staufische Frankfurt vorstellen? Wo verlief die Staufenmauer?

Sie ist längst verschwunden. Das heißt, sie ist zum größten Teil verschwunden. Aber man weiß, wo sie zog. Man kann heute noch ungefähr die Grenzen des damaligen Frankfurts, der Stauferstadt, ablaufen. Es ist ein Spaziergang von knapp zwanzig Minuten.

Wir beginnen ihn an der Ecke Weißfrauenstraße-Bethmannstraße, unterhalb des »Frankfurter Hofes«.

Diese Stelle hatte noch bis vor kurzem etwas Gespenstisches am hellichten Tage an sich. An der Brandmauer eines verwahrlosten Hauses erschien der letzte Abdruck einer Kirche – ein paar hohe flache Säulen, die Spuren dreier gotischer Kirchenschiffe, der Rest einer lateinischen Inschrift auf einem Steinbrocken. Hier stand eine der ältesten Kirchen Frankfurts. Die Weißfrauenkirche. Man riß die Ruine nach dem Kriege nieder; ihre letzten Reste hat man jetzt auch noch beseitigt. Die Kirche gehörte einst zu einem Kloster, das bald nach 1200 gebaut wurde. Es lag noch innerhalb der Staufenmauer, deren Fortsetzung von hier dann hinunter zum Main führte.

Aber wir gehen in der anderen Richtung, durch den Großen Hirschgraben, an Goethes Geburtshaus vorbei.– »graben«, so heißen auch die nächsten Straßen, durch die wir kommen, und das nicht zufällig. Sie heißen so nach dem tiefen, weiten Graben, den man vorsorglich vor der Staufenmauer anlegte.
Rechts die Weißadlergasse. Kein Mensch merkt ihr mehr an, daß sie und ihre Fortsetzung, Sandgasse und Schnurgasse, für das staufische Frankfurt vor 700 und 800 Jahren das gewesen sind, was die Zeil für das moderne Frankfurt ist, die ost-westliche Hauptstraße. An ihr lag eines der drei Haupttore in der Staufenmauer.
Wir gehen den Kleinen Hirschgraben hinauf. An der Katharinenpforte lag das zweite Tor. Weiter durch den Holzgraben! Der Turm der Liebfrauenkirche rechts soll auf dem Rest eines Turmes der Staufenmauer stehen.
Jenseits der Hasengasse kam man noch vor kurzem in den Baugraben, entlang der zerstörten Kleinmarkthalle. Beides, Straße und Halle, sind nicht mehr da. Ein neuer, sehr großstädtischer, wohlproportionierter Platz entstand an ihrer Stelle. Wir gehen zwischen Neckermann und Parkhochhaus zur Fahrgasse. Und dort stehen wir plötzlich vor einem Stück Mittelalter. Vor der Staufenmauer, die wiederkam. Nach den Bombennächten des letzten Krieges tauchte sie zwischen den Trümmern auf, unbeschädigt und aufrecht!
Die Kenner wußten, daß sich hier ein Rest der Staufenmauer erhalten hatte, in den Hinterhöfen und als Brandmauer der Häuser zwischen Börnestraße und Fahrgasse. Nun wurde sie für uns alle sichtbar, als die Häuser zusammensanken. Ein Stück über 15 Blendbögen – so baute man sie damals, um Material zu sparen – blieb erhalten.
Wir wissen, daß die Mauer, so wie sie da steht, nicht mehr die Originalmauer ist. Als 1711 ein schrecklicher Brand die angrenzende Judengasse – die man später in Börnestraße umtaufte – in Schutt und Asche legte, litt auch die Staufenmauer darunter. Die Juden mußten sie neu errichten. Die Teile aus roten Sandsteinen gelten als jene, die damals neu gebaut wurden. Zweifellos sind aber, vor allem im Sockel der Mauer, echte Teile der alten Staufenmauer erhalten geblieben.
Man kann die Mauer durchaus zum ältesten Frankfurt rechnen. Und zu den ausgesprochenen Sehenswürdigkeiten unserer Stadt.

Gleich in der Nähe, an der Fahrgasse, stand das dritte Haupttor der Staufenmauer. An dem stehengebliebenen Stück sieht man, wie die Mauer kurz darauf nach Süden abgebogen ist, die Börnestraße hinunter. Sie führte den Wollgraben entlang – auch er ist verschwunden, auf ihm steht der Neubau der Stadtwerke – zum Main hinunter. Der Bogen schließt sich.

Was innerhalb der Mauer lag, das war das staufische Frankfurt. So groß also war damals unsere Stadt. Auf unserem Rundgang sahen wir rechts immer wieder einmal den Dom und seinen Turm über den Dächern erscheinen. Wir wissen: Und dort drüben war die karolingische Keimzelle!

„Kaa Uffregung"

Zwei „Frühstücksmeister" gingen in ihre Stammkneipe, um dem inneren Menschen etwas zuzuführen. Der eine hatte seinen Hund dabei. Sie nahmen am Tisch Platz und bestellten jeder ein Schnitzel. Lecker duftend wurde es mit einer „Dreckschipp" voll Gerösteter auf den Tisch gestellt, und die beiden Meister machten sich an die Arbeit. Dabei stellte sich der eine etwas ungeschickt an, jedenfalls sprang das schöne Schnitzel in einem kühnen Bogen unter den Tisch. „Ach Gott, dein Hund, mein scheen Schnitzelche ...!" „Nor kaa Uffregung, Hoiner", brummelte der andere schmatzend, „dem kann nix geschehn, ich hab' schon de Fuß druff ...!"

ES GESCHAH ZU WEIHNACHTEN 941

Aus der Karolingerpfalz Franconofurd, die aus nicht viel mehr als dem Königspalast, der Salvatorkirche, einem königlichen Meierhof und ein paar kleinen Randsiedlungen bestand, wurde die staufische Stadt Frankfurt, jener dichtbewohnte Siedlungskern, den man später die Altstadt nannte.
Dazwischen liegt ein gutes Vierteljahrtausend Frankfurter Geschichte. Wir wollen es durcheilen...

911 n. Chr. ging die Herrschaft der Karolinger zu Ende. Die sächsischen Kaiser und die Salier folgten ihnen. Nun wurde es wieder stiller um Frankfurt. Die Nachrichten aus dem 10. und 11. Jahrhundert sind spärlich, sehr spärlich. Andere Residenzen, Regensburg und Goslar, wurden bevorzugt.
Wir dürfen uns das jedoch nicht so vorstellen, als sei damit ein Verfall Frankfurts verbunden gewesen. Wir dürfen annehmen, daß die Kaiserpfalz sich gerade in diesen Jahrhunderten allmählich zu einer stadtähnlichen Siedlung fortentwickelte. Und immer wieder kamen die Kaiser natürlich auch in ihre Pfalz am Main. Etliche Male beriefen sie die Großen des Reiches hierher zu wichtigen Reichstagen. Ein Ereignis vor allem hat die Historiker, die Poeten und Maler viel beschäftigt – die dramatische Versöhnungsszene am Weihnachtsmorgen 941.
Kaiser Otto der Große regierte damals. Er war der Herrscher, der die Ungarn auf dem Lechfeld bei Augsburg schlug, und er wurde Herr von Ober- und Mittelitalien. Zu seinen Gegnern gehörte sein Bruder. Heinrich strebte nach der Krone. Dreimal verband er sich mit den Feinden Ottos, mit den Herzögen, mit dem König von Frankreich, mit dem Erzbischof von Mainz. Jedesmal scheiterten seine Pläne, und jedesmal erließ ihm der Kaiser eine harte Strafe. Beim drittenmal verbannte er ihn nach Ingelheim. Das war im Winter 941.
Heinrich entfloh seinen Bewachern. Am frühen Morgen des Weihnachtstages war König Otto auf dem Wege zur Messe in der Frankfurter Salvatorkirche. Im Büßergewand, barhäuptig und barfuß, warf sich ihm ein Mann zu Füßen. Es war sein Bruder. Flehentlich bat er um Verzeihung...

Es wird berichtet, daß der König die Arme öffnete und den Reuigen an seine Brust zog. Es war eine noble und kluge Geste. Erkannte er, daß der Bruder endlich sich selbst überwunden hatte? Wir wissen, daß von dieser Stunde an Heinrich ihm treu ergeben war.

Diese Szene war schon immer ein Lichtblick für die Frankfurter Historiker. Denn sie haben aus dem 10. und 11. Jahrhundert nicht viel Wichtiges über Frankfurt zu berichten. Es sind magere Kapitel in ihren Geschichtsbüchern.

Das ändert sich, als 1138 das schwäbische Fürstengeschlecht der Hohenstaufen auf den Thron kommt. Ähnlich wie unter den Karolingern erlebt Frankfurt jetzt wieder eine glänzende Epoche!

Die Hohenstaufen bauen eine neue Kaiserpfalz in Frankfurt, und zwar, wie erwähnt, am Main, dort, wo heute der Saalhof steht. Von dieser Pfalz sind, wie wir sehen werden, noch Reste erhalten geblieben.

Der Erbauer der ersten Frankfurter Kaiserpfalz war – höchstwahrscheinlich – Karl der Große. Der Bauherr der zweiten Kaiserpfalz trug einen kaum minder glänzenden und populären Namen: Friedrich I., wegen seines rötlichen Bartes Barbarossa genannt! Auch hier wollen wir hinzusetzen: höchstwahrscheinlich war er der Bauherr (vielleicht war es aber auch schon sein Vorgänger, Konrad III., gewesen).

Ein höchst wichtiges Datum: 1152 wurde Friedrich Barbarossa in Frankfurt zum deutschen Kaiser gewählt. Er war der erste von vielen deutschen Kaisern, die in unserer Stadt ihre Wahl erlebten.

Damit begann, was durch sechseinhalb Jahrhunderte Frankfurts Ruhm begründen sollte – die Wahlstadt, später auch der Krönungsort der deutschen Kaiser zu sein. (Damit wir es uns nicht mit den Historikern verderben: Einige Jahre vorher, 1147, hatte bereits Konrad III., bevor er zum Kreuzzug aufbrach, durch die Fürsten seinen Sohn Heinrich in Frankfurt zum Nachfolger wählen lassen. Aber wir können ruhig bei Friedrich Barbarossa als dem ersten bleiben. Denn der junge Heinrich wurde niemals König, er starb vor seinem Vater.)

Merken wir uns dieses Jahr: 1152!

Was mag die Pfalz am Main damals alles gesehen haben! Von 1140 bis 1250 fanden hier allein 21 Reichstage statt und bis 1300 acht Königswahlen. Das waren Zusammenkünfte mit allem Glanz und aller Macht. Bei einer der Königswahlen erschien der Erzbischof von Trier mit 1800 Rittern und Vasallen. Bei dem Reichstag von 1147 brachte einer seiner Vorgänger 40 große Wohnschiffe mit für seine Grafen, Ritter und Geistlichen sowie zahllose Flöße für das Gefolge.
Und noch ein Ereignis ist immer wieder geschildert, besungen, gemalt worden: 1147 rief der berühmte Abt Bernhard von Clairvaux in Frankfurt zum (zweiten) Kreuzzug auf. Ein Reichstag hatte gleichzeitig über den Landfrieden zu beschließen; denn wenn man zum Zug ins Heilige Land aufbrach, dann mußte im Reiche Frieden herrschen.
Der heilige Bernhard muß mit großer Macht gepredigt haben. Kaiser Konrad III. nahm ihn, so wird berichtet, auf seine Arme und trug ihn aus der Salvatorkirche ins Freie, um ihn vor dem Gedränge und der Zustimmung zu schützen. Der Kaiser trug den Abt – und er folgte ihm mit 70000 Rittern auf dem Zuge nach Konstantinopel. Aber das gewaltige Unternehmen scheiterte am Streit der Verbündeten und am Nachschub...

Das staufische Frankfurt!
Aus dieser Zeit der Staufer und ihrer unmittelbaren Nachfolger, also aus dem 12. und 13. Jahrhundert, stammen die ältesten Stein- und Baudenkmäler, die Frankfurt heute besitzt. Wie durch ein Wunder überstanden sie die Zerstörung der Stadt im letzten Kriege – ja, so kurios es klingen mag, es sind sogar noch mehr geworden...

Der Orkan, den man verschwieg

Zu den Dingen, die man nach 1933 verschwieg, gehört auch ein Orkan. Er überfiel Frankfurt am 13. Juli 1941. Wer ihn erlebt hat, wird ihn kaum vergessen haben. Er gehört zur Geschichte Frankfurts wie der Orkan, der Anno 1561 den Galgen umwarf.

Es war ein Sonntagnachmittag. Das Unwetter kam so rasch, daß es selbst den Wetterdienst überrumpelte. Das Thermometer sank um 15 Grad, die Regenfluten flogen waagerecht, und den meisten ging es wie Richard Kirn: „Ich hörte zum ersten Mal die Luft brüllen!" Am Flughafen maß man eine Windstärke von 125 Stundenkilometern. Wo anders war's noch schlimmer, nur hat man dort den Wind nicht gemessen. Wer draußen war, wurde hinweggefegt. Viele Leute saßen auf ihren Kellertreppen und warteten darauf, daß das Dach über ihren Köpfen davonfliege. Manche warteten nicht vergebens. Hilferufe kamen aus allen Stadtteilen. Nachdem das Unwetter gegen Aschaffenburg abgezogen war, wo es rasch ein Säuseln wurde, gingen die Bürger zuerst ans Ausschöpfen ihrer Wohnungen und dann in der wunderbar kühlen Abendluft spazieren. Sie besahen sich die Anlagen, die aussahen, als habe in ihnen ein Artillerieduell getobt, die umgelegten Fabrikschornsteine, die abgedeckten Dächer, die gestrandeten Mainschiffe und die zerstörten Badeanstalten.

Am nächsten Tag schauten sie vergeblich in ihre Zeitung. Ein paar kurze Zeilen. Das war alles! Wetterberichte waren verboten. So erfuhr man auch erst nach und nach, daß der Orkan ein Sechstel des ganzen Stadtwaldes umgefegt hatte. Und erst nach dem Kriege durften die Meteorologen berichten, daß sich an diesem Sonntagnachmittag bei Frankfurt ein örtliches Hitzegewitter und eine gleichzeitig von Frankreich heranziehende Gewitterfront zu dem Orkan vereinigt hatten.

DAS IST DAS ÄLTESTE FRANKFURT!

Lieber Leser, Sie haben Besuch bekommen.

Sie zeigen ihm das neue Frankfurt und das, was vom alten noch geblieben ist, den Dom, die Kirchen, den Römer (mit dem steckengebliebenen und leider bis jetzt mißglückten Wiederaufbau des Römerberges, einst genannt die »Gute Stube des Deutschen Reiches«), den Eschenheimer Turm, das Goethehaus (man hat längst erkannt, wie richtig es war, es wieder aufzubauen), die Warttürme, das alte Sachsenhausen...

Zeigen Sie ihm dann auch das älteste Frankfurt!

Es ist nur wenig. Wir können es an den Fingern einer Hand aufzählen. Aber, wir sagten es schon, dieses Wenige hat nicht nur alle Zerstörungen überlebt, es hat sich sogar noch vermehrt. Hier können Sie sagen:

»Mein Lieber, das da stammt noch aus der Zeit, als es Minnesänger gab und Kolumbus noch lange nicht geboren war! Das hat die Kreuzzüge, die Bauernkriege, den Dreißigjährigen und den Siebenjährigen Krieg überstanden, den Napoleon, den ersten Weltkrieg und die Bombennächte des zweiten, alle Stadtbrände, allen Verfall und alle Baumeister!«

Dieses älteste Frankfurt gehört teils dem romanischen Baustil an (vor 1250, Rundbogen, mächtige Mauern, wuchtige Pfeiler, oft nur kleine, hoch oben angebrachte Fenster, türmereich, quadratisch, schlicht und voll ernster, feierlicher Stimmung), teils der Frühgotik (nach 1250, der Übergangsstil von der Romanik zur Gotik mit ihren Spitzbögen, vielen großen Fenstern, weiten, hohen Gewölben, schlanken Strebepfeilern, reichem Maßwerk, Figuren und Ornamenten, hell, kühn, himmelragend. Zu den großen Bauten der späteren Gotik gehört auch unser Domturm).

Das ist das älteste Frankfurt:

1. Die Saalhofkapelle. Für jene, die nicht wissen, wo sie liegt: Den Rententurm am Main kennen Sie. Dahinter erstrecken sich einige neuere Gebäude, die man den Saalhof zu nennen pflegt. Man sieht ihnen nicht an, daß sie sich auf einem der wichtigsten historischen Plätze Frankfurts erheben.

Das Gebäude hinter dem Rententurm (der aus dem Jahre 1445 stammt) ist der sogenannte Bernusbau von 1717; das anschließende Gebäude, der Burnitzbau, wurde 1840 errichtet. Und der handschuhschmale romanische Bau, der auf den Burnitzbau folgt – das ist die berühmte Saalhofkapelle. Sie ist nicht viel mehr als ein paar Meter breit.
Die Kapelle ist wahrscheinlich um 1200 entstanden, vielleicht etwas früher. Was wir unmittelbar vor uns sehen, ist bereits der erste Stock. Um so viel ist das Ufer Frankfurts im Laufe der Jahrhunderte gewachsen und aufgeschüttet worden. Die Kapelle ist heute ein Teil des Historischen Museums, das im Saalhof einschließlich Rententurm seine neue Heimat gefunden hat. Es ist also zu hoffen, daß die Kapelle früher oder später endlich einen ihrer würdigen Rahmen erhalten wird.
Diese Saalhofkapelle ist, zusammen mit einigen hinter ihr liegenden verfallenen Mauern das, was von der Kaiserpfalz der Hohenstaufen erhalten geblieben ist. Hier war einst der Mittelpunkt des staufischen Frankfurts vor 800 Jahren. Hier residierte Friedrich Barbarossa. Hier, lieber Leser, stehen Sie mit Ihrem Besuch vor einer der wichtigsten Stätten der ganzen Frankfurter Geschichte und vielleicht vor seinen ältesten Bauresten.
Von den Hohenstaufen weiß man, daß sie nicht nur mächtig und ernst, sondern auch hell gebaut haben. So müssen wir uns wahrscheinlich auch die Pfalz am Main vorstellen. Man sprach nicht umsonst von einem »Saal des Reiches«. Der Name blieb der Stelle erhalten.
2. Die Staufenmauer an der Fahrgasse. Wir haben von ihr bereits berichtet. Wir haben erzählt, wie sie, fast kaum beachtet, als Brand- und Hofmauer der Häuser zwischen der Börnestraße und der Fahrgasse gedient hatte und wie sie nach den Bombennächten vom März 1944 plötzlich unversehrt und aufrecht zwischen den Ruinen erschien. Nach dem großen Judenbrand 1711 war sie wieder aufgebaut worden. Aber wenn es irgendwo im alten Frankfurt *über* der Erde Steine gibt, die noch älter sind als die staufischen Bestandteile der Saalhofkapelle, dann müssen sie im Sockel dieses Restes der Staufenmauer von 1150 stecken!
3. Spazieren wir von der Saalhofkapelle 200 Schritte mainabwärts. Wir stehen vor der Leonhardskirche. Die beiden Türme, die kaum über das hohe Kirchendach

hinwegblicken, sind romanisch und gehören zum ältesten Frankfurt. Die Kirche selbst ist im Laufe der Zeit erneuert und umgebaut worden. Frankfurts Bürger errichteten sie 1220 auf einem Grundstück, das ihnen der junge Hohenstaufenkaiser Friedrich II. geschenkt hatte.

Hier war königlicher Boden! 400 Jahre vorher, zur Zeit Karls des Großen, soll hier der königliche Meierhof gestanden haben, den wir bereits mehrfach erwähnten.

4. Wir gehen in die Kirche hinein. In der alten Nordwand, vor dem Hauptschiff, sind zwei Portale der ersten Leonhardskirche erhalten geblieben. Sie sind meisterhafte romanische Kirchenkunst. Sie müssen über 700 Jahre alt sein. Die Portale erscheinen nicht sehr hoch. Aber das täuscht, denn auch hier wurde der Boden der Kirche zum Schutze gegen Überschwemmungen aufgeschüttet.

In dem Bogen über der einen Tür sitzt Jesus, neben ihm stehen Maria, Johannes, Petrus und der heilige Georg. Die Figur in der Mitte des anderen Bogens ist der damals viel verehrte heilige Jakobus. Wallfahrer verneigen sich tief vor ihm. Der Künstler hat seinen Namen in den Stein gemeißelt (was damals überaus selten gewesen sein soll): Engelbertus.

5. Zum Dom! 1952 wurde beim Wiederaufbau des Domes die alte Orgelempore abgerissen (und die neue Orgel, eine der größten Europas, an anderer Stelle aufgebaut). Bei den Abbrucharbeiten entdeckte man drei sehr alte, frühgotische Portale. Auch sie gehören zum ältesten Frankfurt!

Wenn man den Dom betreten und die Halle des Turmes durchschritten hat, sich also im Langschiff befindet, dann findet man die Portale gleich links und rechts – links ein großes Portal, rechts das andere und eine kleinere Pforte. Sie führten einst in die beiden Türme der uralten Salvatorkirche. Hoch oben in der Leibung des einen Portales sieht man schemenhaft auf den Mauersteinen stark verblaßte Malereien, vielleicht Madonnen, vielleicht Engelsgestalten darstellend.

6. Zum ältesten Frankfurt gehört wahrscheinlich auch der Turmsockel der Nikolaikirche am Römerberg, ferner

7. der frühgotische Chor der nunmehr wiederaufgebauten Dominikanerkirche. Über ein Jahrzehnt stand er als einsame Ruine inmitten der Trümmer. Der Blick auf die Kirche mit dem Dom dahinter ist vortrefflich. Und schließlich:

8. Vor einigen Jahren entdeckte man beim Bau der neuen Häuser am Untermainkai, unweit der Neubauten der Degussa, tief in der Erde aufrecht stehend, eine alte, frühgotische Pforte. Man holte sie vorsichtig heraus und baute sie an dieser Stelle in die Ummauerung ein. Man stellte fest, daß diese Pforte einst zur Staufenmauer gehörte und den schönen Namen Frauenpförtchen trug. Den hat sie jetzt wiederbekommen.

Lieber Leser – das ist das älteste Frankfurt. Es ist vom Bombenkrieg verschont geblieben, ja, drei von diesen acht Dingen, nämlich die Staufenmauer an der Fahrgasse, die alten Domportale und das Frauenpförtchen, sind jetzt erst wieder zum Vorschein gekommen.

Auf den ersten Blick möchte man meinen, es sei eine Skizze von Wilhelm Busch. Aber das Bildchen ist über 550 Jahre alt. Ein Frankfurter Steuerschreiber zeichnete 1405 diese Patrizier, die auf dem Wege zum Tanze sind.

Ein Stück vom ältesten Frankfurt ist allerdings seit dem Kriege verschwunden – die Riederhöfe draußen an der Hanauer Landstraße. Sie waren, wenigstens in einigen Teilen, der letzte nichtkirchliche romanische Bau in Frankfurt. 1193 wurde der burgartige Hof von Kaiser Heinrich VI. dem ersten namentlich bekannten Schultheißen von Frankfurt, Wolframus, geschenkt. Vor und nach dem Kriege war der alte Hof zu einem städtischen Fuhrpark geworden. Ein Stückchen der alten Hofmauer mit einem prächtigen Tor, gekrönt von einem Wehrgang, ist erhalten geblieben. Aber es stammt schon aus dem 15. Jahrhundert (hoffentlich bleibt es uns erhalten; denn es gibt Leute, die so etwas nicht ohne den Gedanken sehen können: abreißen!).

Das älteste Frankfurt. Vergessen wir nicht die Vororte! Da ist zum Beispiel die Kirche in Preungesheim. Der untere Teil des wuchtigen Turmes ist romanisch und bestimmt sehr alt. Und neben der kleinen Orgel hat man erst 1939 die älteste Wandmalerei Frankfurts entdeckt, ein echtes romanisches Madonnenbild, das man in unserer Stadt nicht mehr vermutet hat...

Lieber Leser, aber wenn Sie das allerälteste »Frankfurt« sehen wollen, dann müssen Sie nach Höchst fahren. Seitdem es im Jahre 1928 eingemeindet wurde, gehört es ja zu Groß-Frankfurt.

Es ist die Justinuskirche am hohen Mainufer. Obwohl sie keine große Kirche ist, rühmt man sie weit und breit.

Die Anlage stammt aus der Zeit Karls des Großen, also aus dem 9. Jahrhundert; der Aufbau wurde gegen 1100 beendet. Die Säulen sind karolingisch. Der niedrigere Westteil der Kirche, mit den Bänken für die Gläubigen, ist frühromanisch; der hohe Chor, auf den sie blicken, spätgotisch.

Hier sollte man sich ein Weilchen niederlassen. Hier spürt man ein versunkenes Jahrtausend. Hier weht's einen an...

Und wenn Sie schon in Höchst sind, allein oder mit Ihrem Besuch, dann verweilen Sie dort noch ein wenig. Es steht dafür! Höchst blieb verschont – und es hat entzückende alte Straßen, Gemäuer und Eckchen. So manchen überwältigt dort der Gedanke: Wie arm an solchen unwägbaren Werten ist doch das wohlsituierte Frankfurt geworden! Und wie reich ist es einmal gewesen!

Eine Eisscholle war sein Federbett ...

Was der Main doch alles schon erlebt hat! Da lesen wir in alten Zeitungen von Ende Februar 1861:

Am 20. d. Nachmittags ist in Frankfurt der Gesundheitsapostel E. Mahner unter dem Zusammenlauf einer ungeheuren Menschenmasse im Kostüm eines Rheingottes, lediglich mit einer Badhose versehen, auf einer Eisscholle, die auf einem Floß ruhte, den Main hinabgeschwommen. Nachdem er auf der Scholle ein Hoch auf die Stadt ausgebracht, Kraftstellen aus seiner Urgesundheitslehre gelesen, gegen die Verweichlichung durch Federbetten aufgerufen und einen Becher Wein getrunken, sprang er in den Main, schwamm etwa 100 bis 150 Schritte weit unter der Brücke durch und entstieg dann wieder den kalten Wellen, die seinen Körper krebsrot gefärbt hatten.

Wenn der Frankfurter ironisch wird

Was kann man von Mensche erwarte, bei dene Krebbele — Pfannkuchen sinn!

Wann de mit dem Gesicht in de Maa guckst, da krepiern de Fisch!

Gehn'se mit Gott, un komm' se unner kaan Schubkarrn!

Verlaß sich aans uff Freund — es sin Mensche!

DIE GASTRONOMIE HAT IHRE GEHEIMNISSE

Wieder einmal Pause!

In den beiden nächsten Kapiteln soll weder von den alten Bauten noch von den Hohenstaufen, sondern von der Frankfurter Gastronomie berichtet werden.

Wir wollen vom Essen reden, gemäß der alten Volksweisheit: »Der Mensch hat en Maache. Und dess net umsonst!« Oder wir könnten auch die tiefe Weisheit als Motto darüber setzen, die einmal Friedrich Stoltze verkündete: »Was Gutes, dess is iwwerhauwt viel besser als was Schlechtes!«

Die Frankfurter Gastronomie! Sie war allezeit berühmt. Aber sie hat es in sich. Sie hat ihre Geheimnisse. Ihre hintergründigen Geheimnisse.

Zunächst: Die Frankfurter Herrschaftsköchinnen! Sie müssen steinalt geworden sein.

Vor mir liegen zwei vergilbte Kochbücher. Das eine ist das berühmte Kochbuch der Wilhelmine Schlienbecker. 1877 erschien es, eine Buchhandlung am Dom hat es verlegt. Unter dem Titel steht klein gedruckt: »Nach fünfzigjähriger Wirksamkeit der Verfasserin in Frankfurt am Main.«

50 Jahre Köchin! Das sind 16500 Terrinen Suppe, 2500 Kalbsnierenbraten, eine Viertelmillion Butterbrote, eine dicke Spur Kartoffelsalat von Frankfurt bis Mannheim, ein mittlerer Hügel Karthäuserklöße und ein Tümpel voll Weinschaumsoße. Das sind 40 Säcke Kaffeebohnen, alle zwischen den Knien zermahlen. Das sind rund 20000 Herdfeuer!

Solche alten Damen waren in den Küchen wohlhabender Frankfurter Familien keine Seltenheit. Vom Großvater her waren sie vererbt, und wehe dem, der ihnen ins Handwerk hineinredete. Wenn sie zu alt geworden waren, den Nudelteig zu kneten, so hatten sie doch noch Kraft genug, nach dem Federkiel zu greifen und ein Kochbuch von sich zu geben, ähnlich wie ergraute Dichter plötzlich vom Bedürfnis überwältigt werden, ihre Autobiographie zu schreiben. Das habe ich alles erlebt, verkünden sie stolz. Das habe ich alles gekocht, berichten die Schlienbeckerinnen und können genauso stolz sein.

Das zweite Kochbuch ist fast ein halbes Jahrhundert älter. Es erschien im Jahre 1833. Der Titel ist altmodisch (und er zeigt, wie unsere sachliche Kürze ärmer macht). Es heißt nicht einfach Kochbuch, nein, es heißt: »Die wohl unterrichtete und sich selbst belehrende Frankfurter Köchin.«

Seine Verfasserin ist die Josepha Lorey. Unter ihrem Namen auf dem Titelblatt steht auch ein kleingedruckter Satz: »Seit 54 Jahren Köchin in Frankfurt a. M.«. Jetzt reicht der Kartoffelsalat beinahe bis Speyer. Ein Alterswerk, wenn es jemals eines gegeben hat. Liebe Josepha, wir dürfen nachträglich noch respektvoll den Hut ziehen!

Es ist schon interessant, in solchen alten Kochbüchern zu blättern. Vieles war natürlich damals schon so wie heute oder ist heute noch so wie damals. Aber die Zeiten haben sich doch geändert.

Damals gab es offenbar eine Sauerampferära. Bei der Lorey findet man Sauerampfer in allen Arten, als Suppe, als Püree, als Soße, mit Fricandeau, mit verlorenen Eiern, mit gekochtem Rindfleisch. Auch die Schlienbecker kennt fast 50 Jahre später noch den Sauerampfer. Auf Seite 169 empfiehlt sie, den Vorrat an Sauerampfer für den Winter entweder in Dosen einzulöten oder in steinernen Töpfen einzumachen.

Das Buch der Lorey riecht auf jeder Seite nach Biedermeier. So beschreibt sie zum

Zu einer dramatischen Szene kam es am Weihnachtsmorgen des Jahres 941 n. Chr. vor der Frankfurter Salvatorkirche, der Vorläuferin unseres Domes: Kaiser Otto der Große verzieh seinem rebellischen Bruder Heinrich. Das Bild wurde von Alfred Rethel gemalt. Die Leonhardskirche im Hintergrund entstand allerdings erst rund 300 Jahre später. ▷

Die Leonhardskirche gehört zu den interessantesten Kirchen Frankfurts. Sie ist eine Stätte weit zurückreichender Erinnerungen. Die kurzen romanischen Türme gehören zum ältesten Frankfurt. Die prächtige Zeichnung von L. Lange zeigt die Kirche um die Mitte des 19. Jahrhunderts. Links im Bild durchpflügt eines der frühen Dampfboote die Fluten des Mains.

Auch Frankfurts Vororte haben ihre Schätze. Überraschend entdeckte man 1939 bei Verputzarbeiten an der Ostwand der alten Kirche in Preungesheim ein zartes romanisches Madonnenbild. Es muß über 700 Jahre alt sein; es ist damit die älteste Wandmalerei in Frankfurt.

Im Innern der Saalhofkapelle am Main. Sie ist das letzte vollständige Bauwerk, das von der Kaiserpfalz der Hohenstaufen durch nahezu 800 Jahre erhalten blieb. Ein ehrwürdiges Denkmal Frankfurter Geschichte.

Die Mauer, die wiederkam. Um 1150 n. Chr. umzogen die Frankfurter ihre Stadt, in der die Hohenstaufenkaiser residierten, mit einer hohen Mauer. Nur Kenner wußten noch, daß ein Stück dieser Mauer, wenn auch nach dem großen Judenbrand von 1711 zum Teil wieder aufgebaut, erhalten geblieben war, und zwar als Brandmauer und in den Höfen zwischen Fahrgasse und Börnestraße. In den Bombennächten von 1944 versanken die Häuser ringsum – und die Mauer mit ihren 15 Blendbögen erschien unversehrt zwischen den Ruinen, nunmehr für alle sichtbar...

Beispiel eine Crème royale; sie besteht aus ganzen Rosen samt ihren Knospen, Rahm, Zucker und feingestoßenen Hühnermagenhäuten. Und ihr süßes Gelee aus Brunnenkresse muß herrlich grün ausgesehen haben!

Arbeit haben sie sich schon gemacht, die alten Damen! Bei der Schlienbecker entdeckten wir dafür ein Beispiel, das wir zweimal lesen mußten. Das war 1877. Es handelt sich um das Einmachen von Johannisbeeren. Die Schlienbecker beginnt das Rezept mit den Worten: »Zu diesem Zweck müssen die Johannisbeeren mit Stecknadeln ausgekernt werden. Man muß sich eben mit Geduld und Zeit versehen...«

Meine lieben Herrschaften! Johannisbeeren mit Stecknadeln auskernen! Also dann wirklich schon lieber Stachelbeeren mit dem Elektroapparat rasieren...

Und nun stoßen wir auf das erste kulinarische Geheimnis! Es betrifft Frankfurts Nationalgericht, die Grüne Soße. Da lebt man die ganze Zeit über in der Vorstellung, daß schon Karl der Große in seiner Frankfurter Pfalz Rindfleisch mit Grüner Soße gegessen habe und daß sie von den Troubadouren des Mittelalters besungen worden sei.

Aber weit gefehlt! Wir haben die »wohlunterrichtete und sich selbst belehrende Frankfurter Köchin« um- und umgeblättert und kein Wort von Grüner Soße gefunden. Auf Seite 186 entdeckten wir eine armselige Petersiliensauce. Das kann

Ein Meisterwerk alter Kirchenkunst! Es ist eines der beiden romanischen Portale in der Leonhardskirche (nach einer frühen Fotografie). Die Portale überstanden alle Kriege und ◁ alle Katastrophen; sie gehören zum ältesten Frankfurt.

sie doch nicht gewesen sein. Jetzt wird es also sogar im höchsten Maße fraglich, ob – wenn schon nicht Karl der Große – so doch wenigstens Napoleon, als er 1813 auf dem Rückzug von Leipzig in Frankfurt war, Grüne Soße gegessen hat.

Die Schlienbecker nennt zwar in ihrem Kochbuch (1877) eine Grüne Sauce (oder Kalte Kräutersauce). Aber die bestand, nebst Eigelb, Senf, Öl, Pfeffer und Salz, aus zwei armseligen Kräuterchen, Dragant und Petersilie. Wo war damals dieses berühmte Gemisch von mindestens siebenerlei Kräutern: Kerbel, Sauerampfer, Pimpernelle, Schnittlauch, Petersilie, Borretsch und Gartenkresse? Gab es das nicht? Oder unterschlugen es nur die Frankfurter Köchinnen? War es ein Geheimrezept? So wie einst die Frankfurter Metzger ängstlich die Herstellung des Schwartenmagens hüteten?

Seltsam! Dabei wissen wir doch von Frankfurter Patrizierfrauen, wie der Frau Rat Schlosser oder der weitgereisten Frau Belli-Gontard, daß sie schon vor hundert und mehr Jahren ihren Gästen eine echte »Grie Soß« vorsetzten! Ein so berühmter Koch wie Herr Schünemann, erster Küchenchef im Hotel »Zum weißen Schwan«, in dem der Frieden mit Frankreich geschlossen wurde, nennt um 1870 in seinem weitverbreiteten »Frankfurter Kochbuch« nur eine »Grüne Ölsauce« aus vier Kräutern. Es ist ein schwacher Trost, daß also wenigstens Bismarck so etwas wie eine halbe Frankfurter Grüne Soße gegessen haben wird.

Die Schweigsamkeit der alten Kochbücher über das Frankfurter Nationalgericht bleibt mysteriös.
Keines von ihnen vergißt dafür ein anderes Frankfurter Hausmannsgericht: Linsensuppe mit Bratwurst.
Diese Linsensuppe mit Bratwurst! Sie lehrt, wie sich die Zeiten wandeln, und sie führt uns mitten hinein in ein anderes Geheimnis der Frankfurter Gastronomie. Wenn es ein Gericht gab, das alle Stände Frankfurts vereinte, so Linsensuppe mit Bratwurst. Ganz Frankfurt aß sie am Samstag. Es ist erst einige Jahrzehnte her. Die Älteren werden sich noch daran erinnern. Einer unter ihnen, der 70jährige Professor August Mahr an der Universität Ohio, beschrieb einmal den Küchenzettel seiner Kinderzeit, und da heißt es: Das unvermeidliche Frankfurter Samstagessen war »Linsesupp (mit em Drobbe Essich drin!) mit Bratwörscht und Ebbelbrei«.
Damals konnte sich bestimmt kein Frankfurter vorstellen, daß die Linsensuppe jemals vom Samstagtisch verschwinden werde. Sie schien für die Ewigkeit eingerichtet zu sein. Nun, wir wissen, was aus dieser sauren Wochenendkönigin geworden ist. Die Hülsenfrüchte dankten ab.

Ich glaube, daß außerdem ein anderes Essen die Machtstellung der Linsensuppe am Samstag zumindest unterminiert hat. Das war der Quetschenkuchen mit Kaffee. Was die Grüne Soße mit hartgekochten Eiern im Frühjahr tat, das besorgte der Quetschenkuchen im Herbst – er durchbrach dieses eherne Gebot von Supp', Gemüs' und Fleisch, das die Frankfurter Küche beherrschte.

Ein Wort noch zum Quetschenkuchen: Sollten Sie ein eingeplackter, zugereister und neuer Bürger sein, lieber Leser, und womöglich aus einer Gegend stammen, wo alles Pflaume ist, was eben Pflaume ist, so seien Sie gewarnt, diese Ansicht in Frankfurt zu vertreten. Man wird sie entschieden darüber aufklären, daß die frühe rundliche, wäßrige und saure Pflaume etwas ganz, ganz anderes sei als die spätere längliche, saftige und süße Zwetschge.

Auch ihr schüchterner Hinweis wird Ihnen gar nichts nützen, daß der Frankfurter, wenn er die besagten Pflaumen auf seinen Hefeteig tut, trotzdem immer nur von Quetschenkuchen spricht. Was der Frankfurter als Kuchen ißt, das ist immer Quetsche, auch wenn's die geschmähte Pflaume sein sollte.

Das gehört gleichfalls zu den Geheimnissen der Frankfurter Küche.

WAS IST FRANKFURTER BRATWURST?

Auch die Frankfurter Bratwurst birgt ein Geheimnis. Der normale Sterbliche kann es überhaupt nicht klären. Nur ausgesprochene Wursthistoriker finden sich hier noch durch. Die Verwirrung ist groß.

Es steht nämlich fest, daß das, was wir heute Frankfurter Würstchen nennen und was seit langem Weltruhm erworben hat, noch fast bis ins 20. Jahrhundert hinein Frankfurter Bratwurst hieß! Dabei ist das Rezept seit langem das gleiche: Zartestes Schweinefleisch aufs feinste zerkleinert und sorgsam gewürzt in zarteste Wursthäute getan und stundenlang kalt geräuchert.

Warum also Frankfurter Bratwurst? Wir fragten die Wursthistoriker. Danach war in zurückliegenden Zeiten das Füllsel um vieles gröber, und man hat die Würste damals tatsächlich gebraten. Als sie schon längst echte Frankfurter Würstchen geworden waren, nannte man sie in Frankfurt immer noch Bratwurst. Weil so ein Name eben seine Schwungkraft hat!

Das muß man wissen, wenn man zum Beispiel erfährt, daß der Journalist Beurmann 1835 bei seinem Aufenthalt in Frankfurt feststellte, die Frankfurter Bratwurst sei so berühmt wie Goethe. Das dürften wahrscheinlich schon die Frankfurter Würstchen gewesen sein. Oder wenn man liest, daß der Krönungsochse auf dem Römerberg bis obenhin mit Bratwürsten gefüllt wurde. Wir meinen – das waren wirklich Bratwürste!

Oder wenn man auf das entzückende Gedicht stößt, das Friedrich Stoltze über eine Begebenheit im Frankfurter Bürgerverein verfaßte. Es war 1856, als man dort verbot, außerhalb des Speisesaals zu essen. Nur Bratwürste waren erlaubt. Aber:

So e Bratworscht muß indesse
Jeder ohne Gawel esse;
Nor die rechte Hand und linke
Sin als Gawle mit finf Zinke
noch gestatt – und des is gut,
Weil sich kaans da steche duht.

Wie das beim seriösen Bürgerverein aussah, schildert Stoltze in mehreren Strophen. Wir müssen uns mit zweien begnügen:

Und die Parrer und Soldate,
Medeziner, Advokate,
Owerlehrer und Professer,
Stadtamtmänner und Assesser,
Un der ganze Hannelsstand
Frißt sei Wörschtche aus der Hand.

Un die Ratsherrn un die Richter,
Un die Maler un die Dichter,
Komponiste, Schornaliste,
Apedheker und Drogiste,
Und Student und Komedjant
Frißt sei Wörschtche aus der Hand.

Und so schließt das Stimmungsbild:

Un sie dhun euch Biß! Schwerhacke!
und deß spritzt und dhut euch knacke!
Un die Worscht werrd immer klaaner,
un es jammert mehr wie aaner:
Ach, was mecht mer sich so fett!
Wann ich nor e Gawel hätt!

Waren das nun Bratwürste oder Frankfurter Würstchen? Historiker an die Front!

Noch etwas Wichtiges weiß man über die Frankfurter Würste:
Zur Zeit Napoleons wurden viele Truppen mit diesen Würsten, die sich gut hielten, versorgt. Napoleon selbst hat das wuchtige Wort gesprochen: »Die Armee

marschiert mit dem Magen!« Die Frankfurter konnten es ergänzen: Die Armee marschiert mit Frankfurter Würstchen!

Etwas Weihnachtliches: Die Bethmännchen.

Man weiß: Diese gebackenen kugelrunden Marzipanhäufchen mit den aufgesetzten Mandeln sind eine ausgesprochene Frankfurter Spezialität. Und ein guter Exportartikel.

Ihr Geheimnis ist ihr Name. Bethmännchen mit th, das läßt auf die alte Frankfurter Familie Bethmann schließen. Und so wird's auch gedeutet. Um 1840 soll die Süßigkeit erstmals bei den Teegesellschaften der Bethmanns herumgereicht worden sein. Die Konditoren übernahmen sie.

Die Bethmännchen hatten, so erzählt man, zuerst vier Mandeln nach den vier Söhnen des jüngeren Moritz von Bethmann (sein Vater Simon Moritz von Bethmann war ein um Frankfurt hochverdienter Mann). Als einer der Söhne starb, verzierte man auch die Bethmännchen nur noch mit drei Mandeln. Bis zum heutigen Tage.

Eine hübsche Geschichte. Vielleicht stimmt sie sogar.

Aber es ist so eine Sache mit Namen. Was dann, wenn eine andere Deutung richtig ist und das Marzipankonfekt in Wirklichkeit Betmännchen heißt? Ohne h! Was dann, wenn man es deshalb so nannte, weil die halben Mandeln an gefaltete Händchen erinnern? Den Frankfurtern ist allemal ein so treffender Vergleich eingefallen!

Dann hätten die Betmännchen gar nichts mit den Bethmännern zu tun. Sie könnten auch um vieles älter sein. Vielleicht gibt es frühe, vergessene Weihnachtsberichte, die von Betmännchen auf den Tellern unter dem Tannenbaum erzählen. Man sollte einmal nachforschen.

Oder vielmehr – man sollte nicht nachforschen! Betmännchen oder Bethmännchen? Möge es ungeklärt bleiben! Die Sache, die gemeint wird, ist vorzüglich. Und es ist durchaus ein Pluspunkt, daß für einen solchen liebenswürdigen und ausgefallenen Namen, der nur Frankfurt angehört, gleich zwei einleuchtende Erklärungen da sind...

Um noch die größeren Brüder der Bet(h)männchen wenigstens zu erwähnen: Die Brenten. Marzipankuchen sorgsam in Holzformen, Modeln genannt, gebacken. In früheren Jahren sollen sie eine Größe bis zu zwei Metern gehabt haben! Die alten Formen haben inzwischen Museumswert erreicht. Ein ausgesprochenes Frankfurter Patriziergebäck für die Weihnachtszeit! Man weiß, wie gern sich Goethe von seiner Mutter damit beschenken ließ. Zur echten Volkstümlichkeit war es allerdings nie billig genug. Und es fehlte ihm wohl auch der eingängige Name. Hier schwieg die soeben gelobte Phantasie der Frankfurter.
Der dritte im Bunde war die Quittenpaste und Quittenwurst. Ohne sie war einst kein Weihnachten für den Frankfurter. Jetzt ißt man sie nur noch hie und da. Schon mahnt sie an die Vergänglichkeit aller Dinge.

Die Dinge kommen und gehen vor unseren Augen. Wir merken es meistens erst später. Nehmt nur die Brezelmänner! Auch sie gehören eigentlich zu den Geheimnissen der Frankfurter Gastronomie – daß es sie nämlich überhaupt noch gibt. Sie erscheinen mir wie Überlebende aus einer versunkenen Welt (auch die Schornsteinfeger gehören hierher).
Früher verkauften Buben die Brezel, und das Gewerbe vererbte sich. Einmal kam ein solcher Brezelbub in eine Gastwirtschaft und fragte den Wirt: »War mein Vadder schon da?« Der Wirt: »Wer is dann dein Vadder?« Der Junge: »Mei Vadder is aach en Brezelbub!«
Heute sind es meistens betagte Herren. Und man darf bezweifeln, ob sich die Erben nach den Brezelkörben drängen. So erhebt sich die Frage: Sind es die Letzten ihres Stammes?
Wir wissen es nicht. Und wir wünschen es auch nicht. Im Gegenteil! Aber vielleicht geht vor unseren Augen ein weiteres Kapitel Altes Frankfurt zu Ende. Wir drehen uns zweimal um – und die Brezelmänner sind nur noch eine historische Erinnerung. Wie die Quittenwürste. Oder die Herrschaftsköchinnen und der Sauerampfer. Oder die Linsensuppe...

So ist es eben. Die Zeit hat keine Zeit.

FRANKFURTS WICHTIGSTES DOKUMENT

Zurück zur Frankfurter Geschichte!

Vor etlichen Jahren reiste ein vornehmer Engländer nach Frankfurt und begehrte, eine in der ganzen Welt bekannte Sehenswürdigkeit der Stadt zu sehen – »der goldene Bull«, wie er sagte.

Man war bereit, seinen Wunsch zu erfüllen. In einer kleinen Zeremonie legte man dem Neugierigen im Römer vor, was ihn zu der Reise nach Frankfurt bewogen hatte. Er starrte es einen Augenblick an, dann wandte er sich enttäuscht ab und erklärte: »Das ist doch kein goldener Bull! Das ist ein beschriebenes Pergament! Wo ist der Bull?«

Was er zu sehen erwartet hatte, war ein sehr großer »goldener Ochse« gewesen. Was er zu sehen bekam, war eine mittelalterliche Urkunde – 43 mit lateinischem Text beschriebene Pergamentblätter im Quartformat.

Der Irrtum wurde rasch aufgeklärt. Eine »bulla« ist allerdings etwas anderes als ein englischer »bull«. »Bulla«, so nannte man die große goldene Kapsel, in der das Siegel des Kaisers lag. Nach einem solchen kaiserlichen Siegel hieß das Dokument die Goldene Bulle. Und so heißt es unverändert nach 600 Jahren.

Wir nehmen an, daß man mit ein paar Worten die Neugierde des Engländers, etwas Besonderes zu sehen, doch noch befriedigt hat. Denn was vor ihm lag und ihn zunächst enttäuschte, das war und ist tatsächlich etwas Einmaliges (und darum erhoben die Frankfurter in früheren Zeiten für die Besichtigung einen Gulden pro Person!)

Die Goldene Bulle ist das einzige Grundgesetz des Römischen Reiches Deutscher Nation. Es regelte durch fast ein halbes Jahrtausend die Wahl der deutschen Kaiser. Genauer – für 450 Jahre. Das sind die Jahreszahlen:

Die Goldene Bulle stammt aus dem Jahre 1356. Der Kaiser, der sie erließ, war Karl IV. Der letzte Kaiser, der nach ihren Regeln gewählt wurde, war Franz II. Das war im Jahre 1792. Im Jahre 1806 (also 450 Jahre nach Erlaß der Goldenen Bulle) legte er unter den Schlägen Napoleons die Kaiserkrone nieder.

Es war das Ende des Heiligen Römischen Reiches Deutscher Nation. Fast ein Jahrtausend hatte es bestanden. Es war als eine Fortsetzung des römischen Weltreiches gedacht gewesen. Darum nannte man es »römisch«. Es war lange Zeit eng mit der Kirche in Rom verbunden. Darum nannte man es »heilig«. Und der deutsche Kaiser war sein Herr. Darum war es ein Reich »deutscher Nation«.
Aus dem »heilig« wurde sehr bald ein unendlich erbitterter, jahrhundertelanger das Abendland mit sich reißender Kampf zwischen Kaiser und Papst um die Weltmacht. Die Goldene Bulle ist einer der großen Schlußstriche unter diesen ungeheuerlichen Streit.
Sie machte dem Einfluß des Papstes auf die Wahl des deutschen Herrschers ein Ende. Sie bestimmte, daß der Kaiser bei seiner Wahl nicht mehr der Zustimmung durch den Papst bedurfte. Erbittert hatten weltliche und geistliche Macht vorher miteinander gerungen – Kaiser und Papst – um dieses Recht, den anderen einzusetzen und auch wieder abzusetzen. Nun hatten sie sich endgültig voneinander geschieden.
Die Goldene Bulle ist Frankfurts weitaus wichtigstes Dokument. Es wird heute in unserem Stadtarchiv sorgsam aufbewahrt. Es gibt in der Geschichte Frankfurts nichts, was sich an Bedeutung damit vergleichen läßt. Die Goldene Bulle bestimmte, daß Frankfurt »für alle Zeiten« die Stadt sein solle, in der die deutschen Kaiser gewählt wurden. (Der Ordnung halber: Frankfurts Goldene Bulle ist nicht das Original, sondern eine von Karl IV. autorisierte Abschrift.)
Wir erinnern uns:
Deutsche Herrscherwahlen hatte es schon vorher immer wieder in Frankfurt gegeben. Die stolze Reihe begann mit einer glanzvollen und populären Persönlichkeit, mit Kaiser Friedrich I. Barbarossa. Das war 1152 gewesen.
Mit der Goldenen Bulle wurde Frankfurt nun endgültig die Wahlstadt der deutschen Herrscher. Sieben Kurfürsten, drei geistliche und vier weltliche, hatten ihn zu wählen. Als Wahlort wurde der Frankfurter Bartholomäusdom genannt.

Es erhebt sich sogleich die Frage: Wie viele deutsche Kaiser wurden nun eigentlich in Frankfurt gewählt?

Die Zahlen für die Zeit *vor* der Goldenen Bulle schwanken. Aber die Historiker haben es hier wirklich nicht einfach, zum Beispiel bei der kniffligen Frage, ob man eine Wahl, nach der der Gewählte aus irgendwelchen Gründen niemals wirklich deutscher Kaiser geworden ist, nun zu den Frankfurter Kaiserwahlen hinzurechnen soll oder nicht. Ein Problem für sich sind auch die Doppelwahlen (1314 wurde auf dem Wahlfeld bei Frankfurt Ludwig der Bayer zum König gewählt und tags darauf in Sachsenhausen Friedrich der Schöne von Österreich), und von manchem, zum Beispiel von Albrecht I., weiß man überhaupt nicht, wo er gewählt wurde.
Immerhin:
Die Goldene Bulle wurde, wie erwähnt, 1356 von Kaiser Karl IV. erlassen. Bis zu jenem gleichfalls schon erwähnten Franz II., den Napoleon 1806 zur Abdankung zwang, in diesen 450 Jahren also, hat es insgesamt 22 deutsche Kaiser gegeben. Davon wurden 17 in Frankfurt gewählt (wen es interessiert, wer nicht in Frankfurt gewählt wurde: Ruprecht von der Pfalz, Ferdinand I., Rudolf II., Ferdinand III. und Joseph I.). Von 1871 bis 1918 gab es wieder ein deutsches Kaiserreich, aber damit hatte Frankfurt gar nichts mehr zu tun; denn es war keine Wahlmonarchie mehr, sondern eine Erbmonarchie.
Und vor der Goldenen Bulle? Seit Friedrich Barbarossa? Wieviel deutsche Herrscher wurden da in Frankfurt gewählt? Wahrscheinlich acht. Sollten wir uns verzählt haben, so wollen wir es gern berichtigen. Aber bleiben wir einmal dabei. So erhalten wir eine runde Zahl, die sich gut merken läßt – acht Wahlen vor der Goldenen Bulle, siebzehn nachher. Es war ein Viertelhundert deutscher Kaiser, die in Frankfurt gewählt wurden.

Die Kaiserwahl! Das war Frankfurts Glanz. Fügen wir gleich noch das Gloria hinzu:
1562 wurde Frankfurt die Stadt, in der die Kaiser nicht nur gewählt, sondern anschließend auch mit großer Feierlichkeit gekrönt wurden. Bis dahin war dies in Aachen geschehen. In Frankfurt begann es mit Maximilian II. Von den 13 Kaisern, die bis zum Ende des Römischen Reiches Deutscher Nation herrschten, erfuhren zehn ihre Krönung in unserer Stadt. Zehn! Auch das ist leicht zu merken!

Die deutschen Kaiser – das war Frankfurts Ruhm. Daß sie ausgerechnet diese Stadt hierfür auserwählten, hing unter anderem aufs engste damit zusammen, daß Frankfurt eine Bürgerrepublik war. Eine Freie Reichsstadt – keinem hohen Herrn untertan, keinem Fürsten, keinem Herzog, keinem Bischof. Nur dem Reich und dem Kaiser!

Die begehrte Frankfurterin

„... ka Berjersdochter hat im alte Frankfort vor dem Gedanke, ledig bleibe zu misse, gezittert, denn sie hat gewißt, daß wann sie kaa Hiesiger begehrt hat, hunnert Fremde froh warn, wann se se haamfiehrn konnte. Wer e Frankforter Mädche oder Wittib gefreit hat, is dadorch Frankforter Berjer warn. E Ehr, die er sonst mit zwaadausend Gulde bezahle mußt. E Eigeplackter is er nadierlich immer gebliwwe, awwer er war for sich und sei Nachkomme milideerfrei, un des war aach was wert. Heiratsmittler konnte in Frankfort kaa Worzel fasse. Unser Mädercher hawwe mit ihrem Zukinftige selwer aagebennelt, odder er is en dorch ihr Eltern zugefiehrt worn ...“ (Adolf Stoltze).

FREIE REICHSSTADT — WAS IST DAS?

Wir wollen dieses Kapitel mit einer kleinen Übersicht beginnen:
83 n. Chr.: Der römische Kaiser Domitian besetzt unser Gebiet.
Um 260: Ende der Römerherrschaft, unser Gebiet wird endgültig germanisch.
754: Zug des toten Bonifatius.
794: Erste Urkunde, die Frankfurt erwähnt.
794: Karl der Große beruft eine Kirchenversammlung in seine Frankfurter Pfalz.
1152: Erste Kaiserwahl in Frankfurt: Friedrich I. Barbarossa.

Lieber Leser, das sind die wenigen Jahreszahlen, die wir uns bis jetzt aus der Geschichte Frankfurts merken wollen (oder ungefähr merken wollen). Es sind nur fünf Zahlen; denn eine davon kommt zweimal vor! Es ist das ganz grobe Gerüst, das wir uns gezimmert haben.

Und nun kommt ein neuer Hammerschlag! Die sechste Zahl: 1356 – die Goldene Bulle! Frankfurts wichtigstes Dokument. Es machte die Stadt zur Wahlstadt der deutschen Herrscher...

Was der Goldenen Bulle vorausging oder ihr unmittelbar folgte, war ein sehr wichtiger Vorgang – die Wandlung Frankfurts von einer königlichen Stadt zur Freien Reichsstadt. Schier unlöslich ist der Name Frankfurt mit diesem Begriff »Freie Reichsstadt« verbunden. Auch heute noch zitiert man's gern, obwohl unsere Stadt seit 1866, dem Jahr, in dem sie eine preußische Provinzstadt wurde, keine Freie Reichsstadt mehr ist.

Lieber Leser, ich will Sie wieder zu einem kleinen Spaziergang einladen. Er führt nicht weit – zum Anfang der Zeil! Dort biegen wir rechts in die Liebfrauenstraße ein und gehen zum Liebfrauenberg. Er ist einer der ältesten und ehrwürdigsten Plätze Frankfurts, auch wenn sich inzwischen so viel auf ihm geändert hat (früher hieß er der Rossebühel, nach dem Pferdemarkt zur Messezeit).

An der Ecke Liebfrauenberg und Neue Kräme blieb – man ist versucht zu sagen: fast unbeachtet – ein Rest der Frankfurter Altstadt erhalten. Ein Barockhaus. Das ist unser Ziel.

Unten herum, mit seinen Schaufenstern und Läden, ist es 20. Jahrhundert. Aber oben hat es noch das Gepräge des 18. Jahrhunderts behalten. Es wurde 1775 erbaut.

Barock! Das war nicht eben häufig in Frankfurt. Die selbstbewußten und soliden Frankfurter Bürger hielten nicht viel von ihm (und dem Rokoko). Für sie war das der »überschwengliche« Baustil der Könige, der Fürsten und anderer hoher Herren. So manches aber haben die Frankfurter doch gern vom Barock übernommen. Auch bei diesem Haus. Man sieht's auf den ersten Blick.

Wir meinen die großen Dreiecksgiebel über der obersten Fensterfront. Ähnliche dreieckige Giebel können wir auch heute noch in unserer Stadt entdecken. Vor allem am Gebäude der Hauptwache! Oder in einem davon nicht weit entfernten alten Haus in der Großen Gallusstraße. Oder in der fast verwunschen stillen Marienstraße unweit der Taunusanlage. (Der »Frankfurter Hof« hat auch so einen barocken Dreiecksgiebel. Aber das ist Nachahmung einer viel späteren Zeit.)

In dem einen Dreiecksgiebel des Hauses am Liebfrauenberg sehen wir ein großes altes Wappen. Von ihm wollen wir sprechen.

Es ist nämlich das Wappen des erfolgreichsten Staatsmannes, den die Frankfurter Bürgerschaft jemals hervorgebracht hat. Er hieß Siegfried von Marburg. 1351 kaufte er sich das Haus, das sich an dieser Stelle befand. Es hieß »Zum Paradeis« Und so nannte sich der Bürger stolz Siegfried von Marburg zum Paradeis. Und das Haus vor uns heißt heute noch: Zum Paradeis und Grimmvogel.

Siegfried zum Paradeis war ein guter Freund des Kaisers. Es war jener Karl IV. der die Goldene Bulle schuf. Diese Freundschaft war ungeheuer wichtig für unsere Stadt. Des Kaisers Gunst ergoß sich wie ein goldener Regen über Frankfurt!

Man hat allein für die Jahre 1360 bis 1376 26 Privilegien, Sonderrechte, gezählt, die Karl IV. durch Vermittlung des Siegfried zum Paradeis Frankfurt verlieh. Ihm selbst schenkte der Kaiser »auf ewige Zeiten« das Pferd, das er bei seiner Krönung ritt.

Das Wichtigste aber geschah 1372. In diesem Jahr erwarb die Stadt Frankfurt gegen eine hohe Summe von Karl IV. in aller Form das Amt des Schultheißen.

Der Schultheiß war bis dahin der Vertreter des Kaisers gewesen, und dieser konnte das Amt verpfänden. Er tat es auch, zuletzt noch an den Grafen von Hanau, der Frankfurt feindlich gesinnt war.

Von jetzt an, von 1372 an, entschieden die Frankfurter selbst darüber, wer ihr Schultheiß (ihr Gemeindevorsteher würden wir sagen) sein sollte. Sie wählten ihn von nun an aus ihrer Mitte (daneben gab es bereits seit 1311 zwei Bürgermeister, den älteren und den jüngeren; sie wurden jeweils auf ein Jahr gewählt).

Es war das Ende eines langen Weges. Einst war Frankfurt eine Pfalz gewesen, in der praktisch das meiste dem König gehörte und ihm fast alle Menschen dienen mußten. Sie waren seine Leibeigenen. Noch zu Beginn des 13. Jahrhunderts gab es zum Beispiel den Heiratszwang, das heißt, ein Beamter des Kaisers konnte einer Frankfurter Bürgerfamilie befehlen, ihm ihre Tochter zur Frau zu geben. Später glaubten auch alle möglichen anderen hohen Herrn, daß die Bürger in den Städten ihre Untertanen seien.

Nun waren die Frankfurter die Bürger einer freien Reichsstadt geworden! Sie hatten nur einen Herrn, den Kaiser. Sie waren nur den Reichsgesetzen unterworfen. Sonst hatte ihnen niemand im ganzen Reich etwas zu sagen.

Die Anziehungskraft einer solchen Stadt war natürlich gewaltig. Wer von außen zuzog und ein Jahr in ihr lebte, war gleichfalls ein freier Bürger geworden.

Stadtluft macht frei! Dieser fundamentale mittelalterliche Rechtssatz schuf die Macht und Größe der deutschen Städte...

Wir verdanken noch etwas anderes dieser Freundschaft des Siegfried zum Paradeis mit Karl IV. Es ist etwas, von dem wir alle miteinander noch heute buchstäblich in vollen Zügen profitieren.

Es ist der Frankfurter Stadtwald.

In demselben Jahr 1372, in dem Frankfurt das Amt des Schultheißen erwarb, wurde es auch der Besitzer dieses alten, wunderschönen Königsforstes (einschließlich des Sachsenhäuser Berges). Geschenkt bekam es allerdings auch ihn nicht. Die Stadt mußte gehörig dafür bezahlen. Aber es hat sich wahrhaftig gelohnt! Es wird nicht viele deutsche Großstädte geben, die seit fast 600 Jahren über einen solchen Wald innerhalb ihrer Stadtgrenzen verfügen. Aus einem Königsforst wurde ein Bürgerforst in Reinkultur. Trotzdem hat er alles, was zu einem Wald gehört. Einstens sogar die Räuber. Einer ihrer Treffpunkte war die Gehspitz...

Wir können zu den sechs Jahreszahlen, die wir bisher aus Frankfurts Geschichte lernten, nunmehr die siebente hinzufügen: 1372, Frankfurt wird Reichsstadt und erwirbt außerdem den Stadtwald.

Dieser Siegfried zum Paradeis! Man versteht, warum man ihn unter die größten Bürger rechnet, die Frankfurt jemals gehabt hat. Aber wir dürfen nicht übersehen, daß die Stadt sich ihre Selbständigkeit und Freiheit wirklich verdient hatte.

In dem jahrhundertelangen, erbitterten Streit zwischen Kaiser und Papst stand Frankfurt stets auf der Seite des Kaisers. Mehrmals wurde die Stadt vom Papst deshalb mit dem Interdikt bestraft, das heißt, mit der Einstellung der kirchlichen Funktionen. Aber obgleich ihnen gewiß nicht wohl war, blieben die Frankfurter dabei: »Wir werden dem jeweiligen deutschen König den schuldigen Gehorsam leisten, auch wenn der Papst ihn nicht zum Kaiser krönt.«

Für diese Haltung der Stadt haben wir heute noch einen Zeugen, den wir aufsuchen können:

Gehen wir in den Chor des Domes! Auf der rechten Seite befindet sich eine Tür, die in die berühmte Wahlkapelle führt. Sie war der Ort, wo die meisten deutschen Kaiser von den sieben Kurfürsten gewählt wurden.

Neben der Tür zu der Wahlkapelle nun befindet sich, in die Mauer eingelassen, eine aufrechtstehende und sehr imposante bunte Grabplatte. Sie zeigt einen eisengepanzerten Ritter, von vielen Wappen, Ornamenten und Figuren umgeben. Diese Platte war einst der Deckel eines Sarkophages, der mitten im Dom stand. Später begrub man den Toten, der in dem Sarkophag lag, vor dem Altar und baute den Sargdeckel in die Mauer neben der Wahlkapelle ein.

Dieser gepanzerte Ritter ist ein deutscher König! Günther von Schwarzburg. Er war 1349 als Gegenkönig gegen einen vom Papst bestätigten Herrscher gewählt worden, und Frankfurt hatte ihm gehuldigt. Günther von Schwarzburg regierte jedoch nur kurze Wochen. Er starb noch in demselben Jahr 1349, nachdem er sich mit seinem Gegner versöhnt hatte.

Zwei Frankfurter Postboten aus dem Jahr 1440, mit Spießen bewaffnet, den Adler auf der Brust. Jede Stadt hatte damals, einige Jahrzehnte bevor Kaiser Maximilian I. den itaienischen Grafen Thurn und Taxis das Postmonopol übertrug, ihre eigene Botenpost. Eine ging von Frankfurt bis nach Köln.

Dieser andere König war – Karl IV.! Er verzieh Frankfurt. Wir wissen es – Goldene Bulle, Schultheißenamt, Stadtwald und vieles andere mehr. Und seine Freundschaft zu dem Frankfurter Patrizier Siegfried zum Paradeis...

Der unglückliche Günther von Schwarzburg ist übrigens der einzige deutsche König – und er regierte zudem wirklich nur für einen Augenblick – der in Frankfurt beerdigt liegt.

Die deutschen Herrscher *begannen* in unserer Stadt. Sie *endeten* hier nicht —

(oder wie Adolf Stoltze, Sohn des Friedrich Stoltze, diesen Tatbestand in seiner »Nicht gehaltenen Rede auf dem deutschen Städtetag« einmal ausgedrückt hat: »In den Mauern von Frankfort sin net nor deutsche Kaiser gewehlt, sonnern aach zum Teil gekrent worn. Begrawe konnte se sich dagege lasse, wo se gewollt hawwe.«)

Von den „Dreckbatschern"

Die Frankfurter Bürgerwehr hieß im Volksmund die „Dreckbatscher". Sie schoß noch mit Vorderladern. Das Pulver auf der Pfanne entwickelte beim Abschuß jedesmal starken Rauch. Oft spritzte den Soldaten auch Pulver ins Gesicht. Hauptmann der Bürgerwehr war damals der Dr. jur. Theodor Demmer. Eines Tages trat ein braver Bürgerwehrsoldat aus dem Glied und erklärte ihm: „Herr Hauptmann, wann der Kerl newe mir noch aamol schießt, geh ich haam!"

FRANKFURT VERDREIFACHT SICH

Es gibt ganze Jahrhunderte, die gleichmäßig dahinzugehen scheinen und nicht viel für die Geschichte einer Stadt bedeuten. Dann gibt es andere, die bis an den Rand voll sind mit wichtigen Geschehnissen und Veränderungen.
Ein solches Jahrhundert ist das 14. Jahrhundert für Frankfurt gewesen. Es war außerordentlich wichtig für unsere Stadt, und vieles von dem, was damals geschah, hatte weitreichende Bedeutung. Das gilt für die Goldene Bulle und für die Entstehung der Freien Reichsstadt oder für den Erwerb des Stadtwaldes. Aber es gilt auch für das, von dem wir jetzt sprechen wollen...

Zunächst muß ich mich an Sie, lieber Leser, mit einer neugierigen Frage wenden: Sind Sie schon einmal den Frankfurter Anlagenring von Anfang bis zu Ende abgegangen? Diese Frage richtet sich natürlich in erster Linie an die vielen neuen und jungen Bürger unserer Stadt. Dieser Spaziergang auf den Promenaden gehört nach alter Erfahrung zu den Dingen, die man sich ähnlich fest vorzunehmen pflegt wie den Besuch des Goethehauses – und aus denen dann beileibe nicht immer etwas wird.
Es ist ein Spaziergang, den man mit gutem Gewissen empfehlen kann, bei jedem Wetter und zu jeder Jahreszeit, wiewohl er natürlich am schönsten ist, wenn's überall blüht. Aber das Eigentümliche, ja fast Einmalige dieses Spazierganges ist davon ganz unabhängig, nämlich der ständige Wechsel zwischen Grau und Grün, zwischen Großstadt und Natur.
Die Anlagen ziehen sich in einem weiten unregelmäßigen Rechteck vom Main am Schauspielhaus rings um die Innenstadt wieder zurück zum Main bei der Obermainbrücke. Man braucht seine anderthalb Stunden für die 5,2 Kilometer. Eben noch wandelte man auf einem stillen Kiesweg unter hohen Kastanien zwischen Rasen und bunten Beeten an einem Weiher vorbei, und plötzlich steht man vor dem Asphalt und dem brausenden Verkehr des Opernplatzes oder der Eschersheimer Landstraße oder der oberen Zeil. Man überkreuzt sie und ist zurückgekehrt in den schmalen Streifen eines grünen Friedens.

Was Sie so umwandern, lieber Leser, und darum sprechen wir davon, das entspricht der Stadtmauer, die die Frankfurter im 14. Jahrhundert um ihre Stadt legten. Sie ist natürlich inzwischen längst verschwunden.
Es war Frankfurts andere Stadtmauer! Wir hatten schon einmal von einer Stadtmauer erzählt. Das war die Mauer, mit der man zur Stauferzeit, Mitte des 12. Jahrhunderts, also 200 Jahre früher, das damals viel kleinere Frankfurt umgab. Wir hatten sie in Gedanken abgelaufen. Großer und Kleiner Hirschgraben, Holzgraben, zur Fahrgasse und zu dem Rest der Staufenmauer, der nach den Bombenangriffen im Frühjahr 1944 plötzlich sichtbar wurde.
Nun sind wir zwei Jahrhunderte weiter. Mitten im 14. Jahrhundert. Was die Staufenmauer umschloß, nannten die Frankfurter ihre Altstadt. Schon damals! Denn inzwischen waren außerhalb der Staufenmauer Wohnhäuser und Gutshöfe und Gärten und ganze Straßenzüge entstanden – die »Neustadt«.
Im Jahre 1333 gab Kaiser Ludwig der Bayer, der Frankfurt sehr gewogen war, der Stadt die Erlaubnis, sich wesentlich zu erweitern und auch um dieses neue Frankfurt eine Stadtmauer zu ziehen. 1333! Wir wollen diese Jahreszahl zu dem spärlichen halben Dutzend hinzutun, das wir bisher schon gesammelt haben.
Jetzt hatte Frankfurt auf einmal sehr viel Platz. Es hatte seine Fläche verdreifacht. Aus dem engen Geviert der Staufenmauer – der Altstadt – dehnte sie sich nun bis zu dem Ring der heutigen Anlagen aus.
Die neue Stadtmauer wurde eine kostspielige und langwierige Sache. Daß ihre Fundamente zum Teil noch heute in der Erde stecken, entdeckte man erst jüngst beim Bau des neuen Hallenschwimmbades. Die andere Mauer, die alte Staufenmauer, aber riß man nicht ab – man ließ sie noch bis ins 18. Jahrhundert hinein im Innern der Stadt stehen.
Im Laufe der kommenden Jahrhunderte befestigten die Frankfurter ihre neue Stadtmauer mehr und mehr mit Türmen und Toren, mit einem hohen Wall und einem tiefen Graben, mit Bastionen und Geschützen. Wie breit die ganze Anlage, die sich rings um Frankfurt zog, schließlich wurde, das können wir am Eschenheimer Turm gut erkennen. Der Turm gehörte zur Mauer, aber die davorliegenden zusätzlichen Befestigungen reichten hinüber bis zu den jetzigen Grünanlagen!

So blieb es – um dies kurz vorwegzunehmen – bis zu den Zeiten Napoleons. Anfang des 19. Jahrhunderts begann man die Mauern, Wälle und Bastionen, die ihren Sinn verloren hatten, zu schleifen. Die Stadt sprengte den steinernen Ring, der sie ein halbes Jahrtausend, seit den Zeiten Ludwigs des Bayern, umschlossen hatte. Aus Wall und Graben aber entstanden die heutigen grünen Anlagen.
Was wir also umwandern, wenn wir in den Anlagen in einem großen Rechteck vom Main bis wieder hinunter zum Main spazierengehen, das war die Stadt Frankfurt vom 14. bis zum ersten Drittel des 19. Jahrhunderts. Einfacher kann es einem die Historie kaum noch machen!

Aber wir eilen den Dingen weit voraus! Noch sind wir im Jahre 1333!
Da ist die Altstadt innerhalb der Staufenmauer! Vor der Mauer ist eine dünn besiedelte Neustadt entstanden; Ludwig der Bayer gibt die Erlaubnis, weit draußen die neue Stadtmauer zu errichten.
Die Frankfurter können jetzt auf einmal frei atmen. Sie haben Platz für viele, viele neue Häuser erhalten, für schöne Gärten, für breitere Straßen (die Zeil! Sie entsteht allmählich aus einem Viehmarkt) und für weite Plätze (der Roßmarkt!).
Die Gelehrten streiten sich darüber, ob die Altstadt damals schon voll besiedelt gewesen sei. Ich meine, daß diese Frage wohl zu bejahen ist.
Man bedenke, daß Frankfurt allein in den 50 Jahren von 1220 bis 1270 zehn neue Kirchen bekam (darunter die Leonhardskirche und die Dominikanerkirche). Da muß schon eine entsprechende Zahl von Gläubigen dagewesen sein. Viele Orden, die Karmeliter, die Antoniter, die Franziskaner, die Weißen Frauen, die Barfüßer und wie sie alle hießen, bauten damals in der Altstadt ihre Kirchen, ihre Klöster und Höfe.
Um dieselbe Zeit war es für viele Edelleute, Städte und Klöster im weiten Umkreis notwendig geworden, sich in Frankfurt, vor allem für den Warenverkehr und die Messezeit, Haus und Hof zu sichern. Die »Höfe« in der Frankfurter Altstadt, der Arnsburger Hof, der Nürnberger Hof, der Augsburger Hof, der Johanniterhof, der Eberbacher Hof usf., nahmen von dort ihren Ursprung. Es soll nicht weniger als sieben verschiedene Rahmhöfe gegeben haben (ob das stimmt, weiß

ich nicht, jedenfalls weist das Wort – »Rahmen« – auf die Wollweber hin, die eine weitverbreitete, hoch angesehene Zunft gewesen sind).
Nein, es muß damals doch schon sehr, sehr eng in der Altstadt zugegangen sein!
Immer häufiger übersprang man die alte Stadtmauer.
Die Neustadt wuchs. Frankfurt wuchs...

„Nirgends erblickt man Wächter"

Die Mutter Schopenhauers, die Romanschriftstellerin Johanna Schopenhauer, die 1828 Frankfurt von Weimar aus besuchte, schrieb über die Anlagen der Stadt:
„Die weite, von blauen Gebirgen umgrenzte Ebene, in deren Mitte Frankfurt gleich einer Königin thront, ist schon an und für sich ein unabsehbarer großer Garten. Bereits in ziemlicher Entfernung der Stadt bilden die vielen Hunderte von Gärten, welche die zum Teil großen und prächtigen, aber immer netten und zierlichen Landhäuser umgeben, einen die Stadt umschließenden Blütenhain, der immer voller erscheint, je mehr man sich derselben nähert. Die köstlichen Anlagen endlich dicht vor den Toren umfrieden Frankfurt gleich einem riesengroßen, prächtig blühenden Blumenkranz. In keinem fürstlichen Park können die reinlichen Kieswege, die teppichähnlichen Grasplätze, die netten weiß angestrichenen Gartenbänke besser gehalten werden als hier. Überall bemerkt man das friedliche Walten des Ordnung und Reinlichkeit liebenden Bürgersinnes, der diese schöne Anpflanzung schuf und als sein Eigentum schonend beschützt. Sie steht Allen offen, dennoch wird kein Baum beschädigt, keine Blume, kein Blättchen abgebrochen, und doch erblickt man nirgends Wächter, die dazu angestellt wären, sie vor frevelnden Händen zu bewahren."

»MIR HAWWE SCHLACHTE VERLORN«

Damit ist das für Frankfurt so bedeutungsvolle 14. Jahrhundert (Goldene Bulle, Freie Reichsstadt, Stadtwald, Stadterweiterung) noch immer nicht erschöpft. Wir müssen noch von einem weiteren Ereignis berichten...

»Unglick kann der Mensch hawwe. Mir Frankforter hawwe schon vor finfhunnert Jahrn Schlachte verlorn und sehr bedeutende Schmiß krieht, eigentlich viel zu groß für die damalig erscht Stadterweiterung. Awwer merr bilde uns nix druff ei und zitiern nor im äußerste Notfall die nähere Jahreszahl...«

So schrieb Friedrich Stoltze in seiner »Frankfurter Latern« (im November 1865). Für die Gelassenheit, mit der er hier Frankfurts größte militärische Niederlage erwähnt, möchte man ihm heute noch die Hand schütteln.

Die Schlacht, die er meint, war die Schlacht bei Kronberg. Da haben die Frankfurter allerdings »sehr bedeutende Schmiß krieht!« Sie bilden sich heute noch nichts darauf ein, soweit sie es nicht längst vergessen haben. Aber die Jahreszahl wollen wir trotzdem nennen. Es geschah 1389, genauer: am 14. Mai jenes Jahres. Es war schon ein Debakel! Man stelle sich vor: Fast alle Metzger, Bäcker, Schlosser und Schuster von Frankfurt wurden gefangengenommen und erst gegen hohes Lösegeld nach vielen Monaten wieder freigelassen! Selbst dem Stadtschultheißen und dem Stadthauptmann erging's nicht anders. Und das Stadtbanner ging überhaupt verloren.

Die Feinde der Stadt lagen in einem weiten Bogen nördlich vor Frankfurt. Es waren die Ritter auf ihren Sitzen im Taunus und im Vorland, auf den Burgen von Reifenberg, Kronberg, Königstein, Eppstein, Bommersheim, Vilbel usw.

Der Kaiser und das Reich hatten damals nicht viel zu sagen. Aus den Rittern waren Raubritter geworden. Sie holten sich das Vieh der Frankfurter von den Weiden und machten sich ein Vergnügen daraus, die reichen Frankfurter Kaufleute, die »Pfeffersäcke«, zu Lande und auf dem Main zu überfallen und auszuplündern. Woanders war es genauso. Die Städte griffen zur Selbsthilfe. Sie schlossen Bündnisse miteinander. Frankfurt gehörte dem mächtigen Rheinischen Städtebund an.

Man fühlte sich nun stark genug, selbst mit den Landesherren anzubinden. Dazu gehörten Ullrich III. von Hanau und der mächtige Kurfürst Ruprecht von der Pfalz. Dieser Ruprecht wurde im Jahre 1400 sogar deutscher König. Aber er gehört zu den wenigen deutschen Herrschern, die auch nach Erlaß der Goldenen Bulle nicht in Frankfurt gewählt wurden. Es wäre den Frankfurtern auch bitter geworden, ihm zu huldigen. Vielleicht hätten sie ihn lieber aufgehängt gesehen. Denn Ruprecht war es, der die Schlacht bei Kronberg entschied.

Das war der Auftakt: Kurz vor Weihnachten 1388 schlug Ruprecht den Rheinischen Städtebund bei Pfeddersheim. Von den 270 Reitern, die Frankfurt gestellt hatte, kamen nur noch ein paar zurück. Ob es Wahrheit oder Verleumdung ist, daß Ruprecht 80 seiner Gefangenen in einem Bratofen verbrennen ließ, wissen wir nicht. Jedenfalls machte diese Niederlage der Bürger den Taunusrittern gehörig Mut.

Ein Fehdebrief nach dem anderen traf jetzt in Frankfurt ein. Es sind schwülstige Schreiben, die sich in einem Satz sagen lassen: »Rat und Bürger von Frankfurt, ich will euer Feind sein!«

Jeden Tag konnten die Frankfurter an der Tür ihres Rathauses nachlesen, mit wem sie zur Zeit Krieg führten; denn hier wurden die Namen der jeweiligen Feinde angeschlagen (dieses alte Rathaus befand sich ungefähr dort, wo heute der Domturm steht. Erst 1405 erwarb der Rat das Haus zum Römer).

Unter den kriegslustigen Rittern befanden sich auch die drei Herren von Kronberg. Mit denen hatten die Frankfurter schon vorher manche miserable Erfahrung gemacht. Nun erschienen sie mit ihren Knechten eisengepanzert vor den Toren der Stadt, brandschatzten die umliegenden Dörfer und fingen in den Weinbergen unvorsichtige Sachsenhäuser ein.

Schließlich bekamen es die Frankfurter satt. Sie wollten jetzt einmal den Kronbergern einen Gegenbesuch machen! Mit ihrer ganzen Streitmacht!

Neben der Wahlkapelle im Chor des Domes steht diese schöne und imposante Grabplatte. Sie deckt den Leichnam Günthers von Schwarzburg, der im Jahre 1349 nur wenige Monate regierte. Er ist der einzige deutsche König, der in der Wahl- und Krönungsstadt Frankfurt beerdigt ist. Die deutschen Herrscher begannen hier – sie endeten hier nicht!

Das ist das wertvollste Dokument aus der ganzen langen Frankfurter Geschichte — die Goldene Bulle. Karl IV. erließ sie 1356, und sie machte Frankfurt endgültig zur Wahlstadt der deutschen Kaiser. Die Besichtigung der Goldenen Bulle kostete früher einen Dukaten. Sie hieß nach dem Siegel des Kaisers, das in einer vergoldeten Kapsel ruht.

Der 14. Mai 1389 sah Frankfurts größtes militärisches Debakel. In der Schlacht von Kronberg unterlag seine Streitmacht den Taunusrittern und dem Kurfürsten von der Pfalz. Mit diesem Bild verherrlichten die Ritter von Kronberg ihren Triumph über das reiche Frankfurt. Noch verteidigt ein Häuflein Gepanzerter das Stadtbanner. Aber schon wanken die Reihen. Die Auslösung der Gefangenen kostete Frankfurt ein Vermögen.

Es war am Pankratiustag, dem 12. Mai 1389, als sie losmarschierten – rund 2000 Mann. Das waren alle Zünfte und zahlreiche Patrizier. 200 Mann waren beritten, das andere war Fußvolk. Für die Belagerung der Burg nahm man einige Kanonen mit. Den Oberbefehl hatte Stadtschultheiß Winter von Wasen. Der Stadthauptmann hieß Philipp Breder. Die Waffen bestanden aus Hellebarden, Schwertern, Äxten und Morgensternen.

In langem Zuge marschierte man durchs Rödelheimer Tor hinaus. Bei dem Ort Rödelheim überschritt man die Nidda, über Schwalbach ging es in Richtung Kronberg weiter.

Dieser große Aufmarsch konnte natürlich nicht lange geheim bleiben. Schleunigst jagten die Kronberger reitende Boten zu Ruprecht von der Pfalz. Dieser lag mit seiner Heerschar bei Oppenheim.

Die Frankfurter Vorhut näherte sich der Burg, als sich die Tore öffneten und die Kronberger einen Ausfall machten. Sie wurden wieder zurückgeschlagen, ein paar Dutzend von ihnen gefangengenommen. Dann ließen sich die Frankfurter vor der Burg nieder, zerstörten die Weinberge, brannten einige Gehöfte ab und begannen, die Geschütze einzugraben.

Inzwischen war das Unheil schon im Galopp unterwegs. Der Kurfürst hatte sich an die Spitze von 600 Reitern gesetzt. Unterwegs stieß die Kavallerie des Ullrich von Hanau zu ihm. Am 14. Mai traf die Kunde bei den Belagerern ein, daß sich eine große Schar Berittener Kronberg nähere.

Eilig brach man die Belagerung ab und zog davon. Nach Ansicht der Historiker muß sich die Frankfurter Streitmacht für den Rückmarsch geteilt haben; denn nur so lasse sich erklären, daß man nicht weniger als vier Orte als jene Stelle nenne, wo die gegnerische Reiterei »mit großem Getöse« über die Frankfurter herfiel: vor Kronberg, bei Steinbach, zwischen Kronberg und Praunheim und bei Eschborn (die alten Frankfurter, auch Stoltze, sprachen meistens nicht von der Schlacht bei Kronberg, sondern von der Schlacht bei Eschborn).

Das Treffen war rasch entschieden. Gegen eine kriegsgewohnte Reiterei war nicht viel aufzustecken. Man ergab sich offenbar rasch, denn die Zahl der Toten soll nur zwischen 40 und 100 betragen haben. Aber 620 Frankfurter wurden gefangengenommen, darunter der Schultheiß und der Stadthauptmann und, wir erwähnten es schon, fast die ganze Zunft der Bäcker, Metzger, Schuhmacher und Schlosser. Der Rest der Frankfurter Streitmacht hastete im Schutze der hereinbrechenden Nacht hinter die Stadtmauer zurück. Fieberhaft arbeitete man an der Befestigung der Stadt. Aber kein Angriff geschah. Den Siegern genügte der Triumph. Sonst wäre Frankfurt vielleicht hanauisch geworden. Oder ein Teil von Kronberg.

So endete Frankfurts größtes militärisches Unternehmen. Die einzigen, die ein ausgezeichnetes Geschäft dabei machten, waren die Wundärzte. Und bald darauf die Geldverleiher.
Die Auslösung der vielen Gefangenen wurde eine bittere Sache. Im August war man sich mit den Gegnern einig: für 73000 Goldgulden erhielt Frankfurt seine Bürger wieder. Das war nach unseren Begriffen ein Millionenbetrag. Dazu kamen sonstige Entschädigungen, und Frankfurt mußte für 125000 Gulden Schulden machen. Es zahlte noch nach einem Jahrhundert daran zurück.
»Unglick kann der Mensch hawwe...«

Weil wir gerade vom Unglück sprechen – wir wollen die Gelegenheit benutzen und in den beiden folgenden Kapiteln, nachdem wir jetzt das so wichtige 14. Jahrhundert glücklich hinter uns gebracht haben, von zwei anderen Katastrophen berichten, die einst Frankfurt trafen. Beide waren Feuersbrünste. Auch sie gehören zur Geschichte unserer Stadt...

DER GROSSE CHRISTENBRAND

Am Abend des 26. Juni 1719 kehrte ein müder Wanderer, ein Perückenmachergeselle aus Dresden – er hieß Morgenstern – im Wirtshaus »Zum Rehbock« in der Bockgasse ein. Die Bockgasse hat ungefähr dort gelegen, wo sich heute der Eingang zur neuen Kleinmarkthalle (vom Liebfrauenberg her) befindet. Durch Jahrhunderte galt diese Straße als geographischer Mittelpunkt von Frankfurt.

Es hatte viele Wochen nicht geregnet.

Gegen Mitternacht entdeckten Vorübergehende einen Feuerschein in der Kammer des Gesellen. Der gefürchtete Ruf »Feurio!« hallte durch die Straßen. Ein Boden mit Heu, der über der Kammer lag, entzündete sich im Nu. Windstöße jagten die brennenden Schwaden nach allen Seiten auseinander.

Der Perückenmachergeselle flüchtete nackt ins Freie. Eine mitleidige Seele reichte ihm ein Hemd, und in ihm entfloh er aus der Stadt. Wahrscheinlich hatte er das Nachtlicht brennen lassen...

Die Sturmglocken dröhnten, die Feuerhörner wurden geblasen, die Trommeln geschlagen. Die alten Handpumpen, vor langen Jahren in Nürnberg gekauft, wurden eilig herangefahren. Aber die Brunnen waren nahezu versiegt, die Straßen von jammernden Menschen verstopft. Man schaffte vom Main herauf Wasser in Fässern herbei. Es war viel zuwenig.

Das Feuer fraß sich durch die engen Straßen. Zwei Stunden nach dem Alarm brannten 200 Häuser – in der Bockgasse, in der Graubengasse, in der Ziegelgasse. Das Feuer sprang hinüber zum Liebfrauenberg und begann die Töngesgasse zu verschlingen.

In den schaurigen Brandlärm hinein donnerten nun die Kanonen auf den Wällen. Sie verkündeten der Umgegend das große Unglück, das Frankfurt befallen hatte.

Noch waren die Stadttore geschlossen. Zu Hunderten drängten sich vor ihnen Männer aus den umliegenden Dörfern, mit Hacken, Eimern und Äxten ausgerüstet. Jetzt öffnete man die Tore, und die Helfer strömten herein. Gezogen von schweißbedeckten Pferden, jagten die ersten Spritzen aus Rödelheim, aus Hanau, aus Isenburg herbei. Umsonst!

Die Bildreportage ist keine Erfindung unserer Zeit. Auch unsere Vorfahren wollten die wichtigen Ereignisse im Bilde sehen, zum Beispiel den großen Frankfurter Christenbrand vom Juni 1719. Der Kupferstich zeigt die Feuersbrunst, die über 430 Häuser verschlang, etwa vom heutigen Westhafen aus gesehen.

Der Morgen sah eine einzige Feuermasse über der Töngesgasse, der Trierischen und der westlichen Seite der Fahrgasse. Der Augsburger Hof brannte, die Eckhäuser der Hasengasse. »Man sah bald«, so schreibt ein Augenzeuge, »daß es kein gewöhnliches Feuer, sondern daß es ein Rache- und Zornfeuer Gottes war.«

In großer Hast riß man das Haus des Zinngießers Schröder an der Hasengasse bis auf die Grundmauern nieder. Das rettete wahrscheinlich die Zeil.

Hinter der Fahrgasse lag die Judengasse, die spätere Börnestraße. Sie war soeben neu erstanden. Vor acht Jahren erst, 1711, hatte eine Feuersbrunst den größten Teil der Straße eingeäschert. Das Feuer war im Hause eines Rabbiners entstanden. Man hatte es den großen Judenbrand getauft. Das Unheil, das jetzt über die Stadt gekommen war, nannte man dementsprechend – und bis zum heutigen Tage – den großen Christenbrand.

Man begann weitere Häuser niederzureißen. Hunderte von Menschen schleppten

und zogen die Kanonen und die Munition aus dem Zeughaus an der Konstablerwache in sichere Entfernung. Ganz in der Nähe brannte bereits der Turm der Bornheimer Pforte. Stundenlang wütete das Feuer in ihm. Der geschmolzene Glockenschwengel stürzte herab und erschlug einen Spritzenmeister aus Hanau.
Nach dreizehn Stunden stand endlich das Feuer. Was in dem Rechteck zwischen der Fahrgasse, der Töngesgasse, dem Liebfrauenberg und der Schnurgasse lag, war ein Flammenmeer. Knapp vor der Judengasse hatte es haltgemacht. Drei Tage dauerte der Brand noch, so daß »die Türmer bei Tag und Nacht bliesen und stürmten«. Dann sank er in sich zusammen.
In 15 Straßen waren 400 Häuser niedergebrannt. Mehr als 30 mußte man noch abreißen. Es war ein Stadtteil der Handwerker, und die meisten von ihnen waren über Nacht Bettler geworden. Man schätzte den Schaden auf nahezu eine Million Gulden.
40 Schneider waren darunter, je 30 Schuhmacher und Küfer, 25 Schreiner, 10 Bierbrauer, 10 Goldschmiede, 5 Perückenmacher, 4 Schullehrer und mehrere Advokaten und Doktoren der Medizin. Auch das Kloster der Antoniter in der Töngesgasse 19 war eine Ruine. Und 14 Menschen kamen ums Leben.
Wochenlang arbeiteten hundert Mann an der Beseitigung des Brandschuttes. Jeder Bauer, der leer zur Stadt hinausfuhr, war verpflichtet, seinen Wagen mit Schutt zu füllen und vor der Stadt abzuladen.
Man sammelte für die Abgebrannten. Die verschont gebliebenen Frankfurter spendeten 38000 Gulden. Aus Europa ging fast der dreifache Betrag ein. Zürich lag mit 9200 Gulden an der Spitze, gefolgt von Nürnberg 6900, Hamburg 5800, Augsburg 5700, Genf 5300, Basel 4400 und Amsterdam 3200 Gulden. Aus London trafen 1000 Gulden ein, aus Wien 500 und aus einem mysteriösen Onolzbach gleichfalls 1000 Gulden (so hieß damals Ansbach).
Rund 140000 Gulden waren es zusammen. 469 Familien erhielten daraus gleichmäßig $10^2/_3$ Prozent ihres Verlustes ersetzt. Einer erhielt nichts – Bierbrauer Keeß; in seinem Haus war der Brand entstanden. 21 Bürger verzichteten auf die Entschädigung zugunsten der anderen.
Nach und nach vernarbten die Wunden. Es gab strengere Bauvorschriften. Das

unterste Stockwerk mußte künftig aus Stein bestehen. Jedes neue Haus mußte eine Brandmauer haben. Und der Überhang, diese Bauspezialität, die das Gesicht der Frankfurter Altstadt prägte, wurde eingeschränkt. Auch künftig durften die Frankfurter das obere Stockwerk, um Platz zu gewinnen, über das darunterliegende ein wenig hinausbauen. Aber seit dem großen Christenbrand durften es nur noch höchstens anderthalb Schuh sein!

Zwischenruf

Man gab im alten Frankfurter Schauspielhaus Schillers „Don Carlos". Marquis Posa liegt zu den Füßen der Königin Elisabeth und spricht die bekannten Worte: „O Königin, das Leben ist doch schön!" Da klingt's in die Stille von der Galerie laut und entrüstet: „Awwer aach verdammt deuer!"

Awwer nachher!

Der bekannte Frankfurter Professor Reichenbach hatte einmal eine Studienfahrt nach Griechenland gemacht. Nach seiner Rückkehr wurde er von einer Dame gefragt, ob die Reise nicht langweilig gewesen sei. „Ach Gott", sagte der Professor, „bis Iseborg geht's, awwer nachher zieht sich's ..."

ALS DIE DOMGLOCKEN SCHMOLZEN

Das ist die andere Feuersbrunst, von der wir berichten wollen:

Es war in den Morgenstunden des 15. August 1867. Viele Frankfurter empfanden den Brand wie ein Symbol, wie eine düstere Klage, ja wie ein Zeichen des Himmels. Im Juli 1866 hatten die preußischen Truppen Frankfurt besetzt, seit dem Oktober war es mit der Freien Reichsstadt zu Ende. Frankfurt war eine preußische Provinzstadt geworden.

An diesem 15. August wollte der neue Herr, König Wilhelm, zum ersten Male Frankfurt besuchen. Wenige Stunden vorher stand der Dom, Wahl- und Krönungsstätte der deutschen Herrscher, in Flammen... Irgend jemand verfaßte später ein Gedicht, das mit den Zeilen schloß: »Vor dem Erobrer steigt das Flammenzeichen, er kommt, er steht und findet Schutt und Leichen.«

Das Feuer entstand gegen ein Uhr morgens in einer Wirtschaft an der Ecke Fahrgasse und Garküchenplatz. Die Ursache soll heiße Asche gewesen sein, die man unter eine hölzerne Treppe geschoben hatte. Das Haus brannte wie eine Fackel. Zwei Frauen, die aus dem zweiten Stock sprangen, stürzten sich zu Tode. In den Ruinen fand man die verkohlte Leiche eines Zapfjungen (so nannte man die Buben, die das Bier zu den Tischen trugen).

Ein Funkenregen flog hinüber zum Domdach. Zuerst sollen die Eulennester Feuer gefangen haben. Gegen zwei Uhr schlugen Flammen aus dem Dachstuhl, kurz darauf aus dem Turme. Die Feuerwehr hatte alle Hände voll zu tun, die Brandwolke von der Stadt abzuwehren. Der zum Glück nur schwache Wind wehte brennende Holzstücke und glühendes Glockenerz fast bis zur Zeil. An 17 Stellen begann es zu brennen, auch in der alten Börse an der Paulskirche und allein an fünf Stellen in der Höllgasse.

Mit einem letzten Dröhnen durchschlugen die geschmolzenen Glocken das Dekkengewölbe des Glockenhauses und stürzten in die Tiefe, formlose, geschwärzte Klumpen. Solange es ging, hatte der Turmwächter Sturm geläutet. Er läutete diesmal für sich selbst. Dann floh er. Seinem Gehilfen und einem hier oben stationierten Telegraphisten gelang die Flucht nicht mehr. Sie verbrannten.

Im Morgengrauen war der Dom eine rauchende Ruine mit glühenden Wänden. In den umliegenden Straßen stand die Menge und starrte wortlos hinüber. Viele weinten...

Ein paar Stunden später führte man den preußischen König vor die Ruine. Er bewilligte Frankfurt für den Wiederaufbau des Domes zehn Jahre lang jährlich 20000 Gulden. Von überallher flossen die Spenden. Ein Dombauverein wurde gegründet. Die Stadt stellte zunächst 24000, später 40000 Gulden jedes Jahr bereit. Und bald konnte der Chronist der Stadt, Friedrich Stoltze, seinen Mitbürgern verkünden:

Da steht err jetzt so leichehaft,
So stumm, es dhut aam schauern!
Und bis er widder kimmt zu Kraft,
werds noch e Weilche dauern.
Nor Muth! Du bist noch net am End,
Sie reiße dich net nidder! –
War aach schon manchmal abgebrannt,
Un sing' un kling' doch widder!

In wenigen Jahren baute man den Dom wieder auf – noch mehr! Man vollendete das große Werk dort, wo man es vor 360 Jahren abgebrochen hatte. Um 1512, nachdem Frankfurt ein Jahrhundert am Domturm gebaut hatte, war man baumüde geworden; das Geld war wohl auch alle. Darum gab man dem Turm als Abschluß eine stumpfe Kuppel. So kannte ihn die Welt.
Jetzt aber konnte man ihn nach den alten Entwürfen des Dombaumeisters Madern Gertener – er baute auch den Eschenheimer Turm! – vollenden. Mit einer himmelweisenden Turmspitze, so wie er heute vor uns steht.
Fünf Tonnen Metall rettete man aus den geschmolzenen Glocken. Dreizehn Tonnen steuerte Kaiser Wilhelm I. bei. Es waren eroberte französische Kanonen. Am 7. Februar 1878 läuteten die zehn neuen Glocken zum ersten Male.
Stoltze hat es festgehalten:

Der Patorn hat sei räthselhaft
Schweihe gebroche,
Hat widdermal zur Nachbarschaft
Ebbes gesproche.

Der alte Markt und's Worschtquardier,
Jed Haus und Häusi,
For Rihrung warn di un Pläsir
Still wie es Mäusi.

Ganz Frankfort hat gespitzt die Ohrn
Un kam geloffe,
Selbst Berjer, weit draus vor de Dhorn,
Sin eigetroffe.

Un alles hat enuff geseh,
Alte und Junge,
So voll un dief, so hell un schee
Hat's da geklunge...

Bim! Bam! Bum!
War zehe Jahr lang stumm!
Bum! Bim! Bam!
Dorch Feuer un dorch Flamm!
Bum! Bam! Bim!
Jetzt haww ich widder e Stimm!

Seine neue Stimme behielt der Dom bis zum heutigen Tage; sie überlebte auch den letzten Krieg.

Beste Aussichten

Als junger Arzt hielt der Frankfurter Heinrich Hoffmann, der uns den „Struwwelpeter" geschenkt hat, um die Tochter des angesehenen Frankfurter Kaufmanns Donner an. Dieser maß den damals unbekannten Jüngling mit strengen Blicken und fragte: „Un was hawwe Se dann for Aussichte uff die Zukunft?" Hoffmann stutzte erst, dann sagte er: „Ach, ich spiel e Achtelche in der Lotterie!" Er bekam seine Therese.

Zugeknöppt

Der alte Sanitätsrat Dr. Bardorff praktizierte viele Jahre in der Altegasse. Er sprach nicht viel, aber er hatte das Herz auf dem rechten Fleck. Kam einmal eine „hochgestochene" Dame zu ihm in die Sprechstunde. „Ach, lieber Herr Doktor, was mache ich nur gegen die drei Warzen auf meiner Oberlippe?" „Wisse Se was, da gibt's e gut Mittelche", antwortete Bardorff, „lasse Se sich in die Unnerlipp' drei Knopplöcher schneide, knöppe Se 'n Mund zu, dann hawwe Se im Winter en wunnerscheene, warme Hals."

SIEBEN TÜRME BLIEBEN

Das 14. Jahrhundert war reich an wichtigen Ereignissen für Frankfurt. Wir sprachen davon. Um so magerer war das folgende, das 15. Jahrhundert!
Wenn man in den Zeittafeln unserer Historiker nachsieht, dann findet man für diese hundert Jahre nur wenige Geschehnisse, die auch für die heutigen Frankfurter noch interessant und wichtig sind. Was sagt es uns schon, wenn wir zum Beispiel erfahren, daß 1466 die Strohdächer in Frankfurt verboten wurden.
So sind es im wesentlichen nur vier Dinge, die das 15. Jahrhundert für den Frankfurter des 20. Jahrhunderts interessant machen: 1. die Stadt kauft 1405 das Haus »Römer« und macht es zu ihrem neuen Rathaus, 2. die Juden müssen 1462 ihr Getto beziehen, nämlich die außerhalb der alten Staufenmauer errichtete Judengasse (die spätere Börnestraße), 3. nahezu das ganze Jahrhundert hindurch baut man am heutigen Domturm.
Halten wir hier einen Augenblick inne! Diese drei Dinge wollen wir später in einem größeren Zusammenhang behandeln, den Domturm in dem Kapitel über den Dom, den Erwerb des Römers in dem Kapitel über das Frankfurter Rathaus und die Judengasse im zweiten Band.
Anders steht es jedoch mit dem Punkt vier! Es sind die Frankfurter Befestigungen. Fast das ganze 15. Jahrhundert hindurch baut Frankfurt nämlich nicht nur an dem Domturm, sondern auch an seiner Stadtmauer und an der sogenannten Landwehr mit den Warten.
Mit diesem Thema wollen wir uns jetzt befassen – mit den Frankfurter Türmen!

Frankfurt war einmal eine türmereiche Stadt. Die Befestigung nördlich des Mains besaß mehr als 40 Türme. Rund um Sachsenhausen standen weitere fünfzehn. Dazu kamen noch draußen vor der Stadt, in der ländlichen Umgebung, die Warten.
Das waren alles zusammen über 60 Türme. Nur sieben von ihnen sind uns erhalten geblieben! Und alle sieben stammen aus dem 15. Jahrhundert!
Von der Frankfurter Befestigung haben wir nur zwei Türme behalten, den

Eschenheimer Turm und den Rententurm am Main. In Sachsenhausen blieb der Kuhhirtenturm, er ist heute ein Teil der Jugendherberge. Die anderen Türme sind die Warten, zwei im Westen – sie stehen längst mitten in der Stadt – die Bockenheimer Warte und die Galluswarte, eine im »hohen Norden«, die Friedberger Warte, und die andere »tief im Süden«, die Sachsenhäuser Warte. Aber beide liegen auch nicht mehr außerhalb. Man kann sich fast gar nicht mehr vorstellen, daß diese Warttürme einmal einsame Bauwerke waren, gerade noch in Sichtweite der Frankfurter Bürger...

Der Eschenheimer Turm! Er ist das beste Stück! Das war er damals auch schon unter den 60 und mehr Frankfurter Türmen. Weit und breit im Reich gab es kaum seinesgleichen. Ja, man rühmte ihm einmal nach, daß er der schönste mittelalterliche Torturm von ganz Deutschland sei.

Wahrscheinlich stimmt es. Jedenfalls gehört der Eschenheimer Turm für viele Menschen, zum Beispiel für mich, zu den Dingen, die man immer wieder mit größtem Vergnügen sehen kann. Natürlich läuft man so und so oft achtlos an ihm vorüber – und plötzlich überrascht er einen, sei es, daß man die Eschersheimer Landstraße herunterkommt, oder daß man beim Überqueren des Platzes an der Hauptwache ihn auf einmal am Ende der Großen Eschenheimer Straße sieht. Da steht er! Und bezaubert! Im kalten Morgennebel oder sonnenübergossen oder in der blauen Dämmerstunde (als er noch bewohnt war, hing oft nachts hoch oben ein mattgelb erleuchtetes Fensterchen).

Das Fernmeldehochhaus dahinter ist weit über den Turm hinausgewachsen. Das macht nichts. Im Gegenteil! Dieses gedrungene steinerne Mittelalter vor dem 20. Jahrhundert aus Glas und Beton hat seinen eigenen Reiz. Unwillkürlich verlangsamt sich auch der Schritt des Eiligen. Von der Eschersheimer Landstraße her öffnet sich dem Blick ein faszinierendes Panorama, das Frankfurt erst in den letzten Jahren gewonnen hat. Es ist unverwechselbar. Es gibt tausend alte Türme, und es gibt zehntausend neue Hochhäuser. Diesen Turm vor diesem Hochhaus gibt es nur in Frankfurt.

Er blieb bis heute ein prächtiger Bursche, der Eschenheimer Turm!

Frankfurt auf einen Blick! Der Kupferstecher Sebastian Furck stand auf dem Mühlberg in Sachsenhausen, als er um 1640 dieses Blatt entwarf. Frankfurt war damals eine vieltürmige Stadt, und der Anblick, den es bot, in die Mainebene vor dem Hintergrund des Taunus gebettet, muß sehr schön gewesen sein.

Beinahe hätten wir ihn nicht mehr. Was den Kanonenkugeln der Schweden, der Artillerie Napoleons, den Fliegerbomben der Alliierten nicht gelang, das hätten um ein Haar die Bürger fertiggebracht. Sie wollten den Turm hinrichten. Und zwar gleich dreimal!

Das erste Todesurteil sollte 1808 über ihn gesprochen werden. Der Frankfurter Schöffe Ohlenschlager beantragte, den Eschenheimer Turm einzureißen, da er die neuen Avenuen und das »im eigensten Stil erbaute Mülhensische Palais« störe. Ferner erinnere er durch Form und schmutzige Farbe in fataler Weise an die Bastille, an die Pariser Zwingburg des gestürzten französischen Königtums.

Beinahe wäre der Antrag angenommen und auch ausgeführt worden. Es war ausgerechnet der Vertreter Frankreichs, der Gesandte d'Hedauville, der ihn zu Fall brachte. Er protestierte bei dem Kurfürsten von Mainz, Karl von Dalberg, den Napoleon damals an die Spitze des Rheinbundes gestellt hatte (bald darauf wurde

Dalberg Großherzog eines auf Befehl Napoleons geschaffenen Großherzogtums Frankfurt; es existierte allerdings nur von 1810 bis 1813). Der Protest des französischen Gesandten hatte Erfolg. Der Eschenheimer Turm blieb!

Zum zweiten Male beantragte dann 1832 der Stadtbaumeister Hess junior, den Turm zu entfernen. Er sei eine plumpe Mauermasse, die zwecklos dastehe, nur die neuen Gebäude verfinstere und die freie Passage hemme. Fürsprecher retteten auch diesmal den Turm.

Der dritte Anschlag geschah 1864. Der Jurist Dr. Friedleben bezeichnete den Turm als einen Anachronismus, als ein völlig wertloses Objekt und eine Verunstaltung der Gegend. Man möge ihn entfernen. Zu den Leuten, die dem nachdrücklich widersprachen, gehörte der Arzt Dr. Varrentrapp. Mit wenigen Stimmen Mehrheit wurde der Antrag abgelehnt und der Turm gerettet.

Wie die Menschen urplötzlich vom Ordnungsfimmel oder von einer Wegwerfmanie überfallen werden, so erfaßt sie offenbar von Zeit zu Zeit auch eine Einreißwut. Dann empfiehlt es sich, eine besinnliche Minute vor dem Eschenheimer Turm zu verbringen und an den französischen Gesandten zu denken. Er bewahrte Frankfurt davor, einen unvergleichlichen Zeugen seiner Geschichte und eines seiner schönsten Wahrzeichen gegen hundert Quadratmeter entbehrliche Straße einzutauschen.

Der Turm wurde in zwei Partien gebaut. Der untere Teil mit der Tordurchfahrt ist ein viereckiger Bau. Er muß nur wenig höher als die Stadtmauer gewesen sein, man sieht's an dem Stückchen Wehrgang, das an der Südseite des Turmes (das ist also Richtung Hauptwache) erhalten blieb.

Das Jahr, in dem dieser Unterbau entstand, ist leicht zu merken: 1400. Dann war wieder einmal das Geld im Stadtsäckel zu Ende. Der Frankfurter Befestigungswall mit seinen zahlreichen Türmen und Toren verschlang ein Vermögen. Man baute entsprechend langsam. Die Leistungen der mittelalterlichen Bauherrn bleiben dennoch bewundernswert. Man bedenke, daß Frankfurt durch Jahrhunderte kaum mehr als 10000 Einwohner hatte!

Ein Vierteljahrhundert später baute man an dem Turm weiter. Der neue Bauherr war Madern Gertener, einer der bedeutendsten Frankfurter Baumeister. Er hat auch den Domturm errichtet.

Der Bau des nunmehr runden Turmes dauerte drei Jahre, 1426 bis 1428. Alle männlichen Bewohner über 14 Jahre mußten mithelfen. Als er fertig wurde, war er eine weithin leuchtende Pracht aus dunklem Basalt, weißem Verputz und rötlichem Sandstein. Die vier Ecktürme waren zum Teil rot gefärbt, Knauf und Windfahne der hohen Turmspitze aber vergoldet.

In leuchtenden Farben prangten auch die beiden Adler über der Tordurchfahrt, der Doppeladler des Reiches an der Nordseite schwarz auf Gold, der Frankfurter Adler auf der anderen Seite weiß auf rotem Grund.

Von diesen Farben ist nicht mehr viel zu erkennen. Aber die Adler sind die alten Adler, die vor 530 Jahren Baumeister Gertener wahrscheinlich selbst in den Stein geschlagen hat.

Das meiste an dem Turm ist unverändert geblieben. Man kann hier auf eine Entdeckungsreise ins Mittelalter gehen:

Hoch oben am südlichen Tor ragt zum Beispiel ein kleiner Männerkopf heraus. Vielleicht hat sich da der Baumeister verewigt, der 1400 den Unterbau schuf (er hieß Mengoz). Oben im Gewölbe der Durchfahrt entdeckt man zwei dunkle Öffnungen. Wenn auf beiden Seiten der Durchfahrt die Tore geschlossen waren, dann kletterten die Turmwächter auf Leitern durch diese Löcher ins Turminnere und zogen die Leitern nach. Notfalls konnte man durch die Luken auch die ganze Durchfahrt mit Schutt und Steinen verstopfen.

Im Mauerwerk der nördlichen Durchfahrt sieht man links und rechts senkrechte Rinnen. In ihnen lief das Fallgitter. Die Türmchen darüber zeigen Öffnungen für die Feuerwaffen.

Ganz oben die Wetterfahne! Wie viele Väter standen schon am Fuß des Turms, starrten mit ihren Kindern hinauf und erzählten ihnen die Sage von dem Wilddieb Hans Winkelsee, den man da oben eingesperrt hatte. Nicht wahr, Ihr wißt doch, man schenkte ihm die Freiheit, als er das verblüffende Kunststück fertigbrachte, mit seiner Büchse eine Neun in die Wetterfahne zu schießen! Mit wieviel Schüssen? Mit neunen oder mit sechsen? Darüber sind sich selbst die Frankfurter

Gelehrten nicht einig. Die einen schreiben neun und die anderen sechs. Wer's mit bloßem Auge oder dem Opernglas nicht erkennt, der kann es machen wie der Fotograf, der vor einigen Jahren bis zur Wetterfahne hinaufkletterte und sie knipste. Da lag der Beweis: Es waren sechs Schüsse! Die Zunft der Klempner weiß es ohnedies. Denn wenn die Wetterfahne erneuert wird, dann muß einer von ihnen sorgfältig die sechs Löcher in die neue Fahne schlagen...

Bis 1957 war der Turm jahrzehntelang von einem Handwerker bewohnt. Ein Einsiedler mitten in der Großstadt. Dann starb der alte Mann. Man sprach davon, im Turm eine kleine Filiale des Historischen Museums einzurichten und ihn endlich einmal dem Publikum zugänglich zu machen. Aber es sieht so aus, als werde gerade das hohe Alter des Turmes den hübschen Plan vereiteln...

„Eine wahre Höllenarbeit"

Der Bremer Advokat und Journalist Eduard Beurmann schrieb in seinem amüsanten „Frankfurter Bildern" 1835 über die Frankfurter Hotels:

„Wenn man an die Tafel eines Frankfurter Gasthofes tritt, so möchte man glauben, es sey hier nicht für gewöhnliche Menschen Sorge getragen, sondern für eine eigene Vielfresser-Nation: das Rindfleisch reiht sich an die Suppe, die Beilage an das Rindfleisch, die Ragouts in allen Arten an die Beilage, die Puddings an das Ragout, die Fische an die Puddings, die Braten an die Fische und sofort bis zum Dessert. Eine ganze Armee marschiert hier auf, oder wird vielmehr auf den Tisch geworfen; in einer Stunde, von 1—2 Uhr, muß Alles abgetan seyn. Es ist eine wahre Höllenarbeit, sich hier durch alles durchzufressen, und man ist, nach verrichteter Mahlzeit, so müde, als habe man einen Augiasstall ausgemistet. Deshalb haben denn auch die Ärzte in Frankfurt vollauf zu tun, und die Köche werden besser honorirt als die Schriftsteller..."

Der Eschenheimer Turm ist das schönste Denkmal des mittelalterlichen Frankfurts, das uns erhalten blieb. Dreimal hatte man im 19. Jahrhundert versucht, dem Turm den Garaus zu machen. Einmal verhinderte es der französische Gesandte, die beiden anderen Male besonnene Bürger. Unser altes Foto zeigt, wie es vor 90 Jahren rund um den Turm aussah. Der Efeu wuchs wie seit Jahrhunderten.

Ein Bild, das wenige Frankfurter kennen: der Rundgang oben zwischen den Spitzen des Eschenheimer Turms. Es dürfte nur ein kleines Häuflein Menschen sein, das den Turm von innen gesehen hat.

In der Nacht vom 14. zum 15. August 1867 brannte der Dom, wenige Stunden vor der Ankunft des preußischen Königs Wilhelm, der zu seinem ersten Besuch nach Frankfurt kam. 1866 war die Stadt preußisch geworden. »Für die auf der Mainbrücke Stehenden sah es aus, als habe eine hohe feierliche Gestalt einen roten Flammenmantel um sich geworfen.«

Vier Jahre später, im Mai 1871, unterzeichneten Deutschland und Frankreich im Hotel »Zum Schwan« am Steinweg den Friedensvertrag. Heute befindet sich an dieser Stelle das Filmtheater »Metro im Schwan«. Vergleiche auch das Kapitel: Rache für Sedan!

Über die beiden Kollegen des Eschenheimer Turmes, den Rententurm am Fahrtor und den Kuhhirtenturm in Sachsenhausen können wir uns erheblich kürzer fassen.
Der Rententurm, 1455 fertiggestellt, heißt so nach den Beamten, die hier die Abgaben einsammelten, vor allem die Zölle, die man auf dem Main erhob. Den Kuhhirtenturm benannte man nach dem Sachsenhäuser Kuhhirten, der ihn noch um 1850 bewohnte. Vorher hieß er der Elefant. Viele Frankfurter Türme hatten damals Tiernamen. Ich habe irgendwo eine einleuchtende Erklärung dafür gelesen: Diese Tiere seien an den Türmen angemalt gewesen, und die Leute, die nicht lesen und schreiben konnten, vor allem die Söldner, fanden sich auf diese Weise zurecht.
Nach dem ersten Weltkrieg erhielten beide Türme zwei Bewohner besonderer Art: Im Rententurm dichtete Fritz von Unruh, und im Kuhhirtenturm komponierte Paul Hindemith. Zu den Geschichten, die man immer wieder gern erzählt, gehört die vom Konzertflügel des Komponisten. Um das voluminöse Instrument in das oberste Stockwerk des Kuhhirtenturmes zu bringen, mußte man den Helm abheben und den Flügel von außen mit einer Winde hineinbefördern.

Und nun die vier Warttürme!
Man baute sie außerhalb der Stadt. Was sollten sie so weit da draußen?
Sie stammen aus der Zeit, als Frankfurt in langer Fehde mit den vielen Rittern ringsherum lag. Ihr unmittelbarer Anlaß war wohl die Niederlage gegen die Kronberger, 1389.
Wie oft kam es vor, daß die hohen Herren von ihren Bergen stiegen, den Frankfurtern das Vieh von der Weide zu holen oder sich ein paar Bürger einzufangen und Lösegeld für sie zu kassieren! Von irgend etwas mußten sie schließlich leben, und die Städte waren ja reich genug.
So begannen die Frankfurter weit draußen vor der Stadt um ihre Felder, Gärten und Weinberge in großen Bögen eine weitere Befestigung zu ziehen. Eine Mauer

aus Stein kam natürlich nicht in Frage. Deshalb machte man eine lebende Mauer aus dichten Dornenhecken, aus eng aneinanderstehendem Gestrüpp und aus Bäumen, deren obere Triebe und Spitzen man entfernte, so daß sie nur nach den Seiten wuchsen. Man nannte das Ganze das »Gebück«. Dazu hob man noch einen einfachen oder doppelten Graben aus.

Man führte nur ein paar Straßen hindurch, und dort, wo sie Gebück und Gräben überquerten, stellte man die Warttürme hin. Wenn Gefahr drohte, dann stießen die Wächter ins Horn, schossen ihre Büchsen ab, zogen einen Korb hoch oder hißten eine Fahne. Nachts schwenkten sie eine Fackel oder eine Feuerpfanne. Es kam dann vor, daß die Landbevölkerung in die Warten mit ihren festen Hofmauern flüchtete.

Die ganze Anlage hieß: die Landwehr. Man hat fast das volle 15. Jahrhundert an ihr gebaut! Die Galgen-(Gallus-)Warte entstand 1414, die Bockenheimer Warte 1435, die Sachsenhäuser Warte 1470 und die Friedberger Warte 1478. Den Bau der Sachsenhäuser Warte mußten 200 Gewappnete schützen. Die hohen Herren in der Nachbarschaft, in Hanau, Falkenstein, Isenburg und Solms waren darüber nämlich sehr erbost und hatten einen ähnlichen Turm auf dem Mühlberg schon einmal zerstört.

An diese immense Arbeit eines Jahrhunderts erinnern, außer den vier Türmen, heute nur noch zwei Straßennamen, die Bornheimer Landwehr und der Sachsenhäuser Landwehrweg. So ungefähr verlief die Landwehr: von den Riederhöfen im heutigen Osthafengebiet hinauf zur Friedberger Warte, dann nach Westen hinüber zum Kühhornshof, weiter zur Nidda, die eine natürliche »Wasserwehr« war, die Nidda abwärts, dann hinüber zur Bockenheimer Warte und Galluswarte und hinunter zum Main beim Gutleuthof. Wie sie im Süden angelegt wurde, verrät der kilometerlange Sachsenhäuser Landwehrweg, von Louisa bis nahezu Oberrad.

Man erhielt die Landwehr bis um das Jahr 1800. Dann verschwand sie. Die Warten blieben. Sie hatten ihre Schicksale. In der Friedberger siedelte sich eine Gastwirtschaft an. Um die anderen scharten sich Tabak- und Zeitungsverkäufer.

Eigentlich gehörte an diese Stelle jetzt ein Bild von den alten Warttürmen. Aber warum sollen wir nicht einmal etwas anderes zeigen? Auch das ist schließlich Frankfurt – nämlich ein Blick in die Damenabteilung des Städtischen Schwimmbades. Zeit: 1903.

In der Sachsenhäuser Warte wohnte der Forstmeister, später, bis 1956, ein Silberschmied.

Um 1885 riß im Auftrag der Stadt ein englischer Ingenieur aus dem Innern der Warten die Böden heraus – nur die Sachsenhäuser kam glimpflich davon – und machte aus ihnen Entlüftungsschächte für die städtische Kanalisation. Wenn man vor den Warten steht, sieht man, wie aus den oberen Fensteröffnungen die dünnen Schwaden der Dünste ziehen. Aus Trutzbauten wurden Diener der Zivilisation (oder Stinktürme, wie die Frankfurter sagten). Manche fanden das nicht gerade schön. Aber seien wir's zufrieden. Denn sonst hätte gewiß irgend jemand schon längst die ganzen Warten abreißen lassen.

Frankfurter Redensarten

Dich trifft doch noch die Kasern!
Bei ere Viehzählung gilt der vor zwaa.
Schee is Dreck dergege.
Herr von sich, komme se zu sich!
Er ißt Kartoffele, daß em der Damb dem Hals eraufkimmt
Drei Handkees hoch.
Bei Nix is die Hälft mehr wie's Ganze.
Der Zufall is e Kellerdiehr.
Der schmelzt en Floh mit Mickefett (er hat nichts).
So voll wie in ere Worschthaut.
Des is so klar wie Kleesbrieh (nämlich unklar).
Was sein se so irr!
Mach mich net uffstessig!
Ich wern mer noch Blose ins Gehern denke.
Der schwitzt wie e Baadstuwediehr.

ALLE PENDEL STANDEN STILL

Verlassen wir das 15. Jahrhundert! Und springen wir mitten hinein ins 16. Jahrhundert!

Ihre große Bewährung erlebten die Frankfurter Türme und Festungsanlagen und der Mut der Frankfurter im Jahre 1552. Es war schon eine harte Probe, auf die sie gestellt wurden.

Um eines vorauszuschicken: Anders als viele deutsche Städte ist Frankfurt bis zum zweiten Weltkrieg von den Furien des Krieges meistens glücklich verschont geblieben. Natürlich, die Stadt hat bittere Dinge genug erlebt, um Tore und Türme, um Brücke und Barrikaden ist blutig gerungen worden, die Stadt erfuhr militärische Besetzungen mannigfacher Art, durch die Kaiserlichen, die Schweden die Franzosen (mehrmals), die Preußen, die Amerikaner, und sie hat vor allem in ihrer Geschichte immer wieder und bis zum Weißbluten Kontributionen zahlen müssen.

Aber das Schicksal anderer Städte, geplündert, niedergebrannt, zerstört und wieder zerstört zu werden, blieb ihr erspart. Ihre erste umfassende Zerstörung erlitt sie erst 1944. Und sie hat eigentlich nur eine einzige Belagerung erlebt, bei der es ums Ganze ging – jene von 1552. Von ihr wollen wir jetzt erzählen.

Das ist die Vorgeschichte:

Damals hatten sich die protestantischen Fürsten gegen den katholischen Kaiser Karl V. verbündet. Sie hatten den sogenannten Schmalkaldischen Bund geschlossen. Auch in Frankfurt hatte die protestantische Lehre einen sehr günstigen Boden gefunden. Martin Luther hatte auf der Hin- und Rückreise von Worms in Frankfurt gewohnt (im Gasthaus zum Straußen in der Buchgasse, die es ja heute noch gibt), und ein lutherischer Prediger, Hartmann Ibach, hatte 1522 mit großem Erfolg in der alten Katharinenkirche die ersten evangelischen Predigten gehalten. 1533 bekannte sich Frankfurt offen zu der neuen Lehre, und schließlich schloß es sich auch dem Schmalkaldischen Bund an.

Aber die Dinge verliefen für den Kaiser günstig, auch ohne große Schlachten. Frankfurt unterwarf sich ihm 1547 freiwillig, und seine Abgesandten gelobten Karl V. kniefällig von nun an Treue. Die Stadt litt zwar für einige Zeit schwer unter einer kaiserlichen Besatzung. Aber sie behielt – und darum hatte sie mit Recht gebangt – ihre Selbständigkeit als Reichsstadt und ihre Messen, die Quelle ihres Wohlstandes. Schon hatten sich Mainz und Worms als Nachfolger angemeldet.

Im Jahre 1552 erhoben sich die Fürsten unter dem Kurfürsten Moritz von Sachsen erneut gegen den Kaiser. Ihr Verbündeter war der König von Frankreich. Sie traten wieder an Frankfurt heran. Aber diesmal lehnte die Stadt ab. Sie berief sich auf den Eid, den sie dem Kaiser geschworen hatte.

Frankfurt war strategisch wichtig. Und so wurden aus den alten Bundesgenossen die neuen Feinde. Es dauerte nicht lange, da war sich die Stadt darüber im klaren, daß die Fürsten mit Gewalt gegen sie vorgehen würden. »Frankfurt soll die Macht Gottes kennenlernen!« So hatte man ihr gedroht.

Frankfurt rüstete. Es warb 1000 Fußknechte und über 100 Reisige an (Reisig, nannte man die schwerbewaffneten Reiter). Auch die kriegsfähigen Bürger mußten Waffendienst tun. Die Nachrichten häuften sich, daß der Feind bereits unterwegs sei. Mit Schrecken hörten die Frankfurter, daß nicht nur die Sachsen unter ihrem Kurfürsten und die Hessen unter ihrem Landgrafen dazu gehörten, sondern auch der Markgraf von Brandenburg-Kulmbach, ein Fürst aus Oberfranken. Das war ein Mann, der den Krieg um des Krieges willen führte, ein Plünderer und Zerstörer. Diese Macht rückte von Mergentheim her gegen Frankfurt heran.

Man schaffte in Mengen Lebensmittel und Pulver in die Stadt. Man trieb Schlachtvieh im Hirschgraben zusammen. Man verschüttete die Tore und ließ nur kleine Pforten für etwaige Ausfälle offen. Man fuhr Geschütze an die Mauern und teilte die Bevölkerung zum Wachdienst ein.

Zum »obersten Hauptmann über die Bürger und Knechte« machte man Justinian von Holzhausen, den hervorragenden Vertreter eines der ältesten Frankfurter Patriziergeschlechter (wir werden den Holzhausen noch begegnen).

Während der Belagerung im Sommer 1552 verhängten die Frankfurter ihre Alte Brücke mit langen leinenen Tüchern, damit der Feind nicht sah, was auf ihr vor sich ging. Man kann es auf diesem Ausschnitt des zeitgenössischen Belagerungsplanes von Konrad Faber recht gut erkennen.

In der Nähe von Bornheim lagerte damals ein kaiserlicher Oberst. Er hieß Konrad von Hanstein. Er hatte dort Soldaten für den Kaiser angeworben. Nun wandte er sich an die Stadt. Sie möge ihn und seine Truppen hinter ihren Mauern aufnehmen. Nach einigem Zögern sagten die Frankfurter schließlich ja. Sie hatten saure Erfahrungen mit solchen Besatzungen gemacht. Aber der Krieg kam immer näher.

Man verschärfte die Verteidigung. Man riß die Mauern der befestigten Höfe vor der Stadt nieder, man warf den Brand in die Sommerhäuser, man versenkte auf beiden Seiten des Mains Schiffe und versperrte den Fluß mit Ketten.

Die fernen Rauchsäulen näherten sich der Stadt. Bangen Herzens erfuhr man, daß Aschaffenburg und Miltenberg geplündert worden waren und ihre Schlösser in Flammen standen.

Am 17. Juli waren sie da!

Die Vorhut der Sachsen erschien in Bergen und vertrieb die kleine kaiserliche Besatzung. Gegen Mittag schlugen die Flammen aus der Galluswarte, aus der

Holzhausen-Öde (dem heutigen Holzhausenpark mit seinem Wasserschlößchen) und dem benachbarten Stalburger Hof.
Die Landwehr vermochte den Gegner nicht aufzuhalten. Über ihre Gräben und das »Gebück« hinweg drang er rasch bis zur Stadtmauer vor und trieb das Vieh, das dazwischen weidete, davon. Es sollen 3000 Kühe und Schafe gewesen sein.
Auch jenseits des Mains, vor dem befestigten Sachsenhausen, stiegen die Rauchsäulen hoch. Frankfurt war eingekreist.
Über die Stadt senkte sich die große Stille. Sie wurde nur von dem Donnern der Geschütze unterbrochen. Damit man überall die Signale gut hören konnte und vor allem die Alarmglocke auf dem Dom, das »Gemperlein«, rechtzeitig vernahm, durfte keine andere Glocke läuten. Die Straßen wurden mit Stroh und Mist bedeckt. Alle Uhren wurden angehalten. Wahrscheinlich haben auch die Menschen nur noch leise miteinander gesprochen.

Die Sachsenhäuser Warte. Ein Pferdeomnibus zieht an ihr vorbei. Damals lag sie noch weit draußen im Grünen. Als man sie und ihre drei Kolleginnen vor einem halben Jahrtausend baute, bildeten sie die erste Verteidigungslinie der befestigten Stadt. ▷

Dieses Bild lieben die Frankfurter. Friedrich Wilhelm Hirt hat es 1757 gemalt. Vor dem Beschauer liegt in seiner ganzen Breite der Weinmarkt am Fahrtor, der Main dahinter mit den steinernen Bögen der Brücke und gegenüber das ach so kleine Sachsenhausen. Dennoch wird es von Mauern und Bastionen umgürtet. Das Mainzer Marktschiff ist angekommen (etwas links von der Mitte des Bildes). Es war eine der wichtigsten täglichen Verbindungen Frankfurts mit der großen Welt. Daneben wird ein Mehlschiff entladen. Der Kran senkt Weinfässer auf die Wagen der Einzler, der Einspänner-Fuhrleute. Wer Zeit und Geduld hat, mag die Pferde auf dem Bilde zählen. Das Wetter ist schön, die Luft

ist lau. Volk und vornehme Patrizier promenieren durchs Gewühl. Ganz vorn sitzt ein Mann mit gepuderter Perücke und Kniestrümpfen auf einem Stein; er hält ein Skizzenblatt. Es ist der 36jährige Maler. Unsere stark verkleinerte Schwarzweißwiedergabe vermag nicht im entferntesten die Fülle des Bildes wiederzugeben – die Schiffsprozession der Wallfahrer in der Mitte des Flusses, die von Pferden mainaufwärts gezogen wird (woran man erkennt, wie flach der unregulierte Main gewesen ist), die Waschfrauen am Ufer, die freundlichen Gartenhäuser auf der Sachsenhäuser Seite, das goldene Blinken des Hahnes auf der Brücke... Dieses Bild ersetzt ein Buch. Es befindet sich im Historischen Museum.

Der stolze Reiter auf der Alten Brücke ist der erste deutsche Kaiser, der in Frankfurt nicht nur gewählt, sondern auch gekrönt wurde – Maximilian II. im Jahre 1562. Ein Maler des 19. Jahrhunderts (Franz Kirchbach) hat sich den Augenblick vorgestellt, wie der Neugekrönte in feierlichem Zug Frankfurt verläßt. Rechts die Brückenmühle, im Hintergrund der Brückenturm auf der Frankfurter Seite.

Dieses schöne Tor aus dem 15. Jahrhundert mit einem Rest des Wehrganges und der Seitenpforte blieb erhalten. Wer es nicht kennt, wird erstaunt sein zu hören, daß es draußen im Osthafengebiet an der Hanauer Landstraße liegt. Es gehört zu den Riederhöfen. (Foto um 1900)

3000 KANONENKUGELN

Nördlich des Mains lagerten im weiten Bogen vom Gutleuthof bis zur Friedberger Warte die Sachsen und die Hessen. Die späteren Straßennamen »Im Sachsenlager« und »Im Trutz« erinnern daran. Vor Sachsenhausen aber ließen sich die gefürchteten Franken unter ihrem Markgrafen von Brandenburg-Kulmbach nieder.

Die Verteidiger zählten 1000 Berittene, 3000 bis 4000 kaiserliche Landsknechte, dazu kamen die etwas über 1000 Stadtsöldner und 2000 bewaffnete Bürger (ohne die 600 für den Branddienst). Das waren insgesamt rund 7000 bis 8000 Mann.

Und die Belagerer? Nennen wir erst einmal die stolze Liste ihrer Anführer: Im Lager vor Frankfurt waren der Kurfürst Moritz von Sachsen, der junge Landgraf Philipp von Hessen und der Herzog von Braunschweig. Im Lager vor Sachsenhausen befehligten der Markgraf Albrecht von Brandenburg-Kulmbach, zwei Herzöge von Mecklenburg, Herzog Christoph von Bayern, der Pfalzgraf Otto Heinrich und der Graf von Oldenburg.

Und ihre Streitmacht? Man schätzte sie auf 7000 Reiter und 25000 Landsknechte. Das war eine vierfache Übermacht. 55 Feldgeschütze und 14 große Mauerbrecher richteten ihre Rohre gegen die Stadt, ungeachtet die Kanonen, die man noch herbeischaffte.

Man hat von dem sächsischen Kurfürsten festgestellt, daß er die Belagerung mit auffallender Langsamkeit betrieben habe. In der Tat beschränkte er sich darauf, das Vorfeld zu zerstören und die Stadt zu beschießen. Desto eiliger hatte es der böse Kulmbacher. Seine Geschütze standen auf dem Mühlberg und überschütteten Sachsenhausen, das alles andere als eine imponierende Festung war, mit ihren Zentnerkugeln. Die Schüsse gingen aber meistens zu hoch.

Am 20. Juli beschossen 50 Geschütze vom frühen Morgen an die Stadt. Verängstigt flüchteten die Sachsenhäuser über die Brücke nach Frankfurt. Um die Brücke der Sicht des Feindes zu entziehen, hatte man sie mit leinenen Tüchern verhängt.

Die Frankfurter konnten aber auch schießen. Der städtische Büchsenmeister – er hieß Stephan Pfeilstücker – richtete seine Geschütze so gut, daß er mit einer seiner Kugeln den Herzog Georg von Mecklenburg tödlich verletzte. Außerdem verloren die Belagerer ihren besten Büchsenmeister. Das traf sie empfindlich.
Gegen Abend des 20. Juli verstärkten die Belagerer ihr Feuer durch schwere Mörser. Aber sie fielen auf eine Kriegslist herein, die sich der kaiserliche Hauptmann Oswald Lehner ausgedacht hatte.
Er hatte in einem unbewohnten Teil von Sachsenhausen ein leerstehendes Haus mit sehr stabilen Wänden entdeckt. Er ließ dort eine große helle Fahne aufstecken und Lichter aus einiger Entfernung mit Stricken hin- und herbewegen. Das gegnerische Feuer konzentrierte sich auf diese höchst verdächtige Stelle. Am anderen Tag las man dort über 200 Kugeln auf, von denen die Stadt verschont geblieben war.
Das Geschützfeuer hielt in den nächsten Tagen an. Eine schwere Steinkugel fiel in den Dom während des Gottesdienstes. Offenbar kam niemand zu Schaden. Eine Bresche am Eschenheimer Tor füllten die Bürger schnell mit Schutt. Gegen den vorstoßenden Feind machte man einige geglückte Ausfälle. Im Schutze der Nacht gab es über die Stadtmauer hinweg, hinüber und herüber, höhnische Schimpfkanonaden.
Mit Würde lehnte man alle Unterhandlungen ab. Auch sonst hatten die Parlamentäre zu tun. So erschien ein Trompeter vor der Mauer und verlangte, daß die Tochter des Statthalters von Kassel, die im Weißfrauenkloster war, aus der Stadt gelassen werde. Oberst von Hanstein ließ antworten: »Die junge Frau ist in dem Kloster wohl und ehrlich gehalten. Man braucht in der Stadt auch Jungfrauen. Wollt ihr draußen tanzen, dann bestellt euch andere!«
Man hungerte nicht in Frankfurt. Allerdings gab es Krankheiten. Auch Pulver hatte man genug. Es lagerte im Deutschherrenhaus. Und Kugeln in Massen. Der Feind schoß ja genügend davon über die Mauer...
Zwei Wochen vergingen. Es hatte sich nicht viel geändert. Frankfurt stand und widerstand noch. Auch die Fürsten blieben hartnäckig. Sie hatten sich nun einmal in den Kopf gesetzt, Frankfurt zu erobern.

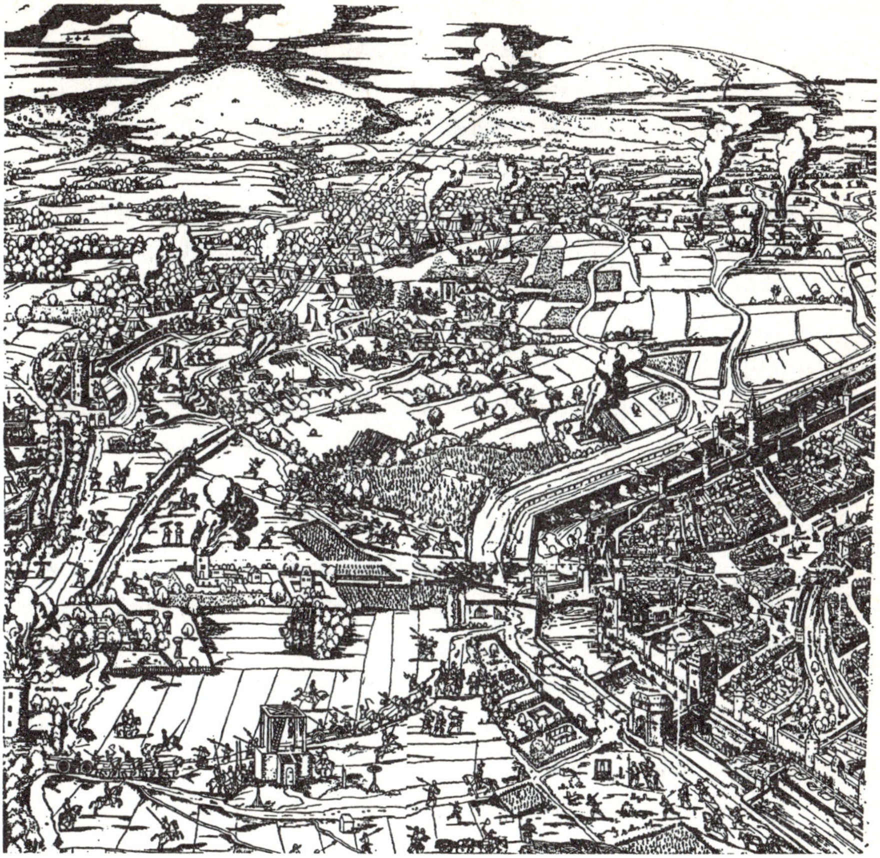

Das denkwürdige Ereignis der großen Belagerung Frankfurts durch die protestantischen Fürsten im Jahre 1552 hat noch in demselben Jahr der Maler Konrad Faber in einem großen Plan festgehalten, der auch der Bombenplan genannt wird. Leider müssen wir uns hier auf einen Ausschnitt beschränken. Er zeigt einen Teil der Stadt und ihr westliches Vorfeld. Man sieht unten den Galgen, links die brennende Galgenwarte, dahinter zieht die Landwehr mit der Bockenheimer Warte; man sieht die Zelte der Belagerer, Mörser schießen in hohem Bogen ihre Steinkugeln in die Stadt hinein. Im Hintergrund brennende Höfe, darunter auch die Burg im heutigen Holzhausenpark.

Aber am 2. August traf die Nachricht ein, daß in Passau vorläufig Frieden geschlossen worden war. Karl V. hatte den Protestanten die volle Religionsfreiheit zugesagt. Bis zum 12. August sollten die Verbündeten die Waffen niederlegen und die Truppen entlassen. Den Frankfurtern klang es wie Hosianna in den Ohren.

Schon am nächsten Tag zogen die Sachsen und Hessen ab. Die Landsknechte sahen ihre Beute davonschwimmen. Es wird berichtet, daß die berittenen Reisigen in weiten Reihen die Fußknechte davontreiben mußten. Schließlich steckte der Kurfürst Moritz sein eigenes Lager in Brand, in dem noch die Verwundeten und Kranken gelegen haben sollen.

Ganze Regimenter meuterten und marschierten über eine Notbrücke bei Offenbach eilig hinüber zu dem Kulmbacher. Der dachte nämlich nicht daran, die Belagerung abzubrechen. Seine Enttäuschung war zu groß.

Die Verteidiger konnten sich nun auf ihn konzentrieren. Außerdem gelang es ihnen, durch ein geschicktes Manöver fast ein Dutzend schwerer Geschütze zu erobern. Der hessische Landgraf hatte sie am Gutleuthof für seinen Vetter, den Pfalzgrafen, zurückgelassen. Die Frankfurter hatten sie entdeckt und »abgeholt«. Nun schossen sie in der umgekehrten Richtung. Vergeblich bemühte sich der Landgraf, sie durch Verhandlungen wiederzubekommen. »Sie sind dort, wo sie hingehören«, war die Antwort des Obersten von Hanstein.

Am 8. August gab auch der Markgraf von Brandenburg die Belagerung auf. Nicht freiwillig. Er hatte gehört, daß der Kaiser mit einem Entsatzheer nach Frankfurt unterwegs war. Vorher schickte der Markgraf noch einen Trompeter an die Stadtmauer mit einer Erklärung: er werde abziehen, wenn die Stadt ihm seine Unkosten bezahle. Ein Hohngelächter war die Antwort. Wütend brannte der Markgraf Ober- und Niederrad ab und hielt sich an dem unglücklichen Mainz schadlos, das er plünderte und brandschatzte.

Frankfurt hatte seine größte Belagerung – sie hatte drei Wochen gedauert – überstanden! Es wäre ihm sonst sicher schlimm ergangen. Karl V. hätte zweifellos alles darangesetzt, die Stadt wieder zu erobern. Vielleicht wäre nicht viel vom damaligen Frankfurt übriggeblieben.

Man hatte allen Grund, Gott zu danken und den Erfolg zu feiern. Im weiten Umkreis vor den Mauern war zwar alles zerstört. Aber die Dörfer und Höfe und Weinberge und Sommerhäuser erstanden neu. (Nur die Sachsenhäuser Vorstadt Steinweg kehrte nicht wieder.)

Der Schaden in der Stadt selbst war gering, obgleich über 3000 Kugeln in sie hineingeschossen worden waren. Oberst von Hanstein hatte nur 40 Mann verloren. Und kein einziger Einwohner war getötet worden! Vor den Kanonenkugeln konnte man damals noch rechtzeitig davonlaufen.

Die Kriegslasten waren hoch. Aber selbst die Herbstmesse fand in diesem Jahr statt, mit zwei Monaten Verspätung. Kurz darauf konnte man auch die Söldner wieder entlassen; als eine ihrer letzten Arbeiten säuberten sie die Landstraßen. Dann senkte sich der Frieden über Frankfurt. Seine Uhren schlugen wieder...

„Hut ab! Hut ab!"

Das alte Frankfurter Schauspielhaus befand sich von 1782 bis 1911 auf dem Theaterplatz, dort wo heute das große Bürohaus mit der „Frankfurter Allgemeinen Zeitung" steht. Wie es in dem Haus anno dazumal zuging, hat uns J. J. Fries in seinen „Humoristischen Memoiren eines alten Frankfurters" geschildert:

Schwarm auf Schwarm von Besuchern füllte die Rotonde bis zum hintersten Raum, welcher die „Ofebächer Loosch" hieß. Viele Nachzügler fanden keine Bänke mehr, und mußten verharren, darunter auch Geschöpfe des zarten Geschlechts — und giftig schmähte es vom Munde der Bejahrten: „Scheene galante Herrn! Lasse die Dame steh, un hocke sich braat vor ihre Naas! Werklich sehr galant!" — welche Kritik jedoch lautlos an den steinernen Herzen der Mannen abprallte.

Noch sollten dreiviertel Stunden der Langeweile besiegt werden. Mancher Schöngeist flüchtete zum Studium von Ritterromanen, materielle Naturen zu Näschereien von Kuchen und Obst, und oft regnete ein Apfelkrips oder Zwetschenkern hinab auf das Meer zahlloser Zylinderhüte, welche sich über'm

Parterre ausgebreitet — denn es war Brauch in diesen heiligen Mauern, das Haupt erst bei Aufziehen des Vorhanges zu entblößen.

Um halb Sechse erhellte ein Talglicht die transparente Uhr am Plafond, was man mit hundertstimmigem „Ah!" bewillkommnete — dann krabbelte ein Diener ins Orchester, um die Ölleuchten der Pulte anzuzünden, was donnerndes „Bravo" hervorrief — und nun quollen hintereinander die Musiker aus der niederen Lucke, stimmten ihre Instrumente nach gegenseitig erprobter Note A, und kratzten, tuteten und flöteten jenes Katzenkonzert, welches selbst dem herrlichsten Tongenuß leider vorausgeht.

Sechs Uhr wies jetzt der Zeiger — noch eine Minute bewilligte die tyrannische Gallerie — dann aber begann ein Trampeln wie von fünfhundert Rhinozerossen — und plötzlich erschien eifrig Kapellmeister Guhr, brach sich Bahn durch die Geiger nach seinem erhabenen Sessel, stellte den Zylinderhut neben die zwei Lampen, solche behende heller schraubend — noch ein rascher Herrscherblick auf die Vasallen herab — und der Taktstock zuckte empor, zum Einsetzen der prächtigen Ouverture!

Endlich rauschte die Leinwand auf — Hüte und Mützen verschwanden von den Köpfen, und wenn bei irgendeinem Säumigen noch die Angströhre sich thürmte, so wurde sie mittels einem Geheul: „Hut ab! Hut ab!" sofort unsichtbar.

KAISER — FLÜCHTLINGE — LATEINSCHÜLER

Das war also 1552. Wir sind mitten im 16. Jahrhundert angelangt.
Vom 14. Jahrhundert wissen wir, daß sich in ihm die wichtigen Ereignisse geradezu drängten. Beim 15. Jahrhundert konnten wir uns auf die Befestigungen, die Türme und die Landwehr beschränken, mit einem Hinweis darauf, daß einige andere Dinge (die Einrichtung des Gettos, der Bau des Domturmes und das neue Rathaus im »Römer«) in einem anderen Zusammenhang noch ihren Platz finden werden.

Wie steht es nun mit dem 16. Jahrhundert? Die große Belagerung von 1552 – das ist natürlich ein wichtiges Jahr. Aber es gibt für Frankfurt in diesem Jahrhundert ein noch viel wichtigeres und folgenreiches. Das Jahr 1562! Zum ersten Mal wird in Frankfurt nicht nur ein deutscher Kaiser gewählt, sondern auch gekrönt. Es war der Habsburger Maximilian II.
Bis dahin war Aachen die deutsche Krönungsstadt gewesen. Die Historiker berichten, daß es mehr oder minder ein Zufall war, wenn der soeben gewählte Maximilian an Ort und Stelle auch gekrönt wurde. Der Erzbischof von Köln, der den feierlichen Akt in Aachen vornehmen sollte, starb nämlich. Es heißt, daß man bei dem unfreundlichen Wetter außerdem die weite Reise nach Aachen gescheut habe. So blieb man zur Krönung in Frankfurt – und dabei blieb es auch! Seit 410 Jahren war damals Frankfurt bereits die kaiserliche Wahlstadt. Nun wurde es auch die Krönungsstadt. 230 Jahre lang bis 1792. Dann erlebte Frankfurt seine letzte Krönung. Es war die zehnte insgesamt.
Wie es bei einer Krönung in unserer Stadt zuging, das verdient ein besonderes Kapitel. Es gehört in den zweiten Band, und es soll nicht langweilig werden. Wir besitzen erstaunlich lebendige Schilderungen von den Krönungen, und manche von ihnen stammt aus »allererster Feder«. Einer der Chronisten hieß Johann Wolfgang Goethe. Er spricht auch davon, was die Krönungen für Frankfurt bedeuteten: »Es war kein Frankfurter von einem gewissen Alter, der nicht diese Ereignisse für den Gipfel seines Lebens gehalten hätte.«

1554 war ein anderes wichtiges Jahr für die Frankfurter Geschichte im 16. Jahrhundert.

Um es kurz zu erwähnen: In diesem Jahr kamen nämlich viele Protestanten aus den Niederlanden nach Frankfurt; sie waren von den katholischen Spaniern vertrieben worden. Aber sie fanden auch in Frankfurt keinen rechten Frieden, ihre Tüchtigkeit störte die starre wirtschaftliche Ordnung in der Stadt. Außerdem waren sie keine Lutheraner, sondern Reformierte. Es wurde eine Zeit mit viel Ärger, bitterem Argwohn und brüsken Verboten. Viele Jahre lang mußten die Reformierten nach dem Dörfchen Bockenheim wandern, wenn sie Gottesdienst halten wollten. Erst 1787 (!) erlaubte man ihnen, auch in Frankfurt Bethäuser zu bauen. Es waren stattliche Trupps, die einwanderten. Die Historiker berichten von 2000 Menschen, so daß damals etwa jeder sechste Frankfurter ein Niederländer, ein »Neubürger« gewesen sein muß. Insgesamt hat jedoch Frankfurt, ebenso nach dem Zuzug zahlreicher Italiener in späteren Zeiten, von diesem Zuwachs auf allen Gebieten kräftigst profitiert.

Die ablehnende Haltung der Frankfurter hatte übrigens interessante Folgen: In der näheren und weiteren Nachbarschaft entstanden Orte, die es sonst vielleicht gar nicht geben würde, vor allem Neu-Isenburg und Friedrichsdorf im Taunus. Dort sprach man lange Zeit überwiegend französisch; denn sie wurden von französischen Emigranten gegründet, die erst gar nicht nach dem für sie so ungastlichen Frankfurt gingen (»Helas! Martin! Helas! Martin! Chassez le Gickel aus dem Jardin!«, das ist eine berühmte Kostprobe, die der Stoltze vom Friedrichsdorfer Französisch der Nachwelt überliefert hat).

Und noch ein Jahr wollen wir aus dem 16. Jahrhundert herausgreifen: 1520. Frankfurt erhält seine erste Schule.

Bis dahin hatte nur die Geistlichkeit den Kindern Unterricht gegeben. Nun schuf man die »Junkerschule«, später »Lateinschule« genannt oder kurzweg das Gymnasium. Auf dem heutigen Parkplatz neben der Paulskirche stand früher, und zwar seit 1839, die alte Börse. Vorher befanden sich dort die altersgrauen Gemäuer eines Klosters, des Barfüßerklosters. Die Paulskirche ist die Nachfolgerin der Barfüßerkirche. 310 Jahre lang, von 1529 bis 1839, beherbergte das Kloster

Frankfurter Braut um 1600 in Faltenrock und Samtkoller, einen Brautkranz auf dem Haar

die »Lateinschule«. Ihr erster Lehrer – also der Urahne aller Frankfurter Schuldirektoren – war der Humanist und Poet Wilhelm Nesen. Zu den berühmtesten Lehrern des Gymnasiums gehörten im Laufe der Zeit der Entzifferer der Keilschrift, Grotefend, der bedeutende Geograph Karl Ritter und der Verfasser einer berühmten Weltgeschichte, Fr. Chr. Schlosser. 1839 wurde das Gymnasium in den Arnsburger Hof verlegt, und 1897 wurde es in zwei selbständige Schulen geteilt – in das Lessinggymnasium und das Goethegymnasium!
Soviel zum 16. Jahrhundert. Daß es in diesem Jahrhundert der Reformation und Bauernkriege auch einmal, 1525, eine Revolution in Frankfurt gegen den Rat, die Patrizier und die Geistlichkeit gegeben hat, wollen wir zusammen mit dem berühmten Fettmilchaufstand im zweiten Band behandeln.

Lieber Leser, mit dem 16. Jahrhundert sind wir an der ersten großen Station unserer gemeinsamen Reise durch die Frankfurter Geschichte angekommen! Bis hierher wollten wir zunächst gelangen. Was in den folgenden drei Jahrhunderten bis zur Gegenwart geschah, soll in einem zweiten Band behandelt werden.
Trotzdem sind wir noch nicht am Ende. Wir müssen nämlich noch von einigen wichtigen Dingen erzählen, die wir bis jetzt nur hin und wieder einmal streifen konnten, die aber aufs engste mit Frankfurt und seiner Geschichte verbunden sind. Alle diese Dinge hat es schon in den Jahrhunderten des Mittelalters gegeben, und sie existieren entweder heute noch, oder es gab sie bis ins 20. Jahrhundert hinein. Dazu gehören die alte Mainbrücke, der Dom, der Römer, die Messen, das älteste Frankfurter Patriziergeschlecht und nicht zuletzt der Grindbrunnen. Und wir wollen, wie schon bisher, ab und zu ein besonders interessantes Kapitel aus neueren Zeiten dazwischenstreuen.
Zum Beispiel die Geschichte der ersten Frankfurter Eisenbahn. Das ist sie :

BIS HÖCHST MIT DAMPF!

Zu den vielen Dingen, die wir Heutigen von Frankfurt kaum noch wissen, gehört auch, daß in unserer Stadt eine der frühesten Eisenbahnen in ganz Mitteleuropa projektiert wurde. Es war die Bahn nach Höchst und weiter nach Wiesbaden.
Ihre allererste Fahrt endete wie in einem Lustspiel: Man fuhr von Frankfurt vergnügt und in der richtigen Reihenfolge ab. Zuerst kam die Lokomotive und dann die Wagen mit den Ehrengästen. In Höchst traf man weniger vergnügt und in der umgekehrten Reihenfolge ein, zuerst kamen die Ehrengäste und dann die Lokomotive. Sie wurde nämlich von besagten Ehrengästen gezogen. Doch soweit sind wir noch nicht!

Die allererste deutsche Eisenbahn, das lernt man schon in der Volksschule, puffte im Dezember 1835 von Nürnberg nach Fürth. Als zweite Bahn wurde die von Leipzig nach Dresden projektiert und bereits als dritte die von Frankfurt nach Höchst und Wiesbaden. Man nannte sie die Taunusbahn, weil sie, wie heute noch, rechts des Mains den Taunus entlangführt.
Aber die Bahn wurde schließlich erst als sechste deutsche Bahn gebaut. Man stritt sich nämlich mit dem Großherzog in Darmstadt über die Frage, ob man Kastel gegenüber von Mainz in die Linienführung mit einbeziehen dürfe oder nicht. Es dauerte seine Zeit, bis man sich geeinigt hatte. Schließlich war es soweit.
Die Bahn wurde in Etappen gebaut, bis Höchst, bis Hattersheim, bis Flörsheim, bis Kastel, bis Wiesbaden. Wie alle Bahnbauten damals war auch die Taunusbahn eine Privatbahn. Man gründete ein Eisenbahnkomitee; die Führung dabei hatte das Bankhaus Bethmann.
Man brauchte zunächst nur 500000 Gulden. Man forderte das Publikum auf, Aktien zu zeichnen. Eisenbahnen! Das war das große Geschäft des 19. Jahrhunderts geworden, verlockender als alle Goldfelder Kaliforniens.
Am 10. März 1836 war der Zeichnungstag. Es muß schon toll zugegangen sein. »Von Millionären bis zu Proletariern« drängte man sich in Klumpen an den Schaltern. Ein Augenzeuge berichtet: »Röcke, Mäntel und selbst Fetzen von

solchen blieben zurück, und unter den ausgesandten Vermittlern wurden wütende Faustkämpfe ausgetragen.«

Im Handumdrehen waren 21 Millionen Gulden gezeichnet. Wer 10000 Gulden gezeichnet hatte, bekam schließlich für 250 Gulden Aktien zugeteilt!

Dann begann man die Schienen zu legen (eingleisig natürlich), die Brücken zu bauen (16 insgesamt) und die Gebäude zu errichten, die kein Architekt bis dahin gebaut hatte, Bahnhöfe. Man bestellte zwei Lokomotiven aus England – bei uns war man mit ihrem Bau noch nicht ganz soweit – und die Leitung des gesamten Bahnbaues übertrug man dem Mann, der auch die Nürnberg-Fürther Bahn gebaut hatte, dem Ingenieur Paul Denis aus Aschaffenburg.

Man ließ sich nicht lumpen. Das Projekt mußte glücken. Das war sich Frankfurt schuldig.

Lange überlegte man hin und her, wohin man wohl Frankfurts ersten Bahnhof legen sollte. Schließlich entschied man sich für die Gallusanlage. Ungefähr an dieser Stelle steht heute das »Rumpelmayer«. In den folgenden Jahren baute man links und rechts vom Taunusbahnhof noch zwei weitere Bahnhöfe, den Main-Weser-Bahnhof (für die Strecke nach Kassel) und den Main-Neckar-Bahnhof (für die Strecke nach Darmstadt und Heidelberg). Ende der 80er Jahre wurden alle drei Bahnhöfe abgerissen – der Hauptbahnhof entstand (1888)...

Mit jeder guten oder schlechten Nachricht vom Bahnbau stiegen oder fielen die Kurse der Aktien gleich um viele Punkte. Man zitterte, und man frohlockte. Als es schließlich soweit war, schnellten die Kurse unaufhaltsam nach oben.

Im Sommer 1839 war die Linie bis Höchst fertig. Die weitere Strecke war im Bau. Die Frankfurter konnten zum ersten Mal Eisenbahn fahren.

Der große Tag war der 23. Juni.

Die zwei Lokomotiven aus England waren inzwischen eingetroffen, der »Blitz« und der »Greif«. Die ehrenvolle Aufgabe, die allererste Frankfurter Eisenbahnfahrt zu machen, fiel dem »Blitz« zu.

Die Lokomotive war für die Probefahrt geputzt worden, als wäre sie ein preußischer Kommißstiefel. Die beiden auch aus England importierten Lokomotivführer

Robert Elliot und John Teardale hatten bereits die Hände an den Hebeln und blickten entschlossen hinaus auf die Strecke. In den vier Wagen hatten die Herren vom Komitee und die Vertreter der Aktionäre Platz genommen.
»Als die dampfgefüllte Lokomotive gleich einem mutigen Riesenrosse wieherte, als der dämonische Pfiff ertönte, bei dessen gellendem Schall die animalische Welt von einem panischen Schrecken ergriffen wurde, als die imposante Wagenburg sich allmählich zum Fluge anschickte, da war jedes Herz von einer freudigbangen, nie gefühlten Bewegung ergriffen. Wo will das alles hinaus?«
So schrieb ein Frankfurter Zeitgenosse. Laßt uns nicht spotten! An der Frage hat sich nichts, gar nichts geändert: Wo will das alles hinaus?

Und wie ging's weiter?
Frankfurts »Oberpostamtszeitung«, die ungern schlechte Nachrichten brachte (oder war's die Zensur?), schrieb, daß die erste Probefahrt nichts zu wünschen übriggelassen habe und daß sie bis an den Rebstöcker Hof geführt habe. »Für die Aktionäre eröffnen sich gute Aussichten.«
Aber das stimmte leider nicht! Die Fahrt ließ durchaus zu wünschen übrig.
Im Niedwald war der »Blitz« mit seinen Kräften am Ende. Die Passagiere mußten aussteigen, man holte Pferde, die Aktionäre spannten sich selbst ein – und so zogen sie die »Wagenburg« bis in den Bahnhof Höchst. »Dabei gab es viele Stöße und einige zerbrochene Nasen.« Frankfurts allererste Eisenbahnfahrt hatte große Ähnlichkeit mit der Wolgaschifferei.
Ein Augenzeuge zeichnete das Ereignis, und ein fixer Verleger ließ es drucken. Man kann sich vorstellen, wie die Blätter von Hand zu Hand gingen und was die Frankfurter dazu bemerkten...
Was tat's! Die zweite Probefahrt war am 5. September 1839. Die zwei Wegstunden von Frankfurt nach Höchst wurden vom »Blitz« und den angehängten Wagen in 13 Minuten durchrast. Unter den Fahrgästen befanden sich mehrere Damen und vier der berühmten Brüder Rothschild, die gerade wieder einmal ihren Familientag hatten.
Die dritte Probefahrt war sechs Tage später. Diesmal kletterte die hohe Obrigkeit,

der Rat, die Bürgermeister, die Kommandeure der Stadtwehr und der Linie in die Wagen mit ihren harten Bänken, niedrigen Dächern und scheibenlosen Fenstern. Alles ging gut.

Die vierte Probefahrt führte schon bis Hattersheim. »Wir können sie in 18 Minuten machen!« erklärte gelassen Ingenieur Denis. Die Ehrengäste erschraken. In 18 Minuten bis Hattersheim! »Geht's nicht ein bißchen langsamer?« fragten sie. »Na schön, dann nehmen wir die mittlere Geschwindigkeit, in 24 Minuten«, entschied Denis.

Genau 24 Minuten später landete man in Hattersheim – und entgleiste! Plötzlich stand der »Blitz« neben den Schienen. Zum Glück war die Fahrt nur noch langsam gewesen. Mit großer Mühe wurde die Lokomotive wieder zurückgehoben. Dann ging es in 28 Minuten zurück, ohne Zwischenfall. Ob alle Passagiere auch die Rückfahrt mitmachten?

Offiziell wurde die Taunusbahn am 26. September 1839 eröffnet. Die Züge fuhren zunächst nur bis nach Höchst (erst im März des folgenden Jahres, also 1840, konnte man bis Wiesbaden durchfahren).

Die Fahrzeit bis Höchst betrug 16 Minuten (ein Personenzug von 1960 braucht durchschnittlich 13 Minuten!). Man dachte, mit drei Fahrten hin und zurück am Wochentag und mit fünf am Sonntag auszukommen. Aber der Andrang war so enorm, daß die Lokomotiven »Blitz« und »Greif« nahezu pausenlos hin- und herfuhren. Jede schleppte 22 Wagen hinter sich her. In der 4. Klasse zahlte man 12 Kreuzer, in der 1. das Vierfache.

Alles ging ausgezeichnet! Frankfurt hatte seine erste Eisenbahn...

Wen es interessiert, wie es weiterging:

Die nächste Bahnlinie wurde sieben Jahre später, 1846, gebaut, die Main-Neckar-Bahn nach Darmstadt. Im Jahr darauf folgte die Linie von Höchst nach Bad Soden, im übernächsten Jahr (1848) die Lokalbahn nach Offenbach und die Strecke nördlich des Mains nach Hanau-Aschaffenburg, 1850 dann die Main-Weser-Bahn nach Friedberg (1852 bis Kassel) 1860 die Bahn nach Homburg, 1863 die Linie nach Mainz und erstaunlich spät, nämlich erst 1873, die Strecke südlich des Mains nach Hanau-Fulda, 1874 konnte man nach Kronberg mit der Bahn fahren, 1877 nach Idstein, 1879 nach Limburg und mit der Riedbahn nach Mannheim, und erst 1902 nach Königstein.

Im übrigen: Respekt vor der alten Hafenbahn! In den Anfängen war sie ein wichtiges Verbindungsstück des Frankfurter Eisenbahnnetzes. Aus den Fenstern der Züge, die über ihre eingleisigen Schienen schnauften, winkten die Fahrgäste, die via Ostbahnhof und Hanau nach Berlin fuhren. Der unermüdliche Chronist Friedrich Stoltze hat 1859 auch die erste Fahrt auf diesem Verbindungsstück »vom Galjefeld ins Fischerfeld« besungen. Der große, mit Spannung erwartete Augenblick war da, als der geschmückte Zug mit den Ehrengästen – im vordersten Wagen saß die Musik des Linienmilitärs – unter dem Bogen der Alten Brücke zum ersten Male hindurchfuhr.

Un richdig! dorch den Bogen aach
Da gung der Schornstaa samt dem Raach
Un hat den Kopp net eigerennt –
Des war de feierlichst Moment!

Alles verlief programmgemäß. Der Zug landete nicht im Main, wie mancher Ehrengast heimlich befürchtet hatte: »So kam der Zug dann aggeritscht, un war gottlob net ausgeglitscht.« (Und es sei nicht vergessen, daß über 80 Jahre später, nach Kriegsende 1945, für ein paar Monate wieder Personenzüge auf der Hafenbahn am Nizza entlangpufften.)

Als Frankfurt preußisch wurde

Im Juli 1866 wurde Frankfurt von den Preußen besetzt, und die alte freie Stadt verlor ihre Selbständigkeit. Das preußische Militär war in der Mainstadt dementsprechend wenig beliebt. Einmal trat ein schneidiger Feldwebel zu einem Gassenkehrer und fragte ihn, indem er zwei Finger an die Mütze legte: „Mein Bester, ick möchte jerne nach die Eschenheimer Jasse jehn!“ Der Gassenkehrer wirbelte Staub auf und entgegnete, ohne aufzusehen: „Als hiegange, was leiht mir draa!“

Auch Sachsenhausen bekam eine gehörige Portion Einquartierung. Es kam vor, daß dabei die Herren „Eroberer“ nicht gerade die liebenswürdigste Seite herauskehrten. Ein junger Unteroffizier war bei einem alten Sachsenhäuser einquartiert. Er wollte seinem Wirt einmal zeigen, was er für ein Eisenfresser sei und schnauzte den Linksmainer ganz gehörig an. Doch dieser war vom alten Schlag und gab's ihm ebenso zurück. Als die Frau das Essen auftrug, zog der junge Mann seinen Säbel aus der Scheide und legte ihn auf den Tisch neben den Teller. Er wollte damit der Frau Angst einjagen. Da ging der Sachsenhäuser hinaus in den Hof, holte die Mistgabel und legte sie neben den Säbel. Wütend fuhr der Soldat auf: „Was soll das heißen!“ „Ei no,“ sagte der andere, „ich hob gemeint, zu su em grusse Messer gehert aach e gruß Gawwel.“ Der junge Mann steckte den Säbel ein und benahm sich von nun an viel manierlicher.

Der Taunusbahnhof kurz nach der Eröffnung. Er stand an der Gallusanlage und wurde 1839 gebaut. Er gehörte zu den ältesten deutschen Bahnhöfen. Die Lokomotive ist eine der beiden, die Frankfurt damals besaß. Aber man kannte schon eine Halle für die Fahrgäste.

Frankfurts erstes Eisenbahnunglück. Am 16. August 1846 stürzten gleich zwei Lokomotiven über die Pfeiler der im Bau befindlichen Wilhelmsbrücke. Ein Heizer wurde getötet.

Das ist das Spottbild von der ersten Probefahrt der Eisenbahn nach Höchst. Wir erzählen davon.

Das eiserne Kruzifix mit dem goldenen Brickegickel. Was hat er alles gesehen!

Eine der letzten Aufnahmen von der Alten Brücke und sicherlich eine der schönsten, die es gibt (Foto: G. Rapp). Anfang Juni 1914 wurde die Brücke abgerissen. So kennen sie noch viele Frankfurter, mit ihren kurzen wuchtigen Bögen aus rotem Sandstein und mit der Brückenmühle an der Maininsel. Gleich rechts von der Brücke, an der Schönen Aussicht – leider ist das Haus nicht mehr auf unser Bild gekommen –, wohnte Arthur Schopenhauer zwanzig Jahre lang. Ein großer Philosoph an einem ehrwürdigen Bauwerk.

Frankfurter Würstchen! Um die Jahrhundertwende sah so eines der bunten Etikette aus, mit denen die Blechdosen voll der berühmten Spezialität in alle Welt gingen.

Alle Jahre versammelte sich das Frankfurter Bürgermilitär zur großen Parade auf den weiten Wiesen um den Grindbrunnen. Das Bild stammt aus dem Jahre 1830. Zu den »Weißbüschen« unter den Uniformierten gehörten die reicheren Bürger der Stadt. Die Linden im Hintergrund stehen um den Brunnen, der sich damals noch weiter mainabwärts, im Gebiet des heutigen Westhafens, befand. Der Blick ist gegen die Stadt gerichtet.

DAS WUNDER DER MAINBRÜCKE

Es ist nunmehr Zeit geworden, daß wir uns dem Bauwerk zuwenden, das für Frankfurt wichtiger gewesen ist als irgendein anderes.

Es ist die alte Mainbrücke. Ihre Anfänge verlieren sich in graue historische Zeiten. Vor 250 Jahren schrieb der berühmte Chronist Lersner, daß die Brücke zum ersten Male im Jahre 1030 n. Chr. erwähnt werde. Diese Urkunde existiert nicht mehr. Unsere älteste Urkunde, in der die Frankfurter Brücke vorkommt, stammt aus dem Jahr 1222. Aber die Historiker meinen, daß die Brücke um vieles älter gewesen sein müsse; denn es sei nicht denkbar, daß ein Ort, der seit dem Ende des 8. Jahrhunderts Königspaläste besaß, keine Brücke hatte.

Die Brücke starb am 3. Juni 1914. An diesem Tag begann man sie abzureißen...

Die Brücke war neben dem Domturm das volkstümlichste Wahrzeichen Frankfurts. An ihr erkannte man unsere Stadt. Ohne sie wäre Frankfurt niemals Frankfurt gewesen. Die Welt kannte die Brücke fast das ganze Mittelalter und die ganze Neuzeit hindurch. Und sie sah umgekehrt viele Große ihrer Zeit, Albrecht Dürer und Hans Holbein, Giordano Bruno und Martin Luther, Gustav Adolf und Napoleon, Goethe und Schiller, Voltaire und Bismarck, Graf Zeppelin und Albert Schweitzer. Und fast alle deutschen Kaiser.

Alfons Paquet, dieser bilderreiche Frankfurter Dichter, sagte einmal von der Brücke: »Hier ist einer der Punkte, wo die Himmelsrichtungen gleichsam selbst sichtbar werden.« Die Brücke war weit und breit die wichtigste Verbindung zwischen Norden und Süden (und deshalb war die Fahrgasse eine der wichtigsten Straßen des alten Reiches). Der Strom aber, der unter ihren Bögen hindurchfloß, verband und verbindet, in einem weiteren Sinn, den Atlantik mit dem Schwarzen Meer, Morgenland und Abendland, Neue Welt und Alte Welt...

»Die Brücke in Frankfurt hat einen Heiligenschein aus Sage und Geschichte.« Das ist ein anderes schönes Wort, das man einmal über die Alte Brücke sagte. Für unsere Vorfahren muß sie so etwas wie ein Wunder gewesen sein. Denn Brücken bauen war damals das schwierigste Unternehmen, das sich Menschen zutrauten

Ja, noch mehr! In seinen verdienstvollen Arbeiten über Frankfurt erwähnt der Historiker Friedrich Bothe immer wieder, daß die Brücke einmal so etwas wie ein Heiligtum gewesen sein müsse. Für die Kirche waren damals Brücken fast so wichtig wie Gotteshäuser. Über sie hinweg verbreitete sich das Christentum. Es ist deshalb nicht verwunderlich, daß um 1300 die italienischen Bischöfe allen jenen Sündenablaß gewährten, die für die Erhaltung der Frankfurter Brücke spendeten.

Das ist das älteste Bild, das wir von der Brücke besitzen. Es stammt aus dem Jahre 1405. Der Zeichner hat nur ein paar von ihren Bögen wiedergegeben, wohl aber die beiden stattlichen Brückentürme und das berühmte Kruzifix mit dem goldenen »Brickegickel«. Der Verkehr von damals ist angedeutet: Eine Frau trägt Holz über die Brücke.

Sorgen hat sie genug gemacht, die Brücke! In den ersten Zeiten ruhte auf steinernen Säulen nur ein hölzerner Oberbau. Hochwasser und Treibeis rissen öfters die halbe Brücke hinweg.

Wir können die Schicksale der Brücke seit jenem Jahr 1222 einigermaßen genau verfolgen. In sieben Jahrhunderten hat man sie rund 20mal erneuern und reparieren müssen.

Im Jahr 1306 war die Brücke voller Menschen, als die Eisschollen sie fortrissen. Ein alter Bericht spricht von zehn Toten, ein anderer sogar von 500! Die höchste Wasserflut erlebte Frankfurt dann im Jahre 1342. Es geschah »eine erschreckliche Ergießung des Mayns«, und zwar mitten im Sommer, Anfang Juli. Die Sachsenhäuser flohen auf den Mühlberg, im Dom stand das Wasser drei Fuß hoch. Die Brücke, die »die beiden Städte aneinanderhängt«, verschwand in den Fluten, 1739 stürzten die Mittelbogen der Brücke zusammen, gerade als ein hessischer Prinz über sie hinweggeritten war. Von Hochwasser war keine Rede. Die Brücke war aus Altersschwäche zusammengesunken...

Andererseits muß die Brücke der freundlichste und friedlichste Ort in ganz Frankfurt gewesen sein. Nicht nur wegen der zu allen Zeiten gerühmten Aussicht auf die Stadt mit ihren Kirchen! Nein, auf der Brücke bestand die Pflicht, Frieden zu halten. Eine alte Zeichnung am Frankfurter Brückenturm zeigte, wie ein Beil eine Hand von einem Arm trennt. Es war eine Warnung an alle. Wer den Frieden der Brücke verletzte und auf ihr Streit begann, dem wurde die Hand abgehauen...

Wir erwähnten soeben den Frankfurter Brückenturm. Er hatte einen Kollegen am anderen Ende der Brücke, den Sachsenhäuser Brückenturm.

Beide gab es schon im Jahre 1306. Denn wir erfahren aus den alten Chroniken, daß damals bei der Hochwasserkatastrophe beide Türme in den Main stürzten. 1342, bei der »erschrecklichen Ergießung«, erging es dem neuen Sachsenhäuser Turm nicht besser. Unverdrossen baute man die Türme wieder auf.

Sie waren stattliche Burschen! Fast so groß wie der Eschenheimer Turm! Und sie hatten ihren Anteil an der Frankfurter Geschichte.

Im Frankfurter Turm war die Folterkammer untergebracht. Als man 1616 den Aufrührer Vinzenz Fettmilch hinrichtete, da steckte man seinen Kopf und die Köpfe von dreien seiner Helfer auf eiserne Zinken hoch oben an den Frankfurter Brückenturm. Dort starrten sie aus ihren toten Augen über Fluß und Brücke, nicht etwa drei Tage oder drei Monate oder drei Jahre lang – nein, man ließ sie dort, bis Wind und Wetter sie zernagt hatten. Goethe hat sie noch gesehen. Als man fast 200 Jahre später, 1801, den Brückenturm endgültig abriß, da war noch ein Rest des grausigen Schmuckes da – einer der vier Köpfe stak noch an seinem Haken!

Eine Nachbildung des Sachsenhäuser Brückenturmes, der bereits 1763 abgerissen wurde, krönte übrigens bis zum Jahre 1944 den größeren der beiden Rathaustürme (nach dem stattlichen Bürgermeister Adickes nannte man ihn den »langen Franz«).

Wenn Sie heute, lieber Leser, über die neue Alte Brücke gehen – sie wurde 1926 gebaut, wir werden noch davon zu berichten haben –, so ist sie wie blankgefegt. Was man auf ihr entdeckt, ist höchstens noch das Treppchen, das zur Maininsel hinunterführt.

Was hat alles früher einmal auf der Alten Brücke gestanden! Von den beiden Türmen sprachen wir schon. 1411 stellte man dann – gegen Sachsenhausen zu – Frankfurts größte Mühle auf die Brücke. Später, um 1635, wurden aus der einen Mühle zwei; sie erhoben sich links und rechts von der Brücke. Die eine von ihnen wurde 1852 niedergelegt. Die andere aber überdauerte die Zeiten und endete erst 1914, zusammen mit der Brücke. Viele Frankfurter werden sie noch kennen.

Im 14. Jahrhundert stellte man mit viel Liebe und Geld auch eine schöne Kapelle auf die Brücke. Sie war der Schutzheiligen der Schiffer, der heiligen Katharina, geweiht. Aber sie stand nur vier Jahre. Dann riß sie ein Hochwasser hinweg.

Daß man selbst im dunklen Mittelalter mehr auf manche Bedürfnisse seiner Mitmenschen einging, als das moderne Frankfurt glaubt, nötig zu haben, darf man aus der Tatsache schließen, daß es damals auf der Brücke auch je ein verschwiegenes Örtchen für Männer und Frauen gab.

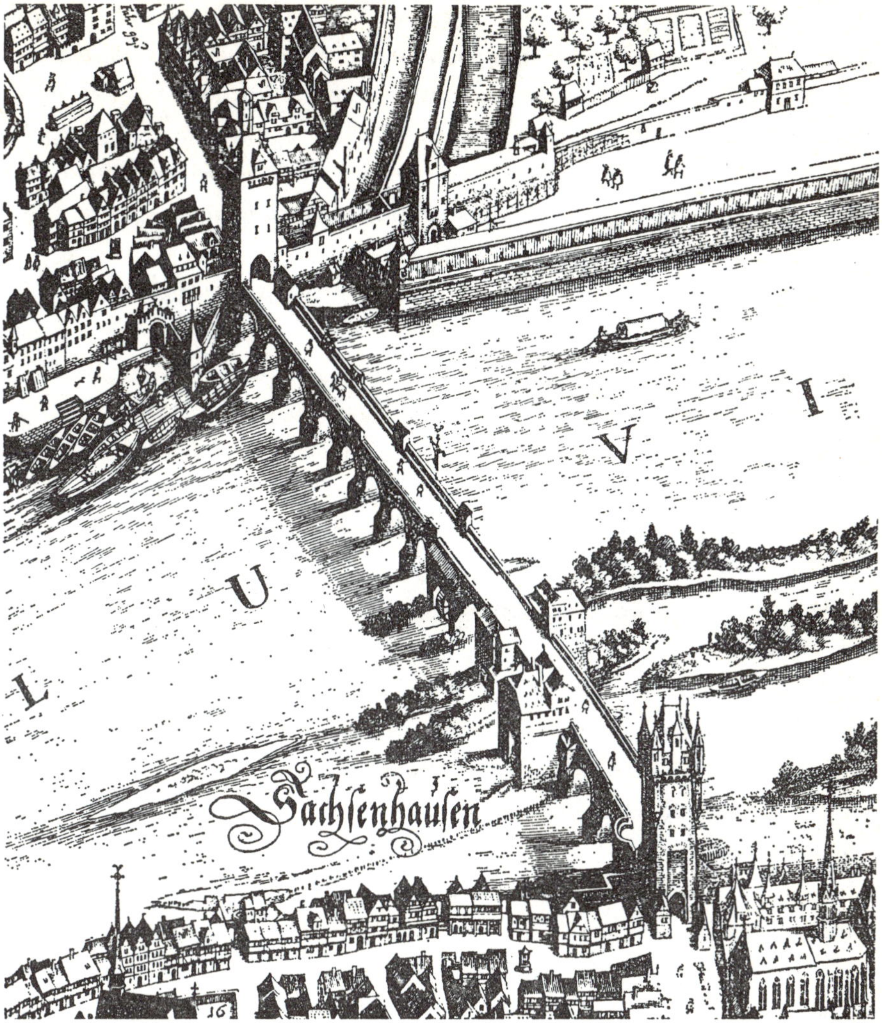

Sie war schon ein großartiges Bauwerk, die Frankfurter Brücke über den Main! Ihre Entstehung verliert sich im Dunkel der frühen Geschichte, sie wurde eine der wichtigsten Brücken im ganzen Reich, und erst 1914 wurde sie abgerissen. So erscheint sie auf Merians berühmtem Stadtplan von 1644 – mit der Maininsel, den Brückentürmen, den Mühlen, dem Kruzifix. Die hohe Mauer, die rechts oben von der Brücke den Main entlangzieht, steht heute noch; es ist die Kaimauer der Schönen Aussicht.

Um 1500 baute man auf ihr dann das Rattenhäuschen. Ein Mann saß darin und zahlte für jede tote Ratte einen alten Heller. Er schnitt ihr den Schwanz als Quittung ab, den Rest warf er in den Main. Aus den städtischen Etats von damals wissen wir, daß man bereits im ersten Jahr 10800 solche Rattenprämien zahlte. 1569 waren entweder die dezimierten Ratten ausgewandert oder man hatte den kostspieligen Kampf aufgegeben. Jedenfalls machte man in diesem Jahr aus dem Rattenhäuschen ein Pulvermagazin.

Seit undenklichen Zeiten stand auf dem mittelsten Bogen der Brücke ein Kruzifix mit einem vergoldeten Hahn. Es war der berühmte »Brickegickel«. Wir haben schon früher einmal, als wir von den Hinrichtungsstätten in unserer Stadt berichteten, von ihm erzählt.

Der Hahn, der weithin in der Sonne glitzerte, sollte den Schiffern anzeigen, daß hier die tiefste Stelle im Main war. Außerdem war hier der Platz, wo man die zum Tode Verurteilten ertränkte und im Dunkel der Nacht auch die Leichen der Selbstmörder ins Wasser warf. Jene Bürger übrigens, die auf der Brücke in einer der Mühlen geboren wurden, nannte man Gickelbürger.

Auf die Pfeilerköpfe an der Maininsel baute man später kleine Blockhäuser. Halbhohe steinerne Portale führten zu ihnen. Man ließ sie stehen, als man die Häuschen abriß, und schmückte sie mit Reliefs – mit dem »Vater Main« und mit einer humoristischen Darstellung der Frankfurter Bürgerwehr. Zwei lachende Männer, richtige Knorze, bemühen sich um eine vorsintflutliche Kanone. Als »Kanonen-Steppel« sind sie weithin bekannt geworden.

Nicht genug damit – 1843 stellte man auf die Brücke auch noch das feierliche Denkmal Karls des Großen.

Von alledem blieb nichts! So gut wie nichts! Die Brückentürme und Brückenmühlen, die Kapelle, das Rattenhäuschen und die verschwiegenen Örtchen wurden längst zu Schutt, Karl der Große liegt irgendwo im Historischen Museum, und ihm fehlt der Kopf, das Kruzifix mit dem Brickegickel und die Kanonen-Steppel sind seit dem letzten Krieg rätselhaft verschwunden...

ES WAR DER VIERTE BRICKEGICKEL

Am Todestag der Alten Brücke, Anfang Juni 1914, holte man das Kruzifix mit dem Hahn herunter, um es für die neue Brücke aufzubewahren. Dabei stellte man etwas fest, wovon man gar nichts gewußt hatte: Der Brickegickel hatte fünf Schüsse im Leib und in seinen vergoldeten Schwanzfedern. Mindestens drei von ihnen mußten von der Sachsenhäuser Seite her gekommen sein.

Nun erinnerte man sich: dieser vergoldete Hahn mit seinen Schußlöchern war schon der vierte seiner Art. Der erste war 1434 bei einem Orkan in den Main gestürzt. Den zweiten hatten die Schweden während des Dreißigjährigen Krieges bei einem Gefecht mit den Kaiserlichen heruntergeschossen. Der dritte war im Main versunken, als die Brücke aus Altersschwäche 1739 mitten auseinanderbrach.

Seit damals trug die Brücke den vierten Brickegickel. Und der war also auch ein alter Kriegsveteran! Kein Wunder! 1813 war Napoleon auf seinem Rückzug nach der Schlacht von Leipzig in Frankfurt abgestiegen. In der Nacht hatte man sich eine Menge tödliches Blei über den Main hinüber und herüber geschickt, die Franzosen auf der Frankfurter Seite, die Bayern und Österreicher in Sachsenhausen. Im Revolutionsmonat September 1848 waren dann wieder Flintenkugeln über die Brücke gepfiffen, als die Darmstädter Artillerie über den Fluß in die Stadt wollte. Sie war von den Revolutionären aus den Häusern an der Mainfront mit Gewehrfeuer empfangen worden, so daß man doch lieber die halbfertige Eisenbahnbrücke benutzte (die spätere Wilhelmsbrücke und heutige Friedensbrücke).

Ein Frankfurter Kriegsveteran! Es sieht so aus, als hätte der vierte Brickegickel einmal nicht sein Ende im Main gefunden, sondern in den verworrenen Tagen des Jahres 1945 bei einem Altmaterialhändler. Vielleicht ist ihm aber doch ein besseres Schicksal beschieden gewesen. Wer weiß heute noch davon?

Schon seit der Mitte des 19. Jahrhunderts war das Ende der Alten Brücke beschlossen. Sie war für den ständig wachsenden Wagenverkehr nicht mehr breit

genug, und ihre Bögen waren nicht mehr weit genug für die immer größer werdenden Mainschiffe. Man verschob den schmerzlichen Akt bis ins 20. Jahrhundert. Der neue Osthafen versetzte der Brücke dann den Todesstoß.
1914 errichtete man neben der steinernen Brücke eine hölzerne Notbrücke, für ein paar Monate. So glaubte man. Aber es wurden zwölf Jahre daraus!
In den Morgenstunden des 3. Juli 1914 wurde die Alte Brücke polizeilich gesperrt. Ohne große Abschiedsfeier begann man sie einzureißen. Die Namen der beiden Frankfurter, die als letzte über die Brücke gingen, blieben erhalten, ein Herr Heymann aus der Heidestraße und der Gastwirt Effelsberg vom Alten Markt.
In der Nacht hatten Passanten Löcher in das steinerne Brückengeländer geschlagen und die Splitter zur Erinnerung mitgenommen. Dem Standbild Karls des Großen hatte einer ein Schild umgehängt: »Scheiden tut weh« und einige Büschel Grünes in die Hand gedrückt. Das war Frankfurts unsentimentaler Abschied von seinem ältesten Wahrzeichen.
Aus dem Bau der neuen Brücke wurde zunächst nichts. Der Krieg kam, die Inflation schloß sich an. Im Januar 1924 brach der »kurzfristige« Notbehelf, die hölzerne Brücke, zusammen und hing tief ins Wasser.
Im August 1926 war es endlich soweit. Die neue Brücke wurde fertig. Oberbürgermeister Landmann zerschnitt das Band. Von der Frankfurter Seite marschierten die Landsmannschaften aus Norddeutschland, von der Sachsenhäuser Seite die aus Süddeutschland über die Brücke und begegneten einander in der Mitte. Man feierte drei Tage lang.
Die Alte Brücke war es nicht mehr. Und sie ist es auch nicht geworden. Es blieb die Ehrwürdigkeit dieser Stelle am Fluß ...

Die Frankfurter nannten die Brücke die neue Alte Brücke.
Vergessen war, daß sie bereits getauft war, als sie noch gar nicht stand. Als man nämlich im Mai 1912 den Grundstein zu dem Neubau legte, hatte man den Namen bereits fix und fertig. Sie sollte Kaiserbrücke heißen. So war's im Rat der Stadt beschlossen. Es wurde nichts daraus.

Übrigens der Grundstein! Was mag wohl aus dem Voreiligen geworden sein? Man deponierte ihn auf der Maininsel. Man hatte in ihn einen Bogen aller Briefmarken, je eine Münze aller Sorten und eine Ausgabe aller Frankfurter Zeitungen hineingetan, ferner 12 Ansichtspostkarten, ein Frankfurter Adreßbuch, eine Flasche Hochheimer 1907 und einen Bembel Äpfelwein. Hat man den Stein ein Dutzend Jahre später dann noch verwendet? Hat man ihm seinen Inhalt belassen, als eine Mahnung, wie rasch die Zeiten sich ändern? Es war nichts Gewisses darüber zu erfahren...

Durch viele Jahrhunderte brauchte Frankfurt nur seine Alte Brücke. Sie genügte. Das änderte sich erst, als die Stadt im 19. Jahrhundert nach allen Seiten auseinanderwuchs und die Eisenbahnen zu rollen begannen.

1848 baute man die erste Eisenbahnbrücke über den Main. 1891 wurde sie als Wilhelmsbrücke für den gewöhnlichen Verkehr umgebaut; nach dem Kriege baute man sie als Friedensbrücke neu.

1869 wurde das »kleine Frankfurter Wunder«, der Eiserne Steg, fertig. Er war von vornherein nur für Fußgänger gedacht. Als der Osthafen um 1910 entstand, mußte man die ganze Eisenkonstruktion um ein Stück heben.

Die Untermainbrücke entstand 1874, die Obermainbrücke 1878, beide nach Plänen eines Ingenieurs Schmick. Man wollte ihn damals auch zum geplanten Neubau der Alten Brücke heranziehen. Die Frankfurter sagten: »Ohne Schmick ka Brick!«

Im März 1945 wurde Frankfurt eine Stadt ohne Brücken. Man sprengte sie vor den heranrückenden Amerikanern. Ein sinnloser letzter Zerstörungsakt. Er vermochte das Ende nur für ein paar Stunden aufzuhalten.

Früher, bei der Alten Brücke, machte man das anders. Man sprengte nichts. Dafür waren aber die beiden mittelsten Bögen der Brücke nur mit starken Holzbalken bedeckt. Nahte ein Gegner, so zog man die Balken zurück, und die Eindringenden standen vor einer halbierten Brücke. Manchmal kam das auch der anderen Seite zugute. Als die französische Besatzung im Oktober 1813 fluchtartig Frankfurt verließ, öffnete ihre Nachhut das Brückenloch, und so gewann man einen entscheidenden Vorsprung vor den nachdrängenden Bayern. Erst 1840 hat man die Holzbalken durch eine steinerne Decke ersetzt.

Und nun sind wir soweit, die neue Alte Brücke endgültig wiederaufzubauen. Bis jetzt behalf man sich mit einem Provisorium. Wenn die Baupläne, so wie sie jetzt, 1960, vorliegen, verwirklicht werden sollten, dann werden aus den 14 wuchtigen Bögen, die an dieser Stelle durch viele Jahrhunderte, vom ersten Kreuzzug bis zum ersten Weltkrieg, den Fluß überspannten, sieben geworden sein...

Ein brillantes Geschäft

Am Wäldchestag beschlossen zwei Sachsenhäuser, der Balzer und der Nikelees, — so berichtet Paul Quilling — auch einmal ein Geschäft im Wäldchen zu machen. Sie kauften deshalb ein Fäßchen Apfelwein, um es draußen zu verzapfen, und drückten es auf einem Karren gemeinsam hinaus. Da aber keiner dem Durst des anderen viel Gutes zutraute, hatten sie ausgemacht, es müsse ein jeder von ihnen, wenn er einen Schoppen trinken wolle, diesen auch bezahlen.

Es war ein heißer Tag, und sie waren kaum vor dem Affentor, da sagte der Balzer: „Halt emol ei, Nikelees, ich hab' en Mordsdorscht, do hoste en Grosche, schenk mer emol en Schobbe ei." Der Nikelees war nicht abgeneigt, schlägt den Krahnen ins Faß und zapft daraus dem Balzer einen Schoppen ab. Jetzt hat aber der Nikelees auch Durst, er bezahlt also dem Balzer den Groschen zurück und trinkt auch einen Schoppen. Ein Schoppen ist aber gar nichts, und der Balzer trinkt noch einen, und der Nikelees trinkt auch noch einen. Der Weg ist weit, der Durst ist groß, das Geschäft wiederholen sie unterwegs noch viele Male, und der Groschen wandert beständig hin und her. Als sie hochvergnügt im Wäldchen ankamen, war das Fäßchen glücklich leer...

DER FREIGEBIGSTE FRANKFURTER

Bleiben wir am Main! An seinen Ufern, genauer auf seinem rechten Ufer, gibt es nämlich etwas, was zu Frankfurt gehört wie die berühmte Mainbrücke und wahrscheinlich noch um vieles älter ist als diese.

Daß dieses Etwas einen schönen Namen hat, kann man wirklich nicht sagen, und es riecht nach Schwefelwasserstoff. Aber seit Jahrhunderten verschenkt es unermüdlich seine Gaben. Umsonst! Es gibt kaum einen großzügigeren und freigebigeren Frankfurter.

Wir meinen den Grindbrunnen. Er rückt Frankfurt in die Nähe der Heilbäder, und seine Kur kostet keinen Pfennig.

In letzter Zeit ist der Brunnen wieder einmal ein bißchen umgebaut worden. Sein grünes Gehäuse – es zeigt die Jahreszahl 1921 – steht nun in einem gläsernen Kämmerchen. Es hat sogar einen Heizkörper. Wenn sich drei Gutgenährte hineinquetschen, ist das Räumchen gedrängt voll. Der Pumpenschwengel ist wakkelig und ausgeleiert wie ehedem, und was aus dem Rohr beim Pumpen heraussprudelt, riecht, wie schon zu den Zeiten der Kreuzzüge, nach faulen Eiern.

Der Brunnen weist eine Neuerung auf, die sehr zu loben ist. Auf einer Tafel steht nämlich geschrieben, um wen es sich hier handelt und was über ihn in ein paar Zeilen zu sagen ist. An wieviel Stellen der Stadt vermißt man schmerzlich eine solche kurze Information! Auch die Sehenswürdigkeiten müssen sich vorstellen, und wenn es mit einem lapidaren Satz geschieht: »Hier ruhet Goethes Mutter.«

Wenn man auf älteren Karten und Stadtansichten nachsieht, zum Beispiel auf dem Delkeskamp-Plan von 1864, dann entdeckt man, daß der Grindbrunnen früher woanders war, nämlich einige hundert Meter weiter mainabwärts. Diese Stelle liegt heute im Gebiet des Westhafens, und der Bau des Hafens war wohl auch der Grund, warum man um 1873 den Grindbrunnen ins Nizza verlegte.

Der alte Grindbrunnen muß einst sehr schön gelegen haben, umgeben von blühenden Linden, inmitten prächtiger weiter Wiesen, mit einem bezaubernden Blick auf den Taunus. So beschreiben ihn die Chronisten. Damals stand er draußen etwa eine Viertelstunde vor den Toren der Stadt. Man sprach vom Grindbrunnen *bei* Frankfurt. Er war ein beliebtes Ausflugsziel der Spaziergänger, schon vor Jahrhunderten. Die ältesten Berichte erzählen von abgewetzten steinernen Bänken, die den eingefaßten Brunnen umgaben.

Auch der unermüdliche Chronist des alten Frankfurts, Friedrich Stoltze, berichtet natürlich vom Grindbrunnen. Er beschrieb 1868 in Versen einen nächtlichen romantischen Spaziergang dorthin. Sein nüchterner Frankfurter Witz kommt ihm dazwischen: »Die Nachtluft bracht' uns aus der Promenad', en Wohlgeruch wie Haaröl und Pommad'.«

In späteren Auflagen der Stoltzeschen Gedichte heißt es übrigens nicht mehr Grindbrunnen, sondern Grinkbrunnen. War das einer der vielen Versuche, dem alten anrüchigen Frankfurter einen schöneren Namen zu geben? Schon 1835 berichtete der Journalist Eduard Beurmann, daß man sich vergebens bestrebte, »den ehrwürdigen Grindbrunnen in Grünborn umzutaufen«. Umsonst!

Die weiten Wiesen am alten Grindbrunnen haben ihre Geschichte. Goethe erzählt von ihnen: An einem bestimmten Tag des Jahres trieb man die Rindviehherden hier zusammen. »Die Hirten samt ihren Mädchen feierten ein ländliche Fest mit Tanz und Gesang, mit mancherlei Lust und Ungezogenheit.« 1785 zauderte der berühmte französische Ballonfahrer Blanchard, ob er für seinen ersten Ballonaufstieg in Deutschland die Grindbrunnen-Wiesen oder die Bornheimer Heide wählen solle. Er entschied sich für die letztere (wo's nach einigen mißglückten Versuchen auch mit einer Luftreise bis nach Weilburg klappte).

Vor allem aber waren die Wiesen am Grindbrunnen das Frankfurter Paradefeld. Am Schluß der Exerzierzeit versammelte sich hier die Stadt- und Landwehr. In der ersten Hälfte des 19. Jahrhunderts waren das immerhin 4000 bis 5000 Mann. Vor einem weiß-roten Zelt hielten die beiden Bürgermeister der Stadt Revue.

»Hoffentlich hawwe mer gut's Wetter!« seufzten die Frankfurter Bürgersoldaten. Denn wenn es regnete, dann bildete sich auf ihrem Tschako eine richtige Regenlache. Und wenn es dazu noch windete, dann war es für die Infanterie mit dem hohen Federbusch auf besagtem Tschako kaum möglich, gegen den Wind voranzukommen.

Der Grindbrunnen. Woher stammt wohl sein Name?
In der Nähe des alten Brunnens lag der Gutleuthof. In früheren Zeiten verbannte man dorthinaus, weit vor die Stadt, die Aussätzigen. Bis zum Ende des 16. Jahrhunderts war der Hof »der guten Leute« ein Siechenhaus für die armen Menschen, die von der schrecklichen Krankheit, der Lepra, geschlagen waren (diesen Gutleuthof gibt es ja heute noch; er ist in unseren Tagen der Sitz eines großen Betriebes für Lebensmittel und Getränke geworden, und auf seinem Boden stehen Weinstöcke).
Es ist durchaus möglich, daß dieser Gutleuthof und seine Bewohner dem Grindbrunnen den Namen gegeben haben. Man hat einst der Quelle nachgesagt, daß sie den Aussatz heile. Ihr Ruf war über Frankfurt hinaus verbreitet: unter Kaiser Maximilian I. zogen 600 Aussätzige von Nürnberg nach Frankfurt, um Heilung am Grindbrunnen zu suchen. Was daraus geworden ist, weiß man nicht. Zu Pferd zu Wagen, zu Fuß pilgerte man zu der angeblich wunderwirkenden Quelle...
Anfang des 19. Jahrhunderts war der Grindbrunnen dann vereinsamt. Ein Arzt, er hieß Dr. Nonne, bemühte sich 1818, den Vergessenen wieder in Erinnerung zu bringen. Er lobte »das opalisierende, streng riechende, kalte Wasser, das nie zufriert«. Er habe es mit sehr bedeutendem Nutzen anwenden sehen (wohlgemerkt 1818!) bei allen Hautausschlägen, bei Hämorrhoiden (diesen Ruf hat sich der Grindbrunnen bis heute erhalten!), gegen Verschleimungen, gegen Sodbrennen, gegen Mitesser und Kupfernasen, gegen Gicht und Rheumatismus, gegen beginnende Blasensteine, schließlich auch gegen Hypochondrie und Melancholie, da das Wasser Verstopfungen beseitige. Für die Zartheit der weiblichen Haut sei das Wasser »besser als alle Jungfernmilchen«. »Ob es allerdings unfruchtbare Weiber fruchtbar machen könne, wie weiland Albertus Magnus behauptete, lassen wir billig im Zweifel.« Respekt vor dem Grindbrunnen! Denn dieser Albertus Magnus lebte von 1192 bis 1280, und er war tatsächlich in Frankfurt. Mehr als fünf Krüge am Tage solle man von dem Grindbrunnen allerdings nicht trinken, fügt Dr. Nonne warnend hinzu.
Spätere Zeiten haben die heilende Wirkung der Quelle erheblich eingeschränkt. Immerhin meinte Dr. Fresenius 1835, daß sie zu »den nicht ganz unbedeutenden

und unwirksamen Mineralquellen« gehöre, und ein Dr. Moritz Schmidt erklärte 1875, daß der Brunnen durch seinen Gehalt an Schwefelwasserstoff, Kochsalz, Natron und anderen Dingen der Kaiserquelle in Aachen sehr ähnlich sei. Er empfiehlt ihn bei Hämorrhoiden, bei chronischen Hautkrankheiten, bei Rheuma und gegen Verschleimung; sein Jod sei wahrscheinlich auch gegen Skrofulose gut.

Damals, 1875, nahm Frankfurt einen hübschen Anlauf, Badestadt zu werden. Ein besonderes Komitee betreute den Brunnen. Man baute um ihn eine Wandelhalle, in der sich die Wassertrinker ergingen, soweit sie nicht im Nizza promenierten. Es gab einen besonderen Brunnenmeister. Er brachte auf Wunsch das Wasser sogar ins Haus.

Wieweit heute noch die Ärzte Grindbrunnenwasser verschreiben und mit welchem Erfolg, das entzieht sich meiner Kenntnis. Jedenfalls wurde nichts aus Bad Frankfurt. Aber man braucht nicht lange an dem Brunnen zu stehen, um jemanden zu entdecken, der mit sichtlichem Behagen das Wasser trinkt oder eine leere Flasche damit füllt. Wenn man sich mit ihm unterhält, dann ist es gewöhnlich ein Stammkunde, der auf seinen Grindbrunnen seit Jahrzehnten schwört.

»Sehen Sie mir an, daß ich Sechzig bin?« sagt die lebhafte Frau, die gleich drei Flaschen gefüllt hat und wirklich wie kaum Fünfzig aussieht, »das Wasser trinke ich seit meiner Kindheit, jeden Tag. Ich bin nämlich aus Frankfurt – wie, Sie auch?« sagt sie zu meiner Frau. »Das ist ja wunderbar!« – und sie schütteln sich die Hände, als hätten sie sich eben im dicksten Afrika getroffen.

Eine Begegnung am Grindbrunnen. Er ist ein Stück Frankfurt. Er hat die Geschichte der Stadt begleitet, mit allem Auf und Ab. Vielleicht wird sein Wasser noch fließen, wenn es um Menschenträume still geworden sein wird...

RACHE FÜR SEDAN

Und nun wagen wir einen kühnen Sprung! In ein ganz anderes Gebiet. In die Frankfurter Kriminalgeschichte!

Auch Kriminalfälle gehören zur Historie einer großen Stadt. Darum sei mir erlaubt, zur Abwechslung einmal einen berühmten Frankfurter Kriminalfall zu erzählen. Er ist heute schon ganz und gar vergessen, obwohl einst die Zeitungen zweier Kontinente über ihn berichteten. Es ist die Geschichte von dem Mann, der das Bankhaus Rothschild in die Luft sprengen wollte.

Am 3. April 1871 mietete sich im »Wiener Hof« ein junger dunkelhaariger Mann ein, der sich Eduard Delisle nannte und vorgab, Kaufmann aus Basel zu sein. Damit stimmte zwar nicht überein, daß er nur ein paar Brocken Deutsch und im übrigen nur Französisch sprach. Aber er lebte unauffällig und zahlte pünktlich. Er hatte ein einziges Gepäckstück, ein größeres Paket, das in ein schwarzes Wachstuch eingeschlagen war.

Damals, im April 1871, ging der Deutsch-Französische Krieg zu Ende. Am 28. Januar hatte man den Waffenstillstand unterzeichnet. Frankfurt erlebte den Schlußpunkt. Die letzten Verhandlungen über den Friedensvertrag fanden im Hotel »Zum Schwan« im Steinweg statt. Am 10. Mai sollten Bismarck und Thiers endgültig das Dokument unterschreiben (im Historischen Museum wird der altmodisch-elegante Salon, in dem dies geschah, getreulich aufbewahrt).

Fünf Tage nach seiner Ankunft, am 8. April, nahm Eduard Delisle sein Wachstuchpaket und zog um, zum Gastwirt Simon in die Bockgasse. Sein Paket stand eine Zeitlang mitten in der Stube, dann versperrte es Delisle in einer Kommode.

Am 12. August morgens erschien er, das Paket unter dem Arm, in dem Haus an der Ecke Fahrgasse–Börnestraße, Hausnummer 146. Das schlichte Gebäude war in der ganzen Welt bekannt. Es war das Frankfurter Bankhaus Rothschild.

Unweit hiervon, in der alten Judengasse (der späteren Börnestraße), hatte Mayer Amschel Rothschild seinen unermeßlichen Reichtum begründet. Von dort aus waren vier seiner Söhne in die Metropolen der Welt gezogen, um ihre eigene

Gelddynastie zu gründen. Der fünfte, der älteste, war in Frankfurt geblieben. Aber er hatte sein Geschäft in die vornehmere Fahrgasse verlegt.

So um 1810 herum muß das Haus in der Fahrgasse gebaut worden sein. Sein Architekt Ph. J. Hoffmann hatte übrigens einen berühmten Sohn, den Irrenarzt Dr. Hoffmann, der den »Struwwelpeter« schrieb; wir werden ihm in dieser Geschichte noch einmal begegnen. (Um die Geschicke des Hauses kurz fertig zu berichten: 1901 wurde das Bankhaus Rothschild geschlossen, die Frankfurter Rothschilds waren ausgestorben. Im März 1944 versank das Haus im Bombenhagel. Heute befindet sich an seiner Stelle eine Treppe zur Unterführung an der Konstablerwache.)

Chef des Hauses war im Jahre 1871 Freiherr Karl von Rothschild. Und ihn verlangte der Besucher, das Wachstuchpaket unter dem Arm, zu sprechen. Der Portier zuckte mit den Achseln: Bedaure, heute ist Feiertag.

Einige Tage später wiederholt der Fremde seinen Besuch und unterhält sich mit einem Buchhalter; das Paket hat er wieder dabei. Am 18. April wartet er, das Paket neben sich abgestellt, eine halbe Stunde beim Portier. Am 19. April macht er seinen letzten Besuch. Es ist neun Uhr. Diesmal erscheint er ohne sein Paket. Aber dafür trägt er an einem Riemen eine Blechbüchse, die mit Taschentüchern umwickelt ist.

Er wird in den 1. Stock verwiesen, wo das Comptoir ist. Alle Türen gehen auf einen Vorplatz hinaus. Der Fremde betritt einen Raum und überreicht dem alten Buchhalter Kehl drei Zettel. Er bedeutet ihm, sie sofort zu lesen und verschwindet dann aus dem Büro.

Der Buchhalter sieht, daß der Text auf den Zetteln französisch ist. Er reicht sie über sein Stehpult dem Korrespondenten Speyer hinüber. Dieser blickt darauf und sagt: »Was ist das? Der Mann will vier Millionen Gulden haben!«

In diesem Augenblick erscheint der Fremde wieder, den Hut auf dem Kopf, eine brennende Zigarre im Mund. Buchhalter Kehl gibt ihm die drei Zettel zurück. Sie hoch in die Luft haltend, schreitet der Mann durch das Büro.

Eine gewaltige Detonation erschüttert das Haus. Türen bersten, Glas zersplittert ringsum, 125 Fensterscheiben zerspringen, die Decke über der Toilette ist

Der Taunusbahnhof kurz nach der Eröffnung. Er stand an der Gallusanlage und wurde 1839 gebaut. Er gehörte zu den ältesten deutschen Bahnhöfen. Die Lokomotive ist eine der beiden, die Frankfurt damals besaß. Aber man kannte schon eine Halle für die Fahrgäste.

Frankfurts erstes Eisenbahnunglück. Am 16. August 1846 stürzten gleich zwei Lokomotiven über die Pfeiler der im Bau befindlichen Wilhelmsbrücke. Ein Heizer wurde getötet.

Das ist das Spottbild von der ersten Probefahrt der Eisenbahn nach Höchst. Wir erzählen davon.

Das eiserne Kruzifix mit dem goldenen Brickegickel. Was hat er alles gesehen!

Eine der letzten Aufnahmen von der Alten Brücke und sicherlich eine der schönsten, die es gibt (Foto: G. Rapp). Anfang Juni 1914 wurde die Brücke abgerissen. So kennen sie noch viele Frankfurter, mit ihren kurzen wuchtigen Bögen aus rotem Sandstein und mit der Brückenmühle an der Maininsel. Gleich rechts von der Brücke, an der Schönen Aussicht – leider ist das Haus nicht mehr auf unser Bild gekommen –, wohnte Arthur Schopenhauer zwanzig Jahre lang. Ein großer Philosoph an einem ehrwürdigen Bauwerk.

Frankfurter Würstchen! Um die Jahrhundertwende sah so eines der bunten Etikette aus, mit denen die Blechdosen voll der berühmten Spezialität in alle Welt gingen.

Alle Jahre versammelte sich das Frankfurter Bürgermilitär zur großen Parade auf den weiten Wiesen um den Grindbrunnen. Das Bild stammt aus dem Jahre 1830. Zu den »Weißbüschen« unter den Uniformierten gehörten die reicheren Bürger der Stadt. Die Linden im Hintergrund stehen um den Brunnen, der sich damals noch weiter mainabwärts, im Gebiet des heutigen Westhafens, befand. Der Blick ist gegen die Stadt gerichtet.

gespalten und eine Säule auf dem Vorplatz von oben bis unten geborsten. Hier auf dem Vorplatz geschah die Explosion. Verstörte Gesichter überall, einige sind blutverschmiert. Eine riesige Menschenmenge sammelt sich vor dem Haus an.

Unberührt überreicht der Fremde seine drei Zettel einem Angestellten: »Lisez ceci, l'explication!« (»Lesen Sie das, die Erklärung!«) Über die Trümmer der Tür steigen Schutzleute.

Nun liest man die Zettel. Auf dem einen steht (in deutscher Übersetzung): »Vor zehn Uhr heute abend muß die preußische Stadt Frankfurt dem Überbringer vier Millionen auszahlen, anderenfalls wird sie zerstört!« Im Weigerungsfalle werde der Überbringer das Bankhaus Rothschild in die Luft sprengen. Das sei wiederum das Signal für seine Mitverschworenen, sieben über die Stadt verstreute Nitroglyzerin-Depots in die Luft gehen zu lassen...

Auf dem zweiten Zettel heißt es, daß Frankfurt sich bis Mitternacht im Belagerungszustand befinde und daß bis dahin alle Recherchen nach den Mitverschworenen verboten seien. Der dritte Zettel gibt Anweisungen für die Zahlung der vier Millionen, die eine Hälfte in französischem, die andere in deutschem Geld.

Man verhaftet den Mann. Er läßt sich ohne Widerstand die paar Schritte bis zur Konstablerwache bringen. Dort stellt man fest, daß man ein lebendes Dynamitarsenal vor sich hat.

In der Blechbüchse, die der Mann umgeschnallt hat, sind 30 Dynamitpatronen mit Zündern. 41 weitere Patronen trägt er auf dem Leib an einem Riemen befestigt. Sie waren der Inhalt seines einzigen Gepäckstückes, des Wachstuchpaketes, gewesen. Den Zünder einer der Patronen hat der Mann in einer Ecke des Vorplatzes mit seiner brennenden Zigarre angesteckt. »Man sollte sehen, daß es ernst ist.«

Vier Monate sitzt der Mann in Untersuchungshaft. Er nennt sich jetzt Charles Müller, will 27 Jahre alt sein und aus Metz stammen. Man weiß nicht, ob es stimmt. Er gibt zu, keine Komplicen zu haben. Der Plan sei ihm allein gekommen.

Am 18. August beginnt der Prozeß.

Charles Müller erklärt sein Motiv. Er habe Rache für Frankreichs Niederlage nehmen wollen. Zusammen mit seinem Vater habe er in einem Franctireur-Bataillon gedient; sein Vater sei gefallen (jedesmal, wenn er seinen Vater erwähnt, bricht er in Tränen aus). Als Entschädigung für Frankreich habe er eine möglichst hohe Summe erpressen wollen und deshalb das reiche Frankfurt gewählt. Er selbst nennt seinen Plan jetzt eine »idée fixe«.

Der Vorsitzende wendet sich an die Sachverständigen. Die Herren Physici – Physicus, so nennt man damals noch den Arzt – erklären den Angeklagten für normal. Ein Fanatiker, gewiß, aber keine krankhafte Geistestätigkeit.

Diesem Urteil schließt sich auch der berühmte Frankfurter Irrenarzt Dr. Heinrich Hoffmann an. »Vollkommen zurechnungsfähig!« Durch das Unglück seines Vaterlandes sei der Angeklagte, eine noble und weiche Natur, zu einer unsinnigen Tat hingerissen worden. Die Unsinnigkeit der Handlung sei jedoch kein Beweis von Geistesgestörtheit.

Dann spricht der Verteidiger Dr. Ebner. Als er die Frage aufwirft, was wohl ein Mensch machen müsse, damit er als geistig verwirrt erkannt werde, bricht das Publikum in Beifall aus.

Die Tat des Angeklagten, so sagt Dr. Ebner, sei geradezu das Hirngespinst eines geistig Gestörten – allein in ein fremdes Land zu reisen, den Belagerungszustand über eine Stadt von 80000 Menschen zu verhängen, wochenlang mit einem hochgefährlichen Sprengstoff umherzulaufen, eine Kontribution von vier Millionen zu verlangen, zu glauben, daß sie gezahlt werde und daß man damit wieder so ruhig verschwinden könne, wie man gekommen sei!

Die Geschworenen brauchen nur eine halbe Stunde für ihre Beratung. Sie bejahen die Frage Nr. 1, ob der Angeklagte die Tat begangen habe, aber sie bejahen auch die Frage Nr. 2, ob er sich bei der Tat in dem Zustand einer krankhaft geistigen Störung befunden habe.

Das ist der Freispruch. Lauter Beifall im Zuhörerraum. Der Staatsanwalt verzichtet auf Berufung.

Damit verschwindet im Dunkel der Vergessenheit der Mann, der mit einer Riesenladung Dynamit rastlos durch Frankfurt wanderte, um Rache für Sedan zu nehmen.

DAS WASSERSCHLÖSSCHEN IN DER OEDE

Patrizier!
Immer und immer wieder taucht dieses Wort in der Geschichte Frankfurts auf. Patrizier waren die angesehenen und reichen Bürger der Stadt, die ihre Geschicke lenkten und ihre Politik machten. Als freie »Königsleute« waren sie einst durch Grundbesitz reich geworden, als Kaufherrn hatten sie den Reichtum vervielfacht. Sie waren der Stadtadel. Kaiser waren ihre Gäste. Sie waren die Herren der Stadt, und sie fühlten sich auch als solche. Gegen ihre Macht hat es stille und blutige Revolutionen gegeben.
Wir wollen von einem solchen Frankfurter Patriziergeschlecht erzählen. Von dem ältesten in der alten Bürgerstadt. Einer der schönsten Flecken Erde, den Frankfurt besitzt, legt davon Zeugnis ab.

Dazu müssen wir einen kleinen Spaziergang machen. Er führt uns zu einem merkwürdigen Tor.
Es steht groß und breit an einer Hauptstraße. Aber niemals geht ein Mensch hindurch. Seit vielen Jahren nicht mehr. Links und rechts von dem Portal ist nichts – keine Wand, keine Mauer, kein Zaun. Das Tor steht für sich allein. Es hat seinen Lebenszweck verloren. Es öffnet nichts, es verschließt nichts, und es führt nirgendwohin. Die Zeit und die Menschen haben es vergessen. Es ist sein eigenes Denkmal geworden. Ein liebenswürdiges Kuriosum. Eine Erinnerung. Und eine Markierung.
Das einsame Tor steht am Oederweg. Gleich nach dem Adlerflychtplatz beginnt auf der linken Seite der Traum von einer Allee. Sie ist nur kurz, zwei, drei Reihen von stattlichen Ulmen. Sie mögen 200 Jahre alt sein.
Die Straßenbahn biegt nach rechts in die Glauburgstraße ab. Wenige Schritte weiter auf der linken Seite des Oederwegs steht das vergessene Tor. Steinsäulen flankieren die schmiedeeiserne Einfahrt, und steinerne Vasen thronen auf ihnen.
Wir spähen zwischen den Gitterstäben hindurch. Etwa 200 Meter entfernt, am Ende einer Allee hoher alter Kastanienbäume, steht das Haus, zu dem das Tor

einst hinführte. Und nun erkennt man auch, daß die Ulmenallee, die wir heraufkamen, früher zu dem Besitz gehörte, daß sie an seinem Rande lag.
Wir gehen um das einzelnstehende Tor herum – seine Klinken sind abgebrochen oder lassen sich nicht mehr bewegen – die Kastanienallee entlang auf das Gebäude zu. Es steht mitten in einem kleinen Teich, eine zweibogige Steinbrücke führt zu ihm hinüber. Das Wasserschlößchen im Holzhausenpark! Eine der liebenswürdigsten Oasen in Frankfurt. Und eine echte Idylle!
Durch rund ein halbes Jahrtausend war dies der Sommersitz, später Stammsitz der Familie Holzhausen. Vor wenigen Jahrzehnten erst starb die ältere Linie aus. Die Stadt erwarb Park und Gebäude. Zunächst zog ein Archiv ein. Seit ein paar Jahren ist das Museum für Vor- und Frühgeschichte der neue Hausherr.
Das Barockschlößchen besitzt eine Besonderheit. Eine Frankfurter Spezialität. Sie sitzt oben auf seinem Dach. Es ist ein ummauertes Extrazimmer mit einem eigenen Dächelchen. Ein Ausguckturm, ein Belvederchen, wie es die alten Frankfurter auf ihren Häusern so sehr liebten. Noch heute kann man das Zimmerchen vom Dachboden aus nur mit einer Leiter erreichen, so wie damals, als man das Haus baute.
Damals! Das war 1729. Das Schlößchen ist 230 Jahre alt. Ein französischer Architekt baute es (er hieß de la Fosse, und er baute auch das Darmstädter Schloß). Vorher stand an derselben Stelle, mitten im Wasser, ein burgähnliches Gebäude mit Zugbrücke und schwerem Turm. Ringsumher waren Äcker und Wiesen und Alleen, Scheunen und Ställe. Ein großer Gutshof. Er hieß die Holzhausen-Oede. Auch andere Höfe um Frankfurt nannte man so: Oede. Nach der einen Deutung heißt Oede Besitz, man verweist auf das Wort Kleinod, nach einer anderen Ansicht soll Oede nichts anderes ausdrücken, als daß diese Höfe eben einsam lagen.
Einsam! Man schaue sich einen Stadtplan von heute an! Der Holzhausenpark liegt fast genau in der Mitte der Stadt. Noch vor acht oder neun Jahrzehnten war er ein ländlicher Gutshof vor den Toren Frankfurts, ein vereinzelter Wohnsitz zwischen der Stadt und den weit draußen liegenden Dörfern Eschersheim und Eckenheim. Und das Sträßchen, das zu ihm hinführte, hieß sicher nicht umsonst der Oederweg...

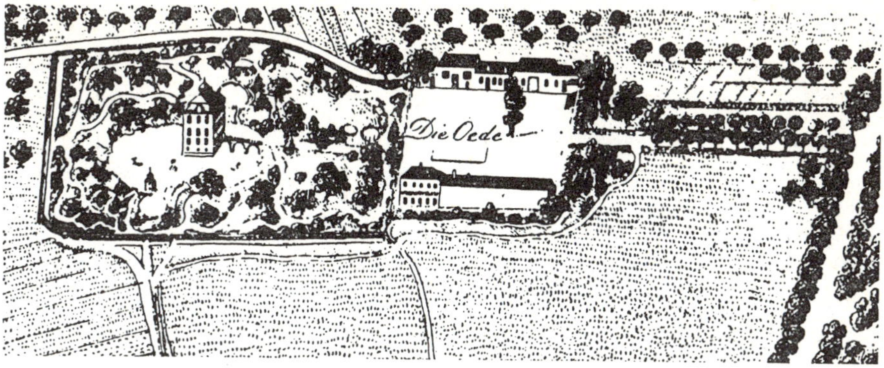

So sah Delkeskamp 1864 die Holzhausen-Oede, als er seinen einzigartigen großen Stadtplan zeichnete. Es wird wohl wenige in unserer Stadt geben, die nicht Frankfurts romantisches Wasserschlößchen kennen.

An der Terrasse, auf der die Besucher die Enten und Schwäne füttern und ihren Fotoapparat zücken, steht ein Gedenkstein. Er verkündet die erstaunliche Tatsache, das das Geschlecht der Holzhausen der Reichsstadt Frankfurt 66 Bürgermeister gestellt hat. Nach anderer Zählung waren es sogar rund 70.

66 (oder 70) Bürgermeister! So mancher Holzhausen wird zwei- oder dreimal Bürgermeister gewesen sein (der Hamman war es sogar viermal). Man stelle sich trotzdem diese lange Reihe würdevoller Männer in ihren Amtstrachten vor!

Wenn es stimmt, was wir eruierten, daß nämlich der jetzige Oberbürgermeister, Bockelmann, der 385. Oberbürgermeister unserer Stadt ist (oder älterer Bürgermeister, wie man früher sagte), dann kann man eine kleine Rechnung aufstellen. Verdoppeln wir der Einfachheit halber die Zahl, denn es gab stets noch einen »jüngeren« oder »Unter«bürgermeister (zur Zeit Bürgermeister Menzer), dann kann man sagen, daß rund jeder zehnte Bürgermeister den Namen Holzhausen trug. Und das war etwas, Bürgermeister der Reichsstadt Frankfurt! Da bliesen die Herolde in die Posaunen, wenn einer von ihnen zu Besuch kam! Und es wird auch verständlich, warum es immer wieder Leute in Frankfurt gegeben hat, die meinten, es müsse auch einmal ein anderer als immer nur ein Patrizier und ein Holzhausen Bürgermeister werden können.

Die Holzhausen stammten aus dem Ort gleichen Namens bei Homburg (heute heißt er Burgholzhausen). Um die Mitte des 13. Jahrhunderts kam ein Heinrich von Holzhausen nach Frankfurt, und er scheint gleich auf den ersten Anhieb das damalige höchste Bürgeramt erreicht zu haben: er wurde Schöffe.
Dieses Frankfurter Geschlecht der Holzhausen, die ältere Linie, starb 1923 aus. Dazwischen liegen rund 700 Jahre. Wir haben den Respekt vor solchen Zahlen etwas verloren. Aber man muß sich das doch einmal vorstellen: 700 Jahre! *Ein* Bürgergeschlecht! In *einer* Stadt! Als die Holzhausen schon zweieinhalb Jahrhunderte in Frankfurt lebten, kamen die ersten weißen Menschen nach Nordamerika.
Durch Grundbesitz, durch Handel, durch Versippung wurden die Holzhausen mächtig. Die Frankfurter Patrizier schlossen sich zu Gesellschaften zusammen. Ihre weitaus wichtigste wurde die Gesellschaft Alten-Limpurg. Sie saß im Rat auf der ersten Bank und führte das große Wort. Die Holzhausen spielten in ihr die führende Rolle. Das Haus, in dem sich die Mitglieder der Gesellschaft gesellig trafen, gehörte einst ihnen. Wenn Sie vor dem Römer stehen, lieber Leser, dann ist es das Eckhaus der Häuserfront links vom Haus Römer. Es heißt heute noch Haus Alt-Limpurg, und auch die Gesellschaft, die Ganerbenschaft Alten-Limpurg, existiert noch! Friedrich Baron Holzhausen in Kronberg von der jüngeren Linie der Holzhausen gehört zu ihrem heutigen Vorstand.
Die Geschichte alter Familien verläuft meistens in Wellenbergen und Wellentälern. Die Geschichte der Holzhausen – das aufschlußreiche Buch, das Dr. Franz Lerner 1953 über die Holzhausen veröffentlicht hat, bestätigt es – zeigt eine erstaunliche Stabilität und Gleichmäßigkeit über die Jahrhunderte hinweg.
Natürlich, es gab auch Täler. Im 15. Jahrhundert zum Beispiel, so berichtet Dr. Lerner, machte ein Holzhausen Bankrott, weil er sich in die Idee verrannt hatte, Silber aus einem Porphyrfelsen am Rheingrafenstein zu schmelzen. Und drei Jahrhunderte später brachte ein Scharlatan, ein Baron Creutz aus Homburg, einen anderen Holzhausen fast um sein Vermögen, als er im Holzhausenschlößchen jahrelang seine geheimen und kostspieligen alchimistischen Experimente unternahm.

Aber jene Holzhausen überwogen, die Würden und Reichtum wahrten und mehrten. Mancher bedeutende Mann war dabei. Einem sind wir schon einmal begegnet, bei der Belagerung von 1552. In dieser schweren Stunde betraute die Stadt den Justinian von Holzhausen damit, die Verteidigung vorzubereiten. Justinian und sein Vater Hamman vor allem waren Freunde des Humanismus; daß Frankfurts Schifflein einigermaßen wohlbehalten durch die so bewegten Zeiten der Reformation steuerte, war nicht zuletzt ihr Verdienst. Und immer wieder wurde ein Holzhausen mit wichtigen Reisen und Aufträgen zu den Reichstagen und dem Kaiser betraut.

Ein Schild mit drei Rosen, zwei nebeneinander, die dritte in der Mitte darunter – das war das Wappen der Holzhausen. Kaiser Karl V. bestätigte es durch eigenhändige Unterschrift.
Man findet das Wappen an etlichen Stellen unserer Stadt, natürlich am Holzhausenschlößchen, aber auch im Dom, auf dem Friedhof, selbst, wenn wir uns recht erinnern, auf Gedenktafeln im Stadtwald (zwei Holzhausen gehörten der Gesandtschaft an, die 1372 mit Kaiser Karl IV. über den Erwerb des Stadtwaldes aus Reichsbesitz verhandelte).
Ein Holzhausen wurde Kammerherr bei der Kaiserin Maria Theresia; von dorther stammte der Freiherr im Namen. Ein anderer wurde Generalmajor beim Feldmarschall Radetzky. Ein dritter rettete an seinem Hochzeitstag zwei Kinder aus einem brennenden Hause. Ein vierter – so bunt ist das Leben – brachte es mit 75 Jahren noch einmal zur Vaterwürde. Und ein Holzhausen schließlich wurde von den Franzosen 1796 als Geisel nach Frankreich verschleppt. Dieser Anton Ullrich von Holzhausen war 1806 dann der letzte Bürgermeister der alten Reichsstadt, als Napoleon ihre Selbständigkeit zunächst einmal beendete.
Die Oede erwarben die Holzhausen 1470. Damals stand in ihrer Mitte eine massive Wasserburg. Bei der Belagerung 1552 wurde sie niedergebrannt. 1571 baute man sie wieder auf. Meistens wohnten die Holzhausen in der Stadt. Die Oede war nur ihr Sommeraufenthalt. Man liebte die Gesellschaft witziger und gebildeter Männer, man liebte Feste.

Fern bleibe dem Ort, wen ein
heiteres Lied nicht erfreut und
wer die Lippe nicht gern netzet
mit lieblichem Wein.

So besang ein Frankfurter Rektor die Oede. Einen der Weine bezogen die Holzhausen gleich von nebenan, den Affensteiner. So hieß ein einsamer Hügel in der Nachbarschaft, wahrscheinlich nach einem Betstein, einem Avestein. Auf diesem Hügel baute dann der Verfasser des »Struwwelpeter«, der Dr. Heinrich Hoffmann, 1864 seine Irrenanstalt. 1927 entstand an derselben Stelle das imposante Verwaltungsgebäude der IG Farben.

Erst im 19. Jahrhundert wohnten die Holzhausen ständig in der Oede. Das heutige Wasserschlößchen war, wie erwähnt, 1729 gebaut worden; es gehörten noch mehr Gebäude dazu, Wohnungen und Ställe – und das Kavaliershaus. Dort befand sich der Trinksaal. Von den Bällen im Kavaliershaus sprachen die Frankfurter. Der vorletzte Besitzer der Oede, Georg von Holzhausen, ein Junggeselle, starb auf einem Münchener Faschingsfest. Das war 1908. (Vom Kavaliershaus sind nur noch zwei Steinstufen und der verrostete Briefkasten übriggeblieben. Vor einigen Jahren mußte es abgetragen werden).

Der Neffe, Adolf von Holzhausen, war der Erbe. Er war der letzte männliche Sproß der älteren Linie. Auch er war Junggeselle. Als er im Inflationsjahr 1923 starb, glaubte er, noch ein reicher Mann zu sein. Aber er war es nicht mehr. Er hatte 1910 die Oede, die 84 Morgen umfaßte, in eine Grundstücksgesellschaft eingebracht. Ein Teil der Oede wurde an Interessenten verkauft, die dort ihre Villen bauten. Das Schlößchen und den Kern des Parkes erwarb die Stadt noch vor dem ersten Weltkrieg.

Die Oede hatte sich auf diese Weise in Bankguthaben verwandelt. Es war ein Millionenbetrag. Adolf von Holzhausen plante dafür eine großzügige Verwendung. Mit dem Geld sollte die Universität eine neue Bibliothek erhalten. Sie sollte zum bleibenden Denkmal der Holzhausen werden. Die Inflation vernichtete die Millionen und alle Pläne...

»SIE MÜSSEN MALEN, HERR THOMA!«

Die Oede fand ihren Maler ... Unweit vom Holzhausenpark zieht die Lersnerstraße. Zu den Häusern, die in den Bombennächten niederbrannten, gehört auch die Nummer 20. Seit kurzem steht dort ein neues Haus.

In dem alten Haus, im zweiten Stockwerk, schrieb 1883 ein Künstler begeistert an seine Mutter im Schwarzwald: »Ich habe eine wunderbare Aussicht!« Er meinte den Blick auf die Oede. Es lagen noch keine Straßen dazwischen.

Der Maler war Hans Thoma. Die Bilder, die er an seinem Fenster von der Oede malte, gehören zu den liebenswürdigsten, die je in Frankfurt entstanden. »Sie verraten mehr als alle Worte von dem schönen Frieden, der bei uns wohnte.«

Dabei hätte Thoma, der erst wenige Jahre zuvor aus dem Schwarzwald nach Frankfurt gekommen war, allen Grund gehabt zu klagen. Der Maler war damals, 1883, schon 44 Jahre alt, er hatte Familie, und kein Mensch kaufte seine Bilder. Er malte auf Vorrat: die Bilder stapelten sich in seiner kleinen Wohnung.

Er wäre froh gewesen, wenn er für so ein Bild von der Oede 200 Gulden bekommen hätte. Später waren sie ...zigtausend Mark wert. »Die Oed«, jenes bekannte und geliebte Bild vom Holzhausenpark mit den Blumen und dem aufgeschlagenen Buch auf dem Fenstersims im Vordergrund, kostete seinen heutigen Besitzer, das Staedel, allerdings nichts. 1916 erhielt es das Gemälde von einer Marburger Familie zur Erinnerung an einen gefallenen Sohn geschenkt.

Von irgend etwas mußte Thoma leben. Seine Rettung wurde in diesem Jahr 1883 ein großes Café, das man an der Hauptwache, am Ausgang der heutigen Schillerstraße, baute. Das Café »Bauer«, berühmt wegen seiner vielen Zeitungen. Der Bauherr hatte mit Thoma vereinbart, daß er einen großen Bacchus- und Gambrinuszug an die Wand malen sollte, lebensgroße Figuren, vielleicht hundert Stück. Und die Decke sollte er mit den zwölf Monaten zieren.

Traurig stand Thoma unter den Handwerkern, die in dem weiten Raum rumorten. Klagend wandte er sich an den Architekten: »Herr Ravenstein, hier kann ich nicht malen! Unmöglich! Die Handwerker rennen mich einfach über den Haufen! Und mein Atelier ist viel zu klein für ein so großes Bild!«

»Sie müssen malen, Herr Thoma! Sie müssen! Ich beschwöre Sie! In sechs Wochen wird das Café eröffnet! Lassen Sie sich um Gottes willen etwas einfallen!«

Und Thoma ließ sich etwas einfallen. Er kaufte sich ein paar große Rollen Papier, heftete davon so viel an seine Atelierwand, als Platz war, und ging an die Arbeit. Was fertig war, brachte er ins Café und klebte es an die Wand. Er lieferte kein Wandgemälde, sondern Tapeten. In sechs Wochen waren der Bacchus- und Gambrinuszug und die Decke fertig. Das Café konnte eröffnet werden.

Nachher traf Thoma den Architekten. Erwartungsvoll sah er ihn an. Ravenstein zuckte mit den Achseln: »Lieber Herr Thoma, machen Sie sich nix draus – aber die Leute schimpfen. Und haben Sie gesehen? Der Malermeister, der die Wände geweißt hat, hat eine Anzeige veröffentlicht. Da steht drin, daß die Bilder an den Wänden nicht von ihm stammen!« Es wurde eine der Lieblingsgeschichten, die Thoma erzählte.

In demselben Jahre 1883 bekam Thoma noch einen zweiten Auftrag. Er modellierte an dem Haus »Kaiser Karl« – an der Ecke Zeil und Große Eschenheimer Straße – als Schlußsteine zwischen die Fenster Köpfe, die die sieben Todsünden darstellen sollten. »Einen achten Kopf machte ich als Zugabe. Die Köpfe wurden ein bißchen groß!«

Die Frankfurter nannten das Haus seitdem nur noch das Fratzeneck. Heute steht hier der »Kaufhof«.

Frankfurt erlebte noch, wie Thoma berühmt wurde. 23 Jahre hatte er in Frankfurt gelebt. 1899 wurde er als Leiter der Kunsthalle nach Karlsruhe berufen. Mit Frankfurt ging es ihm, wie es so vielen Zugereisten geht – es war ihm langsam, fast unmerklich, zur Heimat geworden...

ALS DER KOMET KAM

Bleiben wir noch einen Augenblick in dieser Zeit um die Jahrhundertwende! Berichten wir von einem Ereignis, das den älteren Lesern noch gut in Erinnerung sein wird und das die Menschen damals über alle Maßen beschäftigt hat. Kein Wunder - ging's doch vielleicht, vielleicht um Kopf und Kragen.

Im Frühling des Jahres 1910 wurde unsere Erde von einer großen Aufregung erfaßt. Die Astronomen hatten die Menschheit darauf vorbereitet, daß sich ihr mit großer Geschwindigkeit ein Weltenwanderer nahe – der berühmte Komet Halley. Der Komet beschreibt eine langgestreckte Bahn und begegnet auf seiner Reise der Erde etwa alle 76 Jahre.

Der Komet war pünktlich. Man entdeckte ihn zunächst nur durch die besten Teleskope. Aber er kam näher und näher, und schließlich konnte man ihn mancherorts als fahles Lichtpünktchen schon mit dem bloßen Auge erkennen.

Dann hielt die Welt den Atem an! Die Astronomen hatten neue Berechnungen angestellt. Der Komet werde sich der Erde auf höchstens 23 Millionen Kilometer nähern. Von einem Zusammenstoß könne also keine Rede sein. Aber – wenn der Komet in der Nacht zum 19. Mai zwischen Sonne und Erde hindurchgehen werde, dann werde sein riesiger Schweif der Erde zugekehrt sein, und dieser Schweif sei 63 Millionen Kilometer weit! Das heißt, die Erde werde durch den Kometenschweif hindurchmüssen. Das werde voraussichtlich fünf Stunden dauern.

Auf einmal begann sich selbst die Frau Rauscher aus der Klappergaß' lebhaft dafür zu interessieren, aus was denn eigentlich so ein Kometenschweif besteht. Gase, feinster Meteorstaub, elektrische Kräfte, so meinten die Astronomen.

Ja – und Blausäure! So sagten andere Gelehrte, zum Beispiel der Franzose Flammarion. Blausäure! Ein schnell wirkendes Gift! Davon hatten die meisten schon gehört. Das waren ja erfreuliche Aussichten! Stand die Erde vor dem Blausäuretod? Oder starb sie etwa lachend? Besagter Flammarion vertrat nämlich auch die Theorie, daß sich der Stickstoff der Erde mit den Gasen des Kometenschweifes zu Lachgas verbinden werde...

Es gab Dementis und Beruhigungspillen in Mengen. Keine Blausäure! Oder in solcher Verdünnung, daß sie die Erdatmosphäre nicht durchdringen kann! Sehr zweifelhaft, ob die Erde überhaupt den Kometenschweif passieren wird! Außerdem – 1861 ist das schon einmal mit einem anderen Kometen vorgekommen, und nichts ist geschehen!

Man beruhigte sich wieder etwas. Aber die Stimmung in der Welt und in Frankfurt war: Nix Gewisses weiß man nicht! Auf jeden Fall: Wenn man schon in der Nacht vom 18. zum 19. Mai durch den Kometenschweif hindurchmußte, dann wollte man vorher das Fabeltier am Himmel auch wenigstens einmal richtig gesehen haben.

Das war schwierig. Der Komet pflegte zusammen mit der Sonne im Osten aufzugehen. Er tauchte im Lichtmeer unter. Außerdem lag Frankfurt offenbar zu tief. So sagten sich viele Frankfurter, und darum kletterten sie dem Kometen schon Wochen vorher 800 Meter entgegen, nämlich auf den Großen Feldberg.

Der Zug nach Kronberg am Abend des 7. Mai zum Beispiel, einem Samstag, war so voll und lang, daß ein Witzbold berichtete: »Die vordersten Wagen waren schon in Kronberg, während die Fahrgäste in den letzten Wagen noch ungeduldig auf die Abfahrt warteten.«

Tausend Personen kletterten durch Nacht und spätes Schneetreiben auf den Feldberg. Oben sangen sie: »Am achtzehnten Mai is Weltunnergang, mir lewe nimmer lang, mir lewe nimmer lang!« Man begrüßte sich mit: »Hallo, Halley!« Aber auch das lockte den Kometen hinter seinen morgendlichen Wolkenbänken nicht hervor. Man sah nichts...

So nahte der bedeutungsvolle 18. Mai. Das war ein Mittwoch. Der Mittwoch nach Pfingsten. Die Woche zuvor gab es schwere Gewitter. Am Vormittag des Pfingstsonntags zogen noch einmal furchtbare Unwetter über das Land. Der Hagel war taubeneigroß, um Mittag war finstere Nacht, und es gab in Frankfurt so viele schwere Blitzschläge, daß zehn defekte Straßenbahnwagen abgeschleppt werden mußten. Begann so der Weltuntergang?

In ihren Zeitungen lasen die Frankfurter: In den amerikanischen Südstaaten bleiben die Neger der Arbeit fern, sie übervölkern jammernd die Kirchen und

Überall standen die Frankfurter in den Mainächten des Jahres 1910 und suchten im Nachthimmel nach dem unheimlichen Weltenwanderer. Würde die Erde den Blausäuretod sterben? Sinnigerweise hatte sich der Zeichner der kleinen Skizze damals das Alte Portal des Hauptfriedhofs ausgesucht.

ziehen in Prozessionen umher. Alle Lokale sind für die kritische Nacht ausverkauft, vor allem die eleganten Dachgärten in New York, wo man den Gästen bei den »Comet-Parties« kleine silberne Fernrohre überreicht. Gleichfalls in Amerika hat sich das Gerücht verbreitet, daß man den Durchgang durch den giftigen Kometenschweif am ehesten noch auf einer Brücke überleben könne (die Menge, die in der Nacht zum 19. Mai auf der gewaltigen Brooklynbrücke Kopf an Kopf verharrte, schätzte man auf 25000 Menschen).
Die Erde bereitete sich auf alle Möglichkeiten vor. Als beste Vorbereitung erschien vielen das Feiern. Weltuntergang – das war ein Grund dazu! Überall zog es die Menschen zueinander, die Lokale waren überfüllt, und auf den öffentlichen Plätzen und in den Parks kam es in vielen Großstädten zu lauten Volksfesten.
Andere wiederum suchten die Einsamkeit. Und die Dritten krochen achselzuckend ins Bett. »Es kann gar kein schöneres Gefühl geben«, schrieb ein Frankfurter Journalist, »als sich zum ewigen Schlaf niederzulegen und dann gesund und frisch den sonnigen Morgen zu erleben.«

In hellen Scharen zogen die Frankfurter in der kritischen Nacht wieder auf den Feldberg. In den Häusern auf dem Gipfel sangen und tanzten sie, tranken »Kometenwein« und erzählten »Kometenkalauer«. (»Mutti, ich möcht heut' nacht aufbleiwe, weschen dem Komet!« »Gut Schorschi, awer geh mir ja net zu nah dran!« Oder: »In Mecklenburg sollte mer sein! Die sinn hunnert Jahr zurück. Da kommt der Halley erscht im Jahr 2010 hin!«) Fühlten sie sich auf dem Berg sicherer? Hofften sie mehr zu sehen?
Man hatte auf dem Feldberg ein provisorisches Observatorium eingerichtet. Hier bekamen die Frankfurter die wissenschaftlichen Bulletins aus erster Hand. Alle Stunden gab es einen Bericht. Er bestand unverändert aus zwei Worten: Alles normal. Und auch Professor Lincke, der für seine Messungen mit dem Ballon »Frankfurt« 8500 Meter hochgestiegen war, kehrte mit dem gleichen Ergebnis zurück.
Die Nacht verging. Vom Komet Halley aber war weit und breit nichts zu sehen. Die Vermutung der Zurückgebliebenen, daß die Feldbergwanderer alle nur in

die falsche Richtung geguckt hätten, war reine Bosheit. Denn kein Observatorium der Welt hatte irgendwo den unheimlichen Kometen aufgespürt, als er der Erde am nächsten war.

Beruhigt ging man allseits an die Arbeit oder sank verspätet ins Bett.

Adolf Stoltze, Sohn und Nachfolger des Friedrich Stoltze, zog die Bilanz dieser Nacht:

Selbst die Gelehrte sah'n mit Bange
Zum Himmel mit ihrm Fernrohrglas
Und aaner hat gar uffgefange
In Flasche des Kometegas.

Un stellt jetzt fest mit Forscherfleiße:
Was uns so sehr erschreckt im Mai,
Des war, was leicht is zu beweise,
nix wie e heher Stänkerei.

Die annern awer, sehr beklomme,
Die konstadiern zusammen fix,
Was merr vom Halley wahrgenomme,
War nix un nix un wider nix.

Merr sin geuhzt bis uff die Knoche,
Un misse effentlich gesteh:
Merr hawe wedder was geroche
Un noch viel weniger was geseh!

Aber die Pointe kam noch. Es war gar nicht die Nacht des Weltendes gewesen! Die Erde passierte den Kometenschweif wahrscheinlich erst ein oder zwei Tage später. So errechneten die Gelehrten. Jene behielten offenbar recht, die vermutet hatten, daß der Schweif des Kometen gekrümmt sei, also erst etwas später über die Erde hinwegziehen werde.

In den nächsten Tagen bescherte der Komet den Frankfurtern wunderbare, nie gesehene, purpurne Abenddämmerungen. Und plötzlich stand er für alle sichtbar, klein, aber hell, am Nachthimmel. (Es gab genügend Frankfurter, die auch jetzt noch nicht zufrieden waren: »Naja, die Komete wern aach immer kleiner, wie die Brödscher!«) Der Schweif des Kometen zeigte nicht mehr, wie vorher, nach rechts, sondern nach links. Der Weltenwanderer war endgültig an der Erde und an Frankfurt – vorbeigezogen.

Die alten Leute aber nickten und sagten: »Gebt acht, es gibt bald Krieg!« Das sagten sie schon immer, wenn ein Komet am Himmel stand. Diesmal stimmte es...

Die Tür ging auf ...

Pfarrer Göntgen von der Dreikönigskirche in Sachsenhausen hatte sich bei einer Gärtnersfrau für den Nachmittag zu Besuch angemeldet, kam aber nicht zu der vorgesehenen Zeit. Das war für das Philippche, den zwölfjährigen Buben der Frau, ein willkommener Anlaß, die Mutter immer wieder zu foppen, indem er leise vor die Tür ging, anklopfte und so tat, als ob der Herr Pfarrer doch noch gekommen sei. Nachdem es zum wievielten Male geklopft hatte, riß der Frau die Geduld, und sie schrie: „Jetzt komm mer nor rein, du Schinnoos, jetz kriehst de den Hinnern gehaache wie noch nie ...!" Die Tür ging auf, und hereinspaziert kam mit Würde: der Herr Pfarrer!

Das Treppentürmchen im Römerhöfchen des Rathauses ist einer der liebenswürdigsten architektonischen Einfälle aus dem alten Frankfurt. Man hat es 1955 wiederhergestellt.

Die berühmte Häuserfront des Römers im Jahre 1885, von großer Schlichtheit und wunderbar ruhig. An dieser Front war kein Stein falsch, nichts sollte etwas vortäuschen. Mehr sein als scheinen! Das war eine Maxime der alten Frankfurter. (Um 1900 hat man dann die Fassade umgebaut.) Ganz links Alt-Limpurg, dann Haus Römer, neben ihm Haus Löwenstein und Haus Frauenstein und schließlich das Salzhaus, eines der schönsten mittelalterlichen Häuser in Deutschland.

Hamman von Holzhausen war viermal älterer Bürgermeister von Frankfurt und einer der bedeutendsten Männer der Stadt im 16. Jahrhundert, dem so bewegten Jahrhundert der deutschen Reformation.

Zu jeder Herbstmesse erschienen im Kaisersaal des Römers vor dem Schultheißen und den Schöffen der Stadt die Abgesandten von Nürnberg, Worms und Bamberg, um die Zollfreiheit neu gewährt zu bekommen. Da die Delegationen von Musikanten mit Flöten und Pfeifen angeführt wurden, nannte man das Schauspiel das Pfeifergericht. Um 1802 erlosch dieser Brauch.

Das war der Blick, den der Maler Hans Thoma aus seinem Atelierfenster in der Lersnerstraße auf die Holzhausen-Oede hatte. Er hat die bezaubernde Aussicht mehrfach gemalt. Dieses Bild aus dem Jahre 1883 haben die Frankfurter besonders ins Herz geschlossen.

DAS WAHRZEICHEN

Man soll mit den großen Worten sparsam umgehen. Das ist eine gesunde Regel. Aber ich muß jetzt doch einmal eine Ausnahme davon machen. Beim Frankfurter Domturm!

Wenn man an seinem Fuße steht und steil an ihm hinaufblickt, diese «erstarrte Riesenfontäne» von rotem Sandstein entlang, in die ziehenden Wolken hinein, dann überwältigt einen einfach die Erkenntnis, daß die Domtürme des Mittelalters doch zum Erhabendsten gehören, was Menschenhand jemals geschaffen hat. Und wie haben sie an ihren Kirchtürmen gebaut! Genau hundert Jahre lang wuchs der Frankfurter Turm Meter um Meter, von 1415 bis 1514, und als sie schließlich mit Bauen aufhörten, war er noch immer nicht fertig. Es fehlte ihm die hohe Spitze. Man ließ es bei dem unvollendeten Werk, nämlich einer stumpfen Kuppel über der Wachstube. Erst 350 Jahre später hat man den Bau vollendet, nach dem Dombrand von 1867...

Über Schönheit und Größe des Frankfurter Domes schwanken die Urteile. Im Mittelalter war die Halle des Querschiffes vielleicht die größte in Deutschland, vielbewundert und vielbestaunt. Spätere Besucher fanden so manchesmal den Dom als Krönungsstätte der deutschen Kaiser enttäuschend. Aber über seinen Turm ist man sich immer einig gewesen. Er ist bis heute das bedeutendste Bauwerk Frankfurts geblieben, und er gilt als einer der schönsten deutschen Kirchentürme. Er *ist* das Wahrzeichen der Stadt. Von allen Himmelsrichtungen her gesehen. Unvergleichlich aber ist sein Anblick vom Main her. Einst wie heute. Die alte Stadt versank – es blieb ihre weltberühmte Silhouette am Fluß...

Wir haben den Dom bereits mehrfach erwähnt. Wir berichteten, daß er über den Fundamenten jener Kirche steht, die vor 1100 Jahren der Enkel Karls des Großen, Ludwig der Deutsche, hier bauen ließ, der Salvatorkirche. Wir erwähnten, daß man die Fundamentreste dieser Kirche nach dem Dombrand von 1867 (und ein zweitesmal beim Wiederaufbau in unseren Jahren) unter den Fliesen des Domes gefunden hat. Wir erzählten die Geschichte des Dombrandes. Wir zitierten in dem Kapitel über das »Älteste Frankfurt« die erst in unseren Tagen wieder entdeckten frühgotischen Kirchenportale. Wir sprachen von der Grabplatte des Günther von Schwarzburg, des einzigen deutschen Königs, der in Frankfurt, vor dem Hochaltar des Domes, beerdigt liegt. Und wir erwähnten hin und wieder die Domglocken, das Gemperlein, das Alarm läutete, aber auch die tägliche Ankunft des Mainzer Marktschiffes verkündete, die Carolusglocke, die am Todestag Karls des Großen ihre Stimme allein ertönen läßt, und die neuen Glocken, die aus französischen Kanonen, 1870 erbeutet, gegossen wurden...

Verweilen wir noch beim Dom!
Es gibt viele Besucher, die in dem Augenblick, in dem sie den Dom betreten, das Gefühl für die Himmelsrichtungen verloren haben. Wenn man vom Nordportal oder vom südlichen Querschiff spricht, dann beginnt bei ihnen zunächst ein großes Rätselraten, auch wenn sie wissen, daß der Altar im Osten zu suchen sein muß (mir ging es anfangs nicht anders). Vielleicht hängt das damit zusammen, daß man, wenn man den Dom betreten hat und in der Hauptrichtung, zum Hochaltar hin, blickt, das Stadtzentrum, nach dem man sich sonst zu richten pflegt, im Rücken hat.
Man muß sich im Dom neu orientieren. Man betritt ihn im Westen durch die Turmhalle. Der Dom hat Kreuzesform, und man steht jetzt sozusagen an der Basis des Kreuzes. Was unmittelbar vor dem Besucher liegt, ist das dreischiffige Langhaus. Es reicht bis zur »Mitte«, bis zum Schnittpunkt des Kreuzes, der Vierung. Jenseits der Vierung, Richtung Osten, ist der Hohe Chor mit dem Hochaltar. Der »Querbalken« des Kreuzes ist das Querschiff. Der nach links gehende Teil ist das nördliche Querschiff, der rechte das südliche. Entsprechend sind die Portale, an den beiden Enden des Querschiffes das Nordportal und das Südportal. (Warum die beiden Portale meistens geschlossen sind, erklärte schon vor 150 Jahren der Kanonikus Battonn: »Die Luft in der Gegend um die Kirche ist fast immer in Bewegung, und wenn Winde aus Osten oder Westen stürmen, so ist die Zugluft durch die Kirche oft sehr stark, so daß man nur mit vieler Mühe ihre Türen öffnen oder zumachen kann.«)

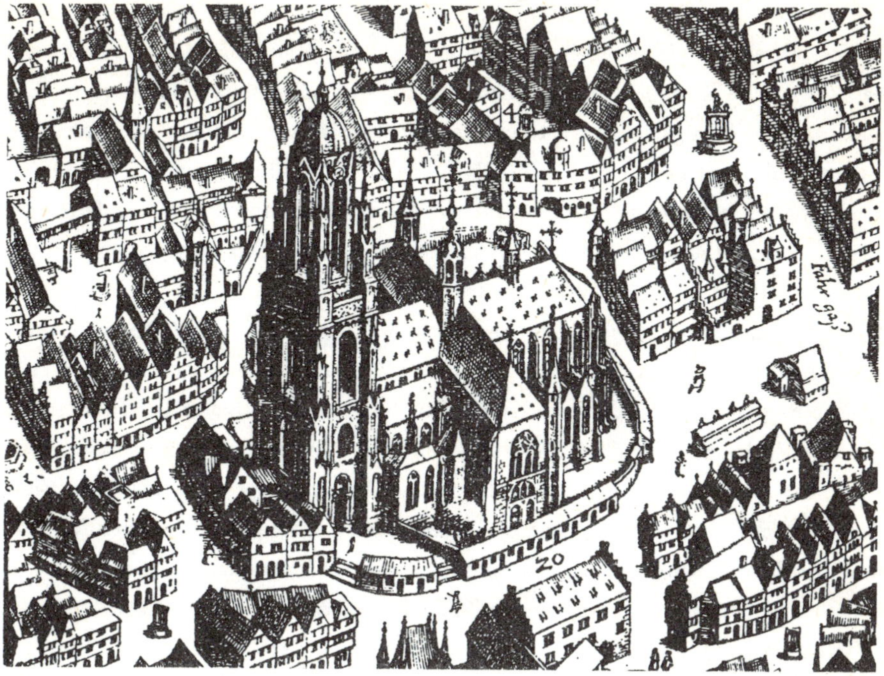

Der Dom vor rund 200 Jahren. (Ausschnitt aus dem Merianplan 1770.) Noch trägt der Turm seine runde Haube, die er erst nach dem Dombrand ein Jahrhundert später gegen seine heutige himmelragende Spitze eintauschen sollte. Noch ist der Dom vom Friedhof umgeben, noch stehen überall rings um seine Mauer viele kleine Verkaufsstände, vor allem die der Metzger, die Schirnen.

An der Kreuzungsstelle der Schiffe, der Vierung, steht seit dem Wiederaufbau des Domes nach dem zweiten Weltkrieg der neue, schlichte Hauptaltar. Es ist der gleiche Ort, an dem vor 1100 Jahren der Altar der Salvatorkirche stand und an dem in späteren Jahrhunderten zehn deutsche Kaiser gekrönt wurden...

Wie alt ist eigentlich unser Dom?
Es kommt darauf an. Wenn Sie am Vierungsaltar stehen und durch das Langhaus zur Turmhalle hin schauen, durch die Sie hereingekommen sind, überblicken

Sie jene Stelle, auf der sich früher einmal der Vorläufer des Domes, die Salvatorkirche, erhob, also jenen Teil des Domes, unter dem sich noch die Fundamentreste der alten Kirche befinden. Ihr Altar lag – wie eben erwähnt – dort, wo Sie stehen, am Vierungsaltar. An Stelle des Turmes müssen Sie sich zwei kleinere Türme links und rechts vorstellen. Mitte des 9. Jahrhunderts hatte Ludwig der Deutsche diese romanische Salvatorkirche erbaut. Sie stand durch vier Jahrhunderte. Dann waren ihre Türme so baufällig geworden, daß man vorsorglich die Glocken aus ihnen herausgenommen haben soll.

Man ging an eine (gotische) Erneuerung der Kirche. 1239 weihte man sie nunmehr dem heiligen Bartholomäus (und entsprechend feierte man 1939 den 700. Geburtstag des Domes). Aber schon bald darauf, 1250, baute man ein neues Langhaus, das also der älteste Teil des heutigen Domes ist. Die Kaiserwahlstadt Frankfurt brauchte einen größeren Dom. 1338 entstand der Chor, 17 Jahre später das nördliche Querschiff und einige Jahre darauf das südliche Querschiff. 1358 war der Dom fertig – aber ohne seinen Turm. 1415 begann man mit ihm, er sollte möglichst stattlich werden, und so baute man an ihm bis 1514.

Wie alt ist also der Dom? Der Leser kann es sich, das Erscheinungsjahr dieses Buches, 1960, zugrunde gelegt, aussuchen: Rund 1100 Jahre, wenn man den Vorgänger hinzunimmt – 721 Jahre, seitdem die Kirche dem Bartholomäus geweiht wurde – 602 Jahre seit der Fertigstellung des letzten neuen Schiffes – 446 Jahre seit der Vollendung des Turmes, der nun einmal dazugehört. So schwanken die Geburtstage bei den Werken, an denen die Jahrhunderte bauten.

Was blieb vom ältesten Dom?

Die Frage ist berechtigt. In den letzten hundert Jahren sind zweimal Brand und Zerstörung über den Dom hereingebrochen. So kommt es, daß zum Beispiel alle alten Altäre – mit Ausnahme der zwei schönsten, dem Mariaschlafaltar und der Grablegung Christi – erst im letzten Drittel des 19. Jahrhunderts in den Dom kamen. Der damalige Stadtpfarrer Münzenberger hatte sie fleißig von überallher zusammengetragen; den Altar, der zum Hochaltar wurde, fand er, verwahrlost, in einem Kirchturm von Salzwedel. Vor dem zweiten Weltkrieg sah der Dom im

Innern erheblich anders aus. Er war mit Wandbildern (nach Entwürfen von Eduard Steinle) ausgemalt worden. Davon ist nichts geblieben.
Was gehört also zum ältesten Dom? Was stammt, sagen wir, noch aus den Jahren vor 1500 (vom Mauerwerk – und dem Domschatz – abgesehen)? Wir wollen einiges erwähnen:

1. Die neuentdeckten Portale, die beiden großen und das kleine Portal an der Westfront des Langhauses, gleich links und rechts, wenn man die Turmhalle durchschritten hat. Um 1240. Sie gehören damit zum ältesten Frankfurt überhaupt, und in dem entsprechenden Kapitel haben wir sie bereits erwähnt.
2. Das Nordportal – eine Zeitlang hielten hier die Kaiser ihren Einzug – und das Südportal. Beide 14. Jahrhundert. Der Figurenschmuck des Südportales ist alt, der des Nordportales, vor allem die Himmelsleiter der Apostel, stammt hingegen aus dem 19. Jahrhundert. Die wichtigste Ausnahme: die weitgerühmte Madonnenfigur in der Mitte. Sie dürfte so alt sein wie das Portal.
3. Gehen wir in den Chor: die Wahlkapelle. Sie soll ursprünglich die Dombibliothek gewesen und bald nach 1411 entstanden sein. Ihre Ausstattung stammt aus neuerer Zeit. Immerhin: auf den unbequemen hohen Stühlen haben die sieben Kurfürsten bei ihren Wahlkonferenzen tatsächlich gesessen. Sehr alt sind die Innenseite der Tür und eine andere rote bemalte Tür, die an der einen Wand hängt und einst den Salbschrank im Chor verschloß (Anfang des 14. Jahrhunderts). An der Wand gegenüber ist eine der allerältesten Urkunden Frankfurts: Karl der Dicke bestätigt 882 gewisse Schenkungen (wer sich die Mühe macht, wird in der fünften Zeile von oben, etwa am Ende des ersten Viertels der Zeile, mit einiger Schwierigkeit das Wort Ruotlint entdecken – es ist die erste, uns mit Namen bekannte Frankfurterin, Frau Rotlint).
4. Bleiben wir im Chor: die imposante Sarkophagplatte des Königs Günther von Schwarzburg neben der Wahlkapelle. Sie stammt von 1352.
5. Der berühmte Bartholomäusfries. Er befindet sich seit 1407 an den Wänden des Chors. Er erzählt in bunten frommen Bildern die Geschichte des Heiligen bis zu seiner Marterung in Armenien; am Schluß sieht Bartholomäus von seinem

Schrein aus zu, wie kleine Teufel – eine Seuche – seine Peiniger hinwegraffen, während der armenische König das Christentum predigt. Der Fries beginnt an der Tür der Wahlkapelle.

6. Immer noch im Chor: das Gestühl mit dem prachtvollen Schnitzwerk. Es wirkt so frisch und lebendig, als stamme es von gestern. Aber es ist eine Meisterarbeit aus dem Jahre 1352!

7. Sehr alt ist zweifellos auch das Tabernakel neben der Tür zur alten Sakristei, mit der tragenden Figur eines Diakon. Und die beiden Plastiken oben an den Chorwänden, Karl der Große und Bartholomäus, sind 15. Jahrhundert (Sie erinnern sich, Bartholomäus trägt seine eigene Haut über dem Arm).

8. Im nördlichen Querschiff, links vom Chor, der berühmte Mariaschlafaltar (unvergeßlich der kleine Engel, der der toten Maria die Augen zudrückt): 1434.

9. Im südlichen Querschiff, rechts vom Chor; die Grablegung Christi. Eine meisterhafte Gruppe aus grauem Stein! Um 1450.

10. Zu den ältesten Zeugen im Dom gehören – außer etlichen Wappenschildern hoch oben an den Wänden – natürlich auch einzelne der Grabsteine. Um nur einen, den auffälligsten und schönsten zu nennen: das Ehepaar Holzhausen. Dieser Johannes von Holzhausen (ein Schild mit drei Rosen!) starb 1393, seine Gattin, auch auf der Grabplatte mit ihm vereint, 1371...

Die schönste Stelle des Domes ist nicht in seinem Innern, sondern liegt außerhalb, links vom Nordportal. Sie wird eingerahmt von Chor und nördlichem Querschiff. Es ist die Stelle mit der Kreuzigungsgruppe von Backofen, der himmelhohen Kastanie und den drei kleinen Holztüren, die in die alte Sakristei führen.

Das ist die friedlichste und unberührteste Ecke, die man in ganz Frankfurt finden wird. An ihr sind die Jahrhunderte wirklich vorbeigegangen.

Daß die Kreuzigungsgruppe (seit 1907) nur eine Kopie ist, stört nicht. Das wetterempfindliche Original – früher schützte man es durch ein Holzdach – steht in der Halle des Turmes. Man schreibt das Werk einem der großen Meister des späten Mittelalters zu, dem Backofen in Mainz. Der Stifter war 1509 ein hochangesehener Frankfurter, Jakob Heller, Besitzer des »Nürnberger Hofes«.

Der Mann war offenbar ein Wohltäter, wie er nur alle Jubeljahre einmal vorkommt. In seinem Auftrag malte Dürer ein großes Altargemälde für das Dominikanerkloster (das man dann leider an den Herzog von Bayern verkaufte, 1673 verbrannte es in München; nur die Seitenflügel blieben Frankfurt erhalten). Auch Holbein d. Ä. und Matthias Grünewald malten für das Dominikanerkloster; und das war ebenso nicht zuletzt ein Verdienst Hellers. Lobend erwähnen die Chroniken sein Wärmehaus, erbaut, »damit das arme Volk sich darin wärmen möge«. Die Hellers erlebten ein ungewöhnliches Schicksal. Obwohl Jakob Heller elf Brüder (und sieben Schwestern) hatte, starb die Familie in seiner Generation aus.

Die Kreuzigungsgruppe gehörte zu Frankfurts ältestem Friedhof. Er lag dicht um den Dom. Die Grabsteine im Dom stammen von ihm und aus der Michaelskapelle, die gleichfalls zu dem Friedhof gehörte (1829 abgerissen). Noch bis zum Beginn des 19. Jahrhunderts fanden hier vereinzelt Beerdigungen statt.

Tod und Leben! Auch das sieht man dem Dom heute nicht mehr an, daß sich einmal eng um ihn und die Friedhofsmauern viele Verkaufsbuden scharten, vor allem die Schirnen der Metzger. Sie verschwanden erst im 19. Jahrhundert. Es gab eine Zeit, wo man jeden Sonntag auf dem Turm tanzte. Und noch im 18. Jahrhundert feierten wohlhabende Bürger in der Kuppel des Turmes ihre Hochzeit. Warum man von diesem schönen Brauch abkam, hat Friedrich Stoltze in seiner entzückenden Geschichte: »Die letzte Hochzeit auf dem Patorn« geschildert (wobei das seltsame Wort Patorn die frankfurterische Übersetzung von Pfarrturm ist). Bei dieser Hochzeit war nämlich ein Mann dabei, der in später Stunde den Auftrag erhielt, neuen Wein von unten zu holen. Er getraute sich aber die lange dunkle Wendeltreppe nicht hinunter, ergriff vielmehr das Sprachrohr des Türmers und schrie in die Tiefe: »Noch e Fässi Wein, noch e Fässi Wein!« Schlaftrunken eilten die Menschen aus den Häusern: »Wo brennt's, wo brennt's?« Der verzweifelte Türmer aber schrie durch das Sprachrohr: »'s war Spaß! 's war Spaß!«, worauf die Menge unten mit dem Ruf: »In der Fahrgaß!« davonstürzte. Das war die letzte Hochzeit auf dem Pfarrturm...

So wuchs Frankfurt

Das Gebiet Frankfurts innerhalb der Staufenmauer um die Mitte des 12. Jahrhunderts umfaßte rund 40 Hektar. Die Stadterweiterung 1333 bis zu den heutigen Anlagen verdreifachte das Gebiet (einschließlich Sachsenhausen nunmehr 128 Hektar). Nach Niederlegung der Wälle zu Beginn des 19. Jahrhunderts wuchs Frankfurt nach allen Seiten und umfaßte (einschließlich Stadtwald usw.) rund 7000 Hektar. 1877 wurde Bornheim eingemeindet (plus 445 Hektar), 1895 folgte Bockenheim (plus 563 Hektar). Neun Jahre später, 1900, wurden dann Niederrad, Oberrad und Seckbach (plus 1376 Hektar) eingemeindet. 1910 folgten elf weitere Orte, nämlich Berkersheim, Bonames, Eckenheim, Eschersheim, Ginnheim, Hausen, Heddernheim, Niederursel, Praunheim, Preungesheim und Rödelheim. Damit vergrößerte sich das Stadtgebiet auf 13400 Hektar. Am 1. April 1928 gab es die letzten Eingemeindungen, die von Höchst, Griesheim, Nied, Schwanheim, Sossenheim und Fechenheim. Das neue Stadtgebiet: 19400 Hektar. Das ist fast 500mal soviel wie zur Staufenzeit! Und so entwickelte sich die Einwohnerzahl: 14. Jahrhundert: etwa 10000, 1811: 40000, 1867: 78000, 1890: 180000, 1900: 288000, 1912: 425000, 1928: 557000, 1939: 553000, 1959: 650000.

DAS KAUFHAUS DER DEUTSCHEN

In der Wahlkapelle des Domes wurden die deutschen Kaiser gewählt. In der Vierung des Domes wurden sie gekrönt.

Die Kaiser! Das ist die eine Säule, auf der Frankfurts Geschichte ruht. Man brauchte einst nur einen Schritt aus der karolingischen Salvatorkirche ins Freie zu machen, um vor sich liegen zu sehen, was zu ihrer zweiten Säule werden sollte. Man blickte auf einen Jahrmarkt. Es war der Markt, zu dem man sich alljährlich am Tag der Kirchenweihe im Anschluß an die Messe vor dem Gotteshaus traf. Aus dem Markt wurden die weltberühmten Frankfurter Messen...

Die Messen! Daß Frankfurts Name im ganzen Erdenrund bekannt wurde und daß er seinen eigenen Klang erwarb, diesen Klang von bürgerlicher Weltstadt und großzügigem Handelsgeist, das verdankt es ganz entschieden seinen Messen. So etwas verliert sich nicht in Jahrzehnten und in Jahrhunderten. Es gibt unzählige Beispiele dafür, wie lange Vergangenes nachhallt, Athen und Sparta, Granada und Versailles, Wien und Potsdam. Und Frankfurt, das ist eben in der Vorstellung der Welt: Kaiser und Messen, Goethe und Rothschild. Auch heute noch (und darum hat es mit Sentimentalität nichts zu tun, sondern wäre einfach selbstmörderisch, wenn man die spärlichen Zeugen dieser Geschichte, die uns geblieben sind, nicht wie seinen Augapfel hüten wollte).

1608 besuchte ein englischer Reisender, Thomas Coryate, – er machte einen großen Teil seiner Reisen zu Fuß – auch Frankfurt. In Mainz bestieg er das tägliche Marktschiff, das durch Jahrhunderte den Main befuhr und eine der wichtigsten Verbindungen Frankfurts zur großen Welt gewesen ist. Auf dem Schiff »waren Leute von jedem großen Volk der Christenheit auf der Fahrt zur Messe«, die tags zuvor begonnen hatte. Ihre Sprachen erinnerten ihn an die berühmte Sprachenverwirrung von Babel. Das Schloß von Kelsterbach, an dem das Schiff vorüberzog, bezeichnete er als »das fürstlichste Gebäude, das ich in Deutschland sah, abgesehen vom Schloß in der Stadt Heidelberg«. Kurz vor Frankfurt hatte er

Das Bild ist etwas naiv, das dieser Zeichner im Jahre 1696 von der Frankfurter Messe entwarf. Man spürt nicht viel von dem einmaligen Ruf, den die Messe durch Jahrhunderte besaß, nämlich das »Kaufhaus der Deutschen« zu sein. Immerhin, man sieht, wie sich überall auf dem Römerberg die Verkaufsstände ausbreiten.

noch einen »jämmerlichen Anblick«, denn am Galgen auf dem Galgenfeld hingen die Leichen von sechzehn Menschen. Dann war er am Ziel.

Die Messe überwältigte ihn. »Der Reichtum, den ich vorfand, war ganz grenzenlos, besonders an einem Ort, genannt ›Unter den Roemer‹, wo die Goldschmiede ihre Läden hatten. Sie boten die glänzendste Schau, die ich je in meinem Leben sah«. Der Wanderer vom Hofe Jakobs I. ging weiter zu den Seidenhändlern und den vielen anderen Kaufleuten. »Die Werte, die ich dort sah, waren unglaublich; unmöglich kann sich eine Vorstellung davon machen, wer sie nicht vorher mit einen leiblichen Augen gesehen hat.« Und schließlich bricht er in den Ruf aus:

»Das Glück des Zufalls ließ mich diese Herbstmesse sehen! Sie wird für die reichste Versammlung an einem Ort der Christenheit gehalten. Und das ist sie auch!«

Ein Messebericht aus dem Jahre 1608. »Die reichste Versammlung an einem Ort der Christenheit!« Das war ein großes Wort. War es übertrieben? Hatte das so zufällig Gesehene die Phantasie des Reisenden überhitzt? Vielleicht! Aber die Engländer waren allemal kühle Leute, wenn sie in fremde Länder reisten. Und die alten Chroniken enthalten noch mehr der großen Worte und überschwenglichen Lobeshymnen auf die Frankfurter Messe. Wir können uns heute offenbar keine rechte Vorstellung mehr von ihrem Reichtum und Glanze in diesen fernen Jahrhunderten machen.

Wir dürfen nicht vergessen, daß die Frankfurter Messe durch vier Jahrhunderte die einzige wirklich bedeutende Messe des Reiches, ja Mitteleuropas, gewesen ist (bis sie dann, beginnend mit dem 18. Jahrhundert, von der Leipziger Messe überflügelt wurde). Man nannte sie die »Mutter aller Kaufmannshandlungen«, man bezeichnete sie als eines der sieben Wunder Deutschlands (leider kann ich Ihnen nicht sagen, welches die anderen sechs gewesen sind), man sprach im Mittelalter von ihr als einer »vollständigen Weltausstellung«, und sicher dachte König Franz I. von Frankreich, der in der ersten Hälfte des 16. Jahrhunderts regierte, an die Messen, als er Frankfurt einmal »die berühmteste Handelsstadt fast der ganzen Welt« nannte. Aber am zutreffendsten scheint mir doch jener Unbekannte die Frankfurter Messe charakterisiert zu haben, der sie zum erstenmal das »Kaufhaus der Deutschen« nannte. Das war sie wirklich! Durch lange Jahrhunderte. Gewerbe und Handel in Deutschland lebten zu einem guten Teil »von Messe zu Messe«. Sie war der Pegel, nach dem sie sich das Jahr über richteten. Wenn es dann soweit war, machten sich die Gewerbetreibenden und Händler von der Ostsee bis zu den Alpen, von Schlesien bis zum Elsaß auf den weiten Weg nach Frankfurt. Ihre Waren nahmen sie mit, denn sie verkauften ja an Ort und Stelle. Viele feine Leute und viele Spitzbuben reisten mit leichterem Gepäck, sie besuchten die Messe nur zu ihrem Vergnügen.

In Frankfurt trafen die deutschen Kaufleute nicht nur ihresgleichen, sondern die Händler und Lieferanten aus ganz Europa. Ein erheblicher Teil des deutschen Außenhandels muß damals über die Frankfurter Messe gegangen sein. Nicht umsonst wetterte Martin Luther gegen dieses »Gold- und Silberloch, dadurch aus deutschen Landen fleußt, was nur quillt, wächst, gemünzet oder geschlagen wird«. Aber das Gold und Silber »fleußte« sicher nicht nur hinaus, sondern in schönen Mengen auch herein...

Bleiben wir noch bei der Frankfurter Messe! Sie ist zu wichtig.
Um 1240 schon war die Frankfurter Messe so bedeutend geworden, daß der Hohenstaufenkaiser Friedrich II. von Italien aus – sein Erbland war ja Sizilien – erklärte, alle Messereisenden stünden unter seinem und des Reiches besonderem Schutz. Der Begriff des Geleites entstand. Die Landesherren waren verpflichtet, die Messereisenden, natürlich gegen ein hübsches Entgelt, sicher durch ihr Gebiet von und zu der Frankfurter Messe zu geleiten.
Die Kaufleute eines Gebietes reisten geschlossen, in Reiterkolonnen und mit langen Wagenreihen, begleitet von den militärischen Eskorten des jeweiligen Gebietsherrn. Das Nürnberger Geleit zum Beispiel brauchte sechs Tage bis nach Frankfurt. Es waren die Karawanen Europas, die Geleitzüge des Mittelalters. Das heißt – die Geleite überdauerten das Mittelalter. Erst im Jahre 1802 stellte man sie endgültig ein.
Sehr wichtig wurde das Jahr 1330. Der uns bereits gut bekannte, den Bürgern und Frankfurt so wohlgesinnte Ludwig der Bayer genehmigte der Stadt eine zweite Messe im Jahr. Bis dahin gab es die Herbstmesse im Anschluß an die Ernte. Gewöhnlich begann sie am 15. August und dauerte zwei bis drei Wochen. Nun kam die Messe im Frühjahr hinzu, die Fastenmesse oder Ostermesse Dabei blieb es bis heute.
Als die Päpste im 14. Jahrhundert das Abhalten von Märkten am Dom verboten – später erlaubten sie es wieder – lag der Kern der Messe längst woanders: hinter der Leonhardskirche war der »Kornmarkt« entstanden, und am Main vor der Leonhardskirche der Weinmarkt, wo Riesenmengen Wein vom Rhein und aus dem Elsaß gelandet, gelagert und gehandelt wurden. Die Messe breitete sich einerseits mainaufwärts aus, andererseits zog sie quer durch die Altstadt nach Norden, vom Fahrtor über den Römerberg und die »neuen Krämen« zum Liebfrauenberg (und natürlich in viele Nebengassen hinein).
Die wichtigsten Dinge, die im 14. Jahrhundert auf der Messe gehandelt wurden, waren Tuche, Wein und Pferde. Ja, Pferde! Durch viele Jahre galt Frankfurt als

der größte Pferdemarkt in Deutschland. Darum hieß der Liebfrauenberg damals der Rossebühel, und als man den Markt in die Gegend der Katharinenkirche verlegte, entstand der Roßmarkt.
Aber natürlich konnte man auch damals schon viele andere Dinge auf der Messe kaufen. Frankfurt wurde schließlich das Schaufenster der Alten Welt, in dem sie alles feilbot, was sie zu bieten hatte, von italienischer Seide und englischem Tuch, von holländischen Diamanten und venetianischem Glas bis zu Tiroler Rosenkränzen, Breslauer Krapp, Lübecker Heringen und Bamberger Buchenholz. Ein holländischer Professor schloß um 1600 sein Lobgedicht auf die Frankfurter Messe: »... wenn doch etwas fehlt, hat es auch sonst nicht die Welt.« So ungefähr wird es schon gestimmt haben.
Man ging von Haus zu Haus. Das war eine Besonderheit der Frankfurter Messe, die sie durch die Jahrhunderte behielt, daß der Messeverkehr sich zu einem guten Teil in Häusern abspielte. Natürlich, es gab am Mainufer, in den Straßen und auf den Plätzen auch eine große Menge von Ständen und »Krämen«, die man aufschlug und nachher wieder abriß. Aber das Entscheidende war doch, daß die Anbieter für ihre Waren ganze Häuser mieteten, mit ihren Läden und Gewölben.
Man tat dies geschlossen, die Leinwandhändler versammelten sich im Leinwandhaus, die Tuchhändler am Saalhof, die Lederhändler im Trierischen Hof und so fort, so wie auch die Mitglieder eines Geleites gern zusammen in einem Haus wohnten, die Nürnberger eben im Nürnberger Hof. Zwischen den Messen standen viele dieser Häuser leer. (Übrigens: die Lederhändler im Trierischen Hof! Sie sollten, Ende des 19. Jahrhunderts, die letzten Getreuen der sterbenden Messe werden; sie kamen schließlich noch als einzige! Ältere Frankfurter werden sich an die »Lederhalle« in der Trierischen Gasse erinnern.)
Zum Glanzstück unter den Messehäusern wurde der Römer mit seinen großartigen, uns erhalten gebliebenen Hallen im Erdgeschoß. Hier waren die Stände der Goldschmiede und Juweliere. Hier versammelte sich das feinste Publikum, die Mitglieder und Abgesandten der zahllosen europäischen Höfe, und kaufte ein...
Im Mittelalter war das meiste Leben reglementiert, vom Staat, von der Kirche, vom Rat, von den Zünften. Bei den Messen gab es erstaunliche Ausnahmen. Auch

an Sonntagen durfte dann gehandelt und gearbeitet werden, das Fastengebot war erheblich gelockert, jeder Bürger durfte sich amüsieren, wie er wollte, und selbst Schuldner, die in der Reichsacht waren – sie traf ganze Städte – durften sich auf der Messe ungehindert bewegen. Und natürlich schwieg auch die Weinglocke, die im Winter sonst schon um acht Uhr ertönte, das heißt, es gab keine Sperrstunde.
Die großen Blütezeiten der Frankfurter Messe waren das 14. Jahrhundert und dann wieder die Jahrzehnte von 1560 bis 1630, also bis tief in den 30jährigen Krieg hinein. Noch durch zwei weitere Jahrhunderte blieben die Frankfurter Messen bedeutende Ereignisse. Aber vom 18. Jahrhundert an wurden sie allmählich von den Leipziger Messen überflügelt. Und als sich die Frankfurter einmal auf eine Kraftprobe einließen und ihre Frühjahrsmesse auf einen Termin legten, der sich mit dem der Leipziger Messe überschnitt, zogen sie den kürzeren.

Auch die Buchhändler hatten ihr eigenes Quartier. In jenem Teil des Kornmarktes, den man dann die Buchgasse nannte.
Die Frankfurter Büchermesse! Sie war schon etwas Einmaliges! Ende des 15. Jahrhunderts entstand sie, die Erfindung der Buchdruckerkunst war noch jung, und für zweieinhalb Jahrhunderte wurde sie der Mittelpunkt des deutschen und europäischen Buchhandels. Alles strömte hier zusammen, Drucker und Buchhändler, Verleger und Autoren. Zitieren wir noch einmal den Fußgänger Coryate aus dem Jahr 1608: »In der Buchgasse sah ich eine so unendliche Menge Bücher, daß ich sie höchlichst bewunderte. Diese Straße übertrifft alles, was ich jemals sonst auf meinen Reisen sah. Sie erschien mir als ein wahrer Inbegriff aller der bedeutendsten Bibliotheken Europas...«
Im 18. Jahrhundert wanderte auch die Buchmesse nach Leipzig.

Keine Messe ohne Kalb mit zwei Köpfen! Es gehörte dazu. Man nannte das Lustbarkeiten.
1443 erlebte Frankfurt auf der Messe seinen ersten Elefanten. Was es an Abnormitäten nur gab, Damen mit Vollbart, Riesen und Zwerge, Feuerschlucker und Vielfraße, sechsbeinige Schafe, Schlangenmenschen und Hungerkünstler, alles,

alles pilgerte zur Messezeit nach Frankfurt. 1592 erschienen die ersten Berufsschauspieler in der Stadt, eine englische Truppe mit der Figur des Pickelhering. Dr. Eisenbart hatte seine bombastischen Auftritte. Im »Heißenstein« am Steinweg ließ sich eine öffentliche Spielbank nieder, die ein halbes Jahrhundert, bis 1422, bestand und in der jedes Jahr, was immer man sich darunter auch vorstellen mag, 10000 Würfel verbraucht wurden.

Die Kunstfechter waren die Catcher von damals; auch sie taten sich bei allem Toben mit ihren Schwertern nicht weh. Nur wer in Frankfurt die Probe bestand, durfte sich »Meister des langen Schwertes« nennen. Seiltänzer schwebten über den Römerberg, Löwen brüllten hinter Gittern, die neuesten Flugblätter wurden ausgeschrien, und die Menge drängte vom Hanswurst am Mainufer zum italienischen Puppentheater in der Schmiedstube, von den afrikanischen Raritäten im Nürnberger Hof zu der Reitschule in der Eschenheimer Gasse und zum Feuerwerk am Rahmhof.

Man sieht – es gab Gelegenheit genug, das viele Geld, das die Frankfurter an der Messe verdienten, dort auch wieder loszuwerden. Im übrigen machte der Rat der Stadt keinen Hehl daraus, daß die Messe Frankfurt prächtig nährte.

Zusammen mit den Geleiten endete 1802 auch ein Schauspiel, das durch Jahrhunderte um den 8. September herum vor sich ging. Es gehörte zu den Sehenswürdigkeiten der Herbstmesse. Es sollte an einen Vorgang erinnern, der weit, weit zurück im Mittelalter lag. Damals hatte Frankfurt den Städten Nürnberg, Bamberg und Worms Zollfreiheiten gewährt. Jahr für Jahr mußten die Abgesandten der Städte nacheinander unter Pfeifenmusik bei dem Schultheißen und seinen Schöffen im Kaisersaal des Römers erscheinen und um Erneuerung der Zollfreiheit ersuchen Als Geschenke überreichten sie u. a. ein Pfund Pfeffer, einen Hut, ein Paar Handschuhe und ein altes Geldstück.

Das war das berühmte Pfeifergericht. Goethe hat es in »Dichtung und Wahrheit« beschrieben. Mit sichtlichem Vergnügen erwähnt er dabei den Hut der Wormser, den diese immer wieder einlösten und das nächste Mal mitbrachten, so daß er schließlich ein alter Filzdeckel geworden war.

In der zweiten Hälfte des 19. Jahrhunderts wurde es stiller und stiller um die

Die Fechter gehörten einst zu den beliebten Volksvergnügungen auf den Messen. Obgleich sie mit gewaltigem Getöse aufeinander losstürzten, taten sie sich nicht weh.

Frankfurter Messe. Sie schien dort enden zu wollen, wo sie begonnen hatte, als Jahrmarkt. Die Lederhändler, wir erwähnten es, blieben ihr am längsten treu. Schließlich schlief sie ein.

Nach dem ersten Weltkrieg erweckte man sie zu neuem Leben, als moderne Mustermesse und auf einem anderen Gelände, in der und um die Festhalle. Sie überstand auch den zweiten Weltkrieg. Gewiß, es sind nicht mehr die glanzvollen Ereignisse, die ehemals die ganze Stadt in ihren Bann zogen. Aber Frankfurt blieb dennoch eine wichtige Messestadt. Und von der Buchmesse darf man behaupten, daß sie schier über Nacht erneut zu einem Mittelpunkt des deutschen und europäischen Buchhandels geworden ist, wie einst ein Treffpunkt der Drucker und Buchhändler, der Verleger und Autoren. Und ganz gewiß begegnet man auf ihr wieder »einer unendlichen Menge Bücher«.

Arm, fleißig, grob und frei

Im Jahre 1828 schrieb Karl Julius Weber („Demokritos") in seinen „Briefen eines in Deutschland reisenden Deutschen" über die Sachsenhäuser unter anderem:

Sie sind die fleißigsten Gärtner, Fischer, Schiffer, Taglöhner und Handlanger. Oft habe ich ihre Kraft bewundert — mir nichts dir nichts hebt der Kärner seinen beladenen Karren mit den Schultern aus tiefem Geleise, drängt sich der Lastträger durch das Meß-Gewühl und klimmt in der größten Hitze die steilsten Weinbergpfade hinauf mit einer schweren Dünger-Butte auf dem Rücken. Sie sind meist so arm, daß ihre Hosen sich in dem Zustand der Humphry Clinkers befinden. Vor lauter Fleiß und Arbeit vergessen sie ihre Armut. Die Weiber sind meist Gemüß-, Obst- und Fischhändlerinnen, und was bei ihren Männern die Faust, ist bei ihnen die Zunge. Eine ächte Sachsenhäuserin gibt den grünen Weibern Nürnbergs, den Obstlerinnen Berlins, den Standelweibern Wiens und den Damen auf den Fischmärkten zu Paris und Billingsgate durchaus nichts nach ... Ihre Sitten sind besser als ihre Manieren, ihre thätige Moral beschämt viele Reiche jenseits der Brücke, wer verzeyht ihnen nicht lächelnd alle Wahrheiten, zumal wenn sie ein „Nix vor ungaut!" vorausschicken.

Die Sachsenhäuser führen eine altdeutsche Sprache, die durch ihre Derbheit, Fluchen und Schimpfen komisch wird, zumalen sie es nicht böse meynen, denn sie sind recht gutmütige Menschen. Die Mütter ruft liebkosend ihren Kleinen: „Komm her klene Carnalje, Schinnöschen!" und der Mann drückt dem lange nicht gesehenen Freund die Hand und spricht: „Kriegs böß Kreuz! wie kommst denn du har?" Jeder Sachsenhäuser hat seinen Spott- oder Nebennamen wie im Mittelalter die Fürsten. Grobheit und Freiheit sind Geschwister.

VOM AAGEVERZWERWELER ZUM ZEILKRISCHER

Der Dom, die Messen, die alte Mainbrücke und die Sachsenhäuser Warte, der Eschenheimer Turm, das Holzhausenschlößchen und der Grindbrunnen, die Frankfurter Würstchen und die Grüne Soße – von allen diesen Dingen haben wir schon erzählt, und sie sind allesamt sehr frankfurterisch, das kann man wohl sagen!

Fügen wir nunmehr, wo wir uns dem Ende nähern, noch den Namen hinzu, der zu Frankfurt gehört, wie die Petersilie zur »Grie Soß« – den Namen Stoltze! Wir haben Friedrich Stoltze schon mehrfach zitiert, zum Beispiel seine Verse zum Dombrand, seinen Besuch bei Buffalo Bill, seine letzte Hochzeit auf dem Patorn oder seinen Stoßseufzer über die Schlacht von Kronberg; und auch sein Sohn und Nachfolger Adolf Stoltze kam zu Wort, etwa mit seinen lyrischen Betrachtungen über die Kometennacht.

Gewissermaßen als Quintessenz seines lebenslangen Studiums, den Frankfurtern »aufs Maul zu schauen«, hat der greise Friedrich Stoltze einen merkwürdigen Kalender veröffentlicht. Von ihm wollen wir jetzt berichten. Er ist ein intimer Blick in jene Gegend, in der man die Seele des Frankfurters vermuten darf...

Ich muß mit einem Geständnis beginnen:

Ich bin Friedrich Stoltze viele Jahre lang aus dem Weg gegangen, weil ich mir aus Mundartdichtern nichts mache. Mundart, das ist gewöhnlich gereimter Witz, wo der Seppl oder der Hansjörgl am Schluß eine treuherzige Bemerkung zum Schulinspektor macht. Sie verstehen, was ich meine.

Dann begann ich doch einmal Friedrich Stoltze zu lesen. Ich kam rasch dahinter, daß er etwas ganz anderes ist – ein Chronist! Ein unerhört witziger Chronist! Heute bin ich längst davon überzeugt: Wenn Stoltze nicht in Mundart geschrieben hätte, dann würde man ihn zu den witzigsten Deutschen des ganzen 19. Jahrhunderts rechnen. Ich tue es! Stoltze ging es wie dem Mark Twain, dem Wilhelm Busch – er konnte die Welt gar nicht anders als humorvoll sehen. Er war hundertprozentig echt.

Ich verstehe, daß die Frankfurter ihren Stoltze 1891 wie einen Fürsten begruben....

Der Sohn des Friedrich war der Adolf Stoltze. Er hat die Tradition liebevoll weitergepflegt, und wir verdanken ihm u. a. das Theaterstück »Alt-Frankfurt«. Der Vater blieb unerreicht.

Jedoch zur Sache! Dieser Friedrich Stoltze begann 1860 ein politisches Witzblatt herauszugeben. Für den Kenner rangierte es damals gleich nach dem »Kladderadatsch«. Das meiste darin schrieb Stoltze selbst. Dreißig Jahre lang. Er nannte es die »Frankfurter Latern«.

Wenige Wochen vor seinem Tode, in der letzten Ausgabe der »Latern« vom Jahre 1890, veröffentlichte der fast 75jährige jenen merkwürdigen Kalender. An jeden Tag von den 365 Tagen stellte er nämlich einen Frankfurter Spitznamen oder Schimpfnamen.

Das beginnt am 1. Januar mit dem »Neujahr«; so nennt man einen täppischen Menschen. Und das schließt am 31. Dezember, an Silvester, mit dem »Zeilkrischer«. (Im Kriegsjahr 1941 hat der Studienrat der Klingerschule Dr. H. L. Rau den Kalender mit Erläuterungen im Verlag des Antiquars August Hase noch einmal herausgegeben, dankenswerterweise, sonst wüßten nur noch ein paar Spezialisten davon.)

Mit diesem Kalender tut man wahrhaftig einen Blick in die Seele des Frankfurters. Die Welt amüsiert ihn, nicht unbedingt aus Bosheit. Er sieht eben das Komische. Und er sagt es. Sein Kommentar ist strohtrocken. Er ist ein Meister des sachlichen Witzes, knapp, kein Wort mehr als unbedingt nötig, ohne dabei eine Miene zu verziehen, und mitten ins Schwarze!

Der Frankfurter liebt die Lautmalerei. Wie nennt er eine laute Schwätzerin? Eine Schnedderedett. Man hört geradezu das Trompetensignal. Ein dicker, kurzer Mann wird zum Bumballe. Ein Geheimniskrämer ist ein Bischperer. Man muß diese Namen halblaut vor sich hinsprechen, sie waren Sprache, nicht Schreibe.

Ein unterwürfiger Mensch ist ein Knieritscher, ein eigensinniger ein Mottenkopp, ein abgerissener e' Brandsohl. Eine schlechte Person wird zum Miserabelsche, ein

1860 erschien zum erstenmal die »Frankfurter Latern« von Friedrich Stoltze. Sie rückte sogleich in die vorderste Linie der deutschen Witzblätter. Das meiste darin hat Stoltze bis zu seinem Tode 1891 selbst geschrieben. Dieser wahrhaft heitere Born schien unerschöpflich zu sein. »Die Frankforter wußte ganz genau, daß ich bis uff den letzte Mann mit ihne steh und falle dhet, und ließe merr deshalb aach viele poetische un' unpoetische Unarte hingeh wie kaam annern.«

unfreundliches Frauenzimmer zur »Worzelberscht«, zum »alt Schlachtschwert«. Der Frankfurter kennt die Verstärkung, die Steigerung. Ein besonders gerissener Mensch ist ein Neunmaloos, ein besonders grober Mensch ein Siewesorteflegel. Latsch, das kann nur ein energieloser Mensch sein, eine Schlambambel nur eine unordentliche Frau, und ein Dappes, der stolpert über seine eigenen Füße. Manchmal erkennt man kaum noch die vornehme fremde Quelle eines Wortes – aus der lateinischen Suada, dem Redeschwall, wird beim Frankfurter das Schwaartmaul, und der Fissematentenmächer, ein Mann der Ausflüchte und Weitschweifigkeiten, leitet sich vielleicht vom Fisiment, dem leeren Zierat am Wappen, her. (Es gibt eine zweite Deutung: Zur Zeit der Franzosenbesetzung zu Beginn des

19. Jahrhunderts, pflegten sich deutsche Soldaten bei ihrem französischen Vorgesetzten Urlaub mit der stereotypen Erklärung einzuholen: »visiter ma tante« – »meine Tante besuchen«.)

Und erst die poetische Liebe! Was wird daraus bei dem nüchternen Frankfurter! Einer, der nach den Mädchen guckt, ist ein Aageverzwerweler, ein Verliebter wird zum Schmachtlappe, ein Kußbedürftiger zum Schnudeschmatzer.

Es ist eine schier endlose Reihe: Da ist der Giftschmuhser, der wohlgedrechselte giftige Reden hält (auch Spinnefresser genannt); ein langweiliger Langsamsprecher wird zum Breimaul, das große Mundwerk zur Schlappgusch, und der Babbsack ist einer, der nicht viel von Sauberkeit hält (»die Babbsäck« nannten die Frankfurter vor Zeiten österreichisches Militär, das hier in Garnison lag und seine weißen Uniformröcke dick zu pudern pflegte). Die Gemiesraup', das kann natürlich nur eine Gemüsefrau sein und der Barchentreißer einer, der sich ausgiebig der Schnarcherei hingibt. Ein Knorze – man sieht ihn vor sich, ein kurzer, kleiner, knorriger Mann.

Und dann natürlich der Olwel! Das Frankfurter Standardschimpfwort für alle Wochen-, Sonn- und Feiertage. Soviel wie stofflig und albern. Woher es kommt, scheint man nicht zu wissen, jedenfalls sind die Erklärungsversuche sehr weit hergeholt, zum Beispiel vom Mittelhochdeutschen alwaere, albern.

365 Schimpfworte und Spitznamen! Man sollte meinen, da wurde nichts vergessen. Aber, das wichtigste hat Stoltze seltsamerweise nicht aufgenommen. Wollte er nicht? Oder vergaß er es? In einem ähnlichen Kalender, den Stoltze ein paar Jahre zuvor für eine Frankfurter Textilfirma entwarf, steht der Name noch darin. In seinem eigenen Kalender fehlt er.

Wir meinen den Fulder. Er ist für Frankfurt so wichtig, daß wir später, im zweiten Band, noch von ihm zu sprechen haben werden.

Und auch dem prächtigen Chronisten Stoltze und seinem so erstaunlich gleichgearteten Sohn werden wir dort noch öfters begegnen.

DAS HERZ FRANKFURTS SEIT 555 JAHREN

Vieles bleibt noch zu berichten!
Doch zunächst wollen wir die erste große Etappe unseres Unternehmens, die wir so glücklich gemeinsam hinter uns gebracht haben, beenden. Wenden wir uns zum Schluß jetzt noch jenem Bauwerk zu, das man mit Recht das Herz Frankfurts genannt hat.
Es ist der Römer.

Der Römer ist das Frankfurter Rathaus.
Diese Feststellung ist nicht überflüssig. Ich habe immer über das Selbstbewußtsein der Frankfurter gestaunt, die gar nicht daran zweifeln, daß die Welt wisse, der Römer sei ihr Rathaus. Aber für die Welt ist der Römer zunächst etwas anderes. Römer – man sieht den neugekrönten Kaiser in feierlichem Zuge vom Dom zum Römer schreiten, man sieht ihn im prächtigen Kaisersaal beim Krönungsmahl, während draußen Frankfurts größtes Volksfest im schönsten Gange ist.
Römer – das ist für die Welt Kaiserwahl und Krönung und erste Huldigung. Römer, das ist deutsche Geschichte. Daran denkt man zu allererst und häufig nur allein daran.
Darum sei hier noch einmal wiederholt: Der Römer ist das Frankfurter Rathaus. Und wenn man das Jahr 1960 zugrunde legt, kann man hinzufügen: seit genau 555 Jahren. Seit 1405.
Römer, so heißt ein einzelnes Haus, und so heißt eine ganze Häusergruppe.
Das Haus Römer war die Keimzelle des Rathauses. 1405 sollen schon die roten Sandsteine aus Miltenberg für ein ganz neues Rathaus auf dem Römerberg gelegen haben. (Das alte Rathaus mußte man damals aufgeben; es befand sich etwa dort, wo heute der Domturm steht.)
Aus irgendwelchen Gründen überlegten es sich die Frankfurter anders. Sie kauften zwei Patrizierhäuser, das Haus Römer und das rechtwinklig sich anschließende Haus »Zum Goldenen Schwan« und machten daraus ihr neues Rathaus.

Das Erdgeschoß beider Häuser verwandelten sie in wuchtige Hallen. Sie sind heute noch ein Glanzstück Frankfurts! Zur Messezeit, wir erwähnten es vorhin, wurden diese Römerhallen an auswärtige Kaufleute vermietet. Die Hallen stoßen rechtwinklig aneinander, und so standen auch die beiden Häuser, die die Frankfurter 1405 zu ihrem neuen Rathaus machten.

Im oberen Geschoß des Hauses Römer aber bauten die Frankfurter den Festsaal des Römischen Reiches Deutscher Nation, den Kaisersaal. Es wird kaum irgendwo einen Raum geben, der so viele deutsche Herrscher gesehen hat wie dieser. Nach dem letzten Kriege hat man den Kaisersaal aus Schutt und Asche neu erstehen lassen. An den Wänden entlang hängen heute wieder in ihren Nischen die überlebensgroßen Bildnisse der deutschen Kaiser. Es sind 52 Stück. Sie haben in einem Korbacher Bunker die Zerstörung überlebt.

Während die Römerhallen darunter echtes Mittelalter sind, ist der Festsaal im ersten Stock also eine Rekonstruktion. Aber er war auch vorher nicht mehr der alte Römersaal von 1405 gewesen. Die Jahrhunderte haben an ihm gebaut und geändert. 1612 erhielt er seine gewölbte Decke. 1711 malte man in die Nischen Büsten der Kaiser, und um 1830 ersetzte man sie durch die Ölgemälde. Keines der Gemälde kostete die Stadt auch nur einen Pfennig. Es war eine große Ehre, ein Kaiserbild für den Frankfurter Römersaal stiften zu dürfen. Unter den Stiftern befanden sich der Kaiser von Österreich, die Könige von Preußen, Bayern und den Niederlanden, Fürst Metternich, die Städte Hamburg, Lübeck und Bremen, die Rothschilds und viele andere Frankfurter Bürger. Mehr als zwei Dutzend Künstler malten die Bilder, Rethel und Steinle wurden die bekanntesten.

Das Rathaus wuchs.

Man mußte die benachbarten Häuser hinzukaufen, zunächst die rückwärts gelegenen Häuser. 1596 kam dann das Haus rechts vom Römer (vom Beschauer her gesehen) hinzu, das Haus Löwenstein.

Auch das genügte nicht. Neue Ankäufe, neue Anbauten, neue Umbauten. Mit der Stadt wuchs das Rathaus. Die drei anderen Häuser, die die berühmte Fassade der fünf Häuser bilden, wurden erst überraschend spät erworben, das Haus

Frauenstein und das Salzhaus auf der rechten Seite im Jahre 1843, das Haus Alt-Limpurg, links vom Römer, sogar erst 1878.

Wieder zu eng! Um 1900 baute man im Westen und Norden große neue Komplexe hinzu und überschüttete sie mit 500 und mehr allegorischen Figuren und Motiven.

Dieses Rathaus hat wahrhaftig seine Baugeschichte. An ihm haben sich allezeit die Baumeister erproben und die Zähne ausbeißen können...

Man gewöhnt sich auch an das Ungewöhnliche. Den meisten Frankfurtern ist gar nicht mehr geläufig, daß sie auf diese Weise eines der merkwürdigsten Rathäuser erhielten, die es überhaupt gibt. Es ist eine kaum übersehbare Anhäufung und Verschachtelung von Bauten und Umbauten, von Sälen, Höfen, Gängen, Treppen, Portalen in allen Baustilen, die in Frankfurt jemals vertreten waren (abgesehen vom romanischen und vom pseudomaurischen). In diesem Rathaus soll es Dinge geben, von denen man zwar weiß, daß sie da sind, zu denen man aber nicht mehr hinfindet, weil sie vollkommen zugebaut sind.

Man nehme nur die beiden Treppen, die vom Römerberg her ins Rathaus führen! Sie sind kaum zwanzig Meter voneinander entfernt. Aber es trennen sie 550 Jahre.

Die eine Treppe erstand vor wenigen Jahren neu im Hause Löwenstein. Breit, hell, fast freistehend, mit metallenem Geländer führt sie schnurstracks hinauf zu den Räumen des Oberbürgermeisters, zu den Sitzungssälen des Magistrats und der Stadtverordneten und zum Kaisersaal.

Die andere Treppe liegt am Rande des Hauses Römer. Schmal und dunkel, von Säulen und Bogen in engen Mauern auf beiden Seiten begleitet, mit einer leichten Biegung in der Mitte, so klettert sie hinauf. Es ist die berühmteste Treppe Frankfurts. Sie stammt aus dem Jahre 1405. Es ist die alte Kaisertreppe! Sie führte einst geradeaus weiter, mitten hinein in den Kaisersaal.

Heute steigen auf ihr die Brautpaare zum Standesamt empor. Wer von ihnen ahnt wohl, daß dieselben Stufen lange, lange vor ihnen den Glanz einer anderen jungen Würde erlebt haben – die der soeben gekrönten deutschen Kaiser?

Zumindest bis zum Jahre 1741! Dann bauten die Frankfurter eine neue Kaisertreppe, von den hinteren Römerhallen hinauf in den Kaisersaal.

Eine Expedition durch diesen verwirrenden Häuserkomplex zwischen Römerberg und Buchgasse, zwischen Limpurger Gasse und Berliner Straße, brauchte wahrscheinlich Wochen. Aber es gäbe vieles zu entdecken.

Die berühmte, soeben erwähnte Kaisertreppe von 1741 ist nicht mehr. Aber ihr Portal steht noch in den Römerhallen. In der Nachbarschaft blieben einige noch viel ältere Tore erhalten.

Eine der größten Köstlichkeiten steht vor jedermanns Augen im alten Römerhöfchen – das offene Treppentürmchen am Hause Alt-Limpurg, mit der überdachten steinernen Ruhebank auf der Seite. Das Meisterstück einer heiteren Bauphantasie!

Wer im übrigen klären wollte, wie viele Jahrhunderte, bunt gemischt, rings um dieses Römerhöfchen versammelt sind, der brauchte einen guten Fachmann – die Mauern der Häuser Römer, Alt-Limpurg und Silberberg, die schon standen, als Kolumbus noch lange nicht geboren war, die Römerhalle von 1405, das Treppentürmchen von 1627, das Portal daneben von 1596, eine Wendeltreppe im Südwesten von 1595, der Neubau im Nordwesten von 1900... es ist kaum noch zu entwirren.

Immer wieder sehenswert und unerschöpflich: das große Altstadtmodell unter der Glasglocke vor dem Kaisersaal! Das Lebenswerk der Gebrüder Treuner aus Eschersheim. Es war eine schöne Idee, es hier aufzustellen.

Den Vogel Phönix an der Nordseite des Salzhauses dürfen wir mit Schweigen übergehen (vielleicht kann man sich doch einmal von ihm trennen).

Als der Architekt Max Meckel um 1900 der Römerfassade ein neues Gesicht gab, wurden zwischen den Fenstern auch die Standbilder von vier deutschen Kaisern angebracht. Sie haben ihren Platz behalten. Wir wollen sie erwähnen, weil alle vier für uns im Laufe dieses Berichtes alte Bekannte geworden sind: Friedrich Barbarossa, der erste Kaiser, der in Frankfurt (1152) gewählt wurde, Ludwig der Bayer, der Frankfurt die Erlaubnis gab, das Stadtgebiet auf das Dreifache zu erweitern und eine Frühjahrsmesse abzuhalten, Karl IV., Schöpfer der Goldenen Bulle und der Kaiser, unter dem Frankfurt 1372 Freie Reichsstadt wurde und den Stadtwald erwarb, und schließlich Maximilian II., der erste in Frankfurt, 1562, gekrönte deutsche Kaiser...

Der Römer ist der erstaunlichste Beweis für die Macht einmal gefaßter Beschlüsse. 1405 beschlossen die sparsamen Räte, kein neues Rathaus zu bauen, sondern es anders zu machen. Dabei ist es bis heute geblieben! Frankfurts Herz besteht aus Notlösungen, aus vielen großen und kleinen Kammern.
Und doch schlägt es! Seit 555 Jahren. Unverrückbar, an ein und derselben Stelle. Unverrückbar wie der Dom. Was ist alles in diesem halben Jahrtausend geschehen. Wie wandelte sich Frankfurts Gesicht! Aber Rathaus und Kirche blieben, wo sie die Vorväter einst hinstellten. Und die Jahrhunderte schritten über alle Notlösungen hinweg...
Es kommt offenbar so wenig darauf an wie auf den Namen. Warum der Römer ausgerechnet Römer heißt, weiß niemand mit Gewißheit. Dem Glanz des Namens tat es keinen Abbruch.

Bei der Beschaffung des Bildmaterials ist uns das Frankfurter Historische Museum mit seinen reichen Beständen weitgehend behilflich gewesen. Wir dürfen ihm auch an dieser Stelle hierfür herzlich danken. Das Foto auf der Rückseite des Umschlages stammt von Dr. Paul Wolff, Frankfurt am Main. Etwa ein Dutzend der Anekdoten sind dem »Frankfurter Anekdotenbüchlein« von Baberadt mit Genehmigung des Verlages Dr. Waldemar Kramer, Frankfurt am Main, entnommen.

ZEITTAFEL

Dieses Buch erzählt – neben vielen anderen Dingen – die Geschichte Frankfurts von den Uranfängen bis zum Beginn des 17. Jahrhunderts. Die folgenden Jahrhunderte sollen in einem zweiten Buch behandelt werden. Es war das Bestreben des Verfassers, eine Häufung von Jahreszahlen zu vermeiden. Auch die Zeittafel enthält nur die wichtigsten Ereignisse.

Um 4000 v. Chr.	Steinzeitsiedlungen (Osthafen, Praunheim)
Um 500 v. Chr.	Kelten besiedeln das Gebiet
83 n. Chr.	Eroberung durch die Römer (Kaiser Domitian)
Um 260 n. Chr.	Die Römer geben das Gebiet (Nida) wieder auf
bis 500 n. Chr.	Völkerwanderung und Besiedlung durch die Alemannen
ab 500	Eingliederung in das Frankenreich (Merowinger)
754	Der Zug des toten Bonifatius
794	Der Name Frankfurt wird zum ersten Male erwähnt. Karl der Große beruft ein Konzil in seine Pfalz
Um 850	Bau der Salvatorkirche, der Vorläuferin des Domes
941	Versöhnung Ottos des Großen mit seinem Bruder Heinrich
Um 1150	Bau der Staufenmauer
1152	Erste Frankfurter Kaiserwahl: der Hohenstaufe Friedrich Barbarossa
1333	Die große Stadterweiterung
1349	Gegenkönig Günther v. Schwarzburg stirbt in Frankfurt
1356	Karl IV. erläßt die Goldene Bulle
1372	Freie Reichsstadt und Erwerb des Stadtwaldes
1389	Niederlage in der Schlacht bei Kronberg
1400–1425	Bau des Eschenheimer Turmes
1405	Das Haus zum Römer wird Rathaus
1415–1514	Bau des Domturmes
1462	Die Juden beziehen die Judengasse
1552	Belagerung durch die protestantischen Fürsten
1554	Niederländische Reformierte wandern ein
1562	Erste Frankfurter Kaiserkrönung: Maximilian II.

BILDÜBERSICHT

REGISTER

(enthält nur die wichtigeren Personen- und Sachnamen)

Der Blick auf das alte Frankfurt, mit dem wir das Buch beschließen, ist ein Ausschnitt aus einem Stich des älteren Merian aus den Jahren 1612—1619.

Francfurt am